国家社科基金
后期资助项目
GUOJIA SHEKE JIJIN HOUQI ZIZHU XIANGMU

U0636977

网络背景下关联主体间风险溢出效应研究

隋 新 著

南京大学出版社

图书在版编目(CIP)数据

网络背景下关联主体间风险溢出效应研究/隋新著
. —南京：南京大学出版社,2024.7
ISBN 978 - 7 - 305 - 27696 - 5

Ⅰ.①网… Ⅱ.①隋… Ⅲ.①金融网络—研究 Ⅳ.
①F830.49

中国版本图书馆 CIP 数据核字(2024)第 032735 号

出版发行 南京大学出版社
社　　址 南京市汉口路 22 号　　　　邮　编　210093
书　　名 **网络背景下关联主体间风险溢出效应研究**
　　　　　WANGLUO BEIJINGXIA GUANLIAN ZHUTIJIAN FENGXIAN YICHU XIAOYING YANJIU
著　　者 隋　新
责任编辑 束　悦

照　　排 南京开卷文化传媒有限公司
印　　刷 苏州市古得堡数码印刷有限公司
开　　本 718 mm×1000 mm　1/16　印张 19.25　字数 355 千
版　　次 2024 年 7 月第 1 版
印　　次 2024 年 7 月第 1 次印刷
ISBN　978 - 7 - 305 - 27696 - 5
定　　价 78.00 元

网　　址 http://www.njupco.com
官方微博 http://weibo.com/njupco
微信服务 njupress
销售热线 025 - 83594756

国家社科基金后期资助项目
出版说明

后期资助项目是国家社科基金设立的一类重要项目，旨在鼓励广大社科研究者潜心治学，支持基础研究多出优秀成果。它是经过严格评审，从接近完成的科研成果中遴选立项的。为扩大后期资助项目的影响，更好地推动学术发展，促进成果转化，全国哲学社会科学工作办公室按照"统一设计、统一标识、统一版式、形成系列"的总体要求，组织出版国家社科基金后期资助项目成果。

全国哲学社会科学工作办公室

前　言

在经济一体化程度不断加深的背景下,经济主体间的关联越来越紧密。经济主体间通过多样化的关联关系形成了复杂的关联网络。在经济发展过程中,虽然主体间的关联网络(如信贷关联网络、担保关联网络、交叉持股网络等)发挥了重大的作用,但也同时为关联主体间的风险溢出提供了传播渠道。特别在当今高度连接的经济中,某一经济主体违约所引发的危机不再局限于其自身,极容易通过主体间的关联网络直接或间接地对其他主体产生影响,甚至导致系统性风险传染的发生,印证了经济世界的网络格局。因此,对关联主体间风险溢出效应进行研究十分必要。

然而,关联主体间的网络连接特征凸显了经济世界的网络格局,也提升了关联主体间风险溢出效应的研究难度。而网络方法提供了较好的研究视角,能较好地刻画关联主体间的网络连接特征。同时,考虑到关联主体类型的多样性、多市场作用性、智能性、行为机制复杂性及多金融关联性,本书立足于网络视角,对关联主体行为机制进行 Multi-Agent 建模,构建单网、同质性及异质性多网络交互下关联主体间风险溢出效应研究模型;基于计算实验参数可控、情景可调、可反复实验等特点,从微观主体的动态交互作用中研究关联主体间风险溢出效应与控制,为相关研究提供一种新的分析视角。同时,在当前我国供给侧结构性改革大背景下,守住不发生区域性、系统性金融风险的底线十分必要。本书研究契合我国当前国情,并对维护我国金融体系与实体经济稳定具有较好的科研和实践指导价值。

本书的完成参考了国内外相关研究成果,主要文献已列示于书后的参考文献中。本书的完成也要感谢南京大学出版社的编辑对本书内容的完善及质量的提升所给出的宝贵意见。

目　录

第 1 部分　研究基础

第2部分 关联主体间实际与仿真网络构建研究

第 3 部分　单网络视角下关联主体间
风险溢出效应研究

第4部分　同质性多网络交互下关联主体间风险溢出效应研究

第5部分　异质性多网络交互下关联主体间风险溢出效应研究

第6部分　多网络交互下关联主体间风险溢出效应控制研究

第7部分　总结与展望

第 1 部分

研 究 基 础

本部分主要介绍网络背景下关联主体间风险溢出效应的研究基础,共由 3 章组成:第 1 章介绍本书的研究背景、研究现状及研究内容与结构安排;第 2 章介绍本书研究的相关基本理论,包括 Agent 建模、社会科学计算实验及网络拓扑相关理论;第 3 章基于我国银企主体相关数据,分别从银企主体收入单一测度、银企主体规模多维多指标测度视角研究银企主体规模的幂律分布特征,为后续章节的模型调试与验证提供基础。

第1章 绪 论

1.1 引 言

2015 年 11 月，习近平总书记提出着力加强供给侧结构性改革，供给侧结构性改革的大幕已经拉开。在国家供给侧结构性改革大背景下，随着"三去一降一补"五大任务的不断落实，原来被经济高速增长所掩盖、积累的风险将逐步暴露，部分实体企业运行困难加重，违约风险加大，因此将影响与其具有金融关联的其他企业乃至银行的资产质量，由此引发的风险溢出将影响我国经济的健康稳定运行，也将影响银行对供给侧结构性改革的助力作用。

毫无疑问，企业和银行作为现代经济体系的两大重要关联主体，二者间的金融关联也越来越紧密、多样，由此形成复杂的主体关联网络，为风险溢出提供了传播路径。经济主体间的金融关联网络使得局部危机不再局限于局部，极容易通过主体关联网络而引发系统性风险，突显经济世界的网络格局。在经济一体化程度不断加深的背景下，鉴于近年来金融危机传染的连锁效应而产生的灾难性后果，为助力供给侧结构性改革，守住不发生系统性、区域性金融风险的底线，对具有金融关联的经济主体间风险溢出效应进行研究十分必要。这对维护我国金融体系与实体经济稳定具有较好的科研和实践指导价值。

1.2 相关研究现状

本书将关联主体(包括银行主体和企业主体)间风险溢出效应界定为由冲击引发的单个或多个主体的违约通过关联主体间的金融关联，将导致与其存在直接或间接金融关联的主体的财务状况恶化乃至破产的现象。其中,金融关联可包括信贷关联(企业主体间的商业信贷关联、银行主体与企业主体间的银行信贷关联、银行主体间同业拆借关联)及企业主体间债务担保关联(基于企业主体间的业务联系而产生)。基于相应的金融关联,可形成对应的主体关联网络,如企业主体间商业信贷网络、银企主体间信贷网络、银行主体间信贷网络及企业主体间担保网络。某个经济主体的违约可通过经济主体间直接和间接的金融关联而导致其他主体违约。鉴于近年来金融危机所引发的严重后果,学者们不断以各种方式来研究风险溢出效应。如 Rodriguez(2007)、Wen 等(2012)和 Han 等(2016)使用 Copula 方法来测度金融风险溢出效应,而 Syllignakis 和 Kouretas(2011)应用动态管理模型来研究中东欧市场上的金融风险溢出效应。此外,Pais 和 Stork(2011)使用极值理论来测度风险溢出效应,而 Upper(2011)则通过反事实模拟来评估银行间市场风险溢出效应的危害。Asgharian 和 Nossman(2011)构建了带跳的统计波动模型来研究风险溢出效应。Chen 等(2015)构建了信用风险转移市场中的信用风险溢出效应的熵模型。Gallegati(2012)和 Ranta(2013)使用小波方法来测度金融市场风险溢出效应。值得一提的是,随着网络理论的不断发展,网络方法开始被用于研究风险溢出效应,下面将对此进行论述。

在当今高度连接的经济中,近年来的金融危机使得金融风险溢出越来越受到各方的关注。某一金融机构违约所引发的危机不再局限于其自身,极容易通过金融机构间的金融关联而对其他金融机构产生影响,甚至引起系统性风险传染的发生。基于此,学者们开始关注主体间关联方式对风险溢出效应的影响(Gatti 等,2006;Peron 等,2012;邓晶和曹诗男,2013;Smerlak 等,2015;冯超和王银,2015;Avakian,2017;Sergueiva 等,2017;Zhulyaeva,2017)。而网络方法提供了新的研究视角。

随着网络科学的不断发展,网络方法早已被用于众多领域,并被越来越多的学者用来研究复杂现象(黄晓等,2015;Wang 等,2015;Marwan 和 Kurths,2015;Chasman 等,2016;Gotoda 等,2017;Wang 等,2017;Mok 等,2017;Zhang 等,2018;Liu 和 Arunkumar,2019)。考虑到风险溢出效应及主体间关联方式的复杂性,网络很自然地被用于研究风险溢出效应。经济主体及经济主体间的金融关联形成了金融关联网络,如信贷网络、担保网络、股权网络等。实际上,金融危机表明金融关联网络的确为风险溢出效应提供了溢出渠道,为此,研究风险溢出效应时,关联网络结构需要被考量(Peron 等,2012;Miranda 和 Tabak,2013;Bargigli 等,2015)。考虑至此,近年来有大量文献从网络视角来研究风险溢出效应及其控制问题(Lenzu 和

Tedeschi,2012;Caccioli 等,2012;Battiston 等,2012a;Battiston 等,2012b; Asanuma,2013;Hou 等,2014;Bluhm 和 Krahnen,2014;Acemoglu 等, 2015;Glasserman 和 Young,2015;隋聪等,2016;隋新,2016;Silva 等,2016; Bargigli 等,2016;Aldasoro 等,2017;Aldasoro 和 Alves,2018;Sui 等, 2018a;李亮,2019)。基于本书研究内容的需要,以下将对相关文献进行梳理,为本书研究内容的开展奠定文献基础。

1.2.1 基于单一网络的风险溢出效应研究

1.2.1.1 信贷网络与风险溢出效应研究

银行和企业作为当今社会两大重要的经济主体,二者间的金融关联也越来越紧密。以银企主体为节点,以主体间的信贷关联为边,便形成了关于银企主体的信贷关联网络。该网络在经济稳定时具有风险分散的好处,但在危机发生时,则提供了主体间的交互作用路径(边),即危机发生后的风险溢出路径(Caccioli 等,2012)。为此,学者们基于信贷网络视角对主体间的风险溢出效应进行了研究。而经济主体间的信贷关联网络由节点和边构成,为此,围绕本书的研究内容,本节基于信贷网络的风险溢出效应研究将从主体类型(网络节点)和主体间关联构建方式(网络边)两个视角进行展开。

1. 基于主体类型的分类视角——网络节点

银行主体和企业主体是现代经济体系中较为重要的经济主体。与之相对应,经济主体关联网络中,银行主体节点与企业主体节点是关联网络中最为重要的节点主体类型。关联网络由节点主体和节点主体间的边构成。根据节点主体的类型,可对经济主体关联网络进行分类。以下将从节点主体分类视角对相关文献研究进行阐述。

首先,网络节点主体均为银行主体方面。Lenzu 和 Tedeschi(2012)研究了不同网络拓扑结构上的风险溢出效应,研究表明,幂律网络比随机网络呈现出更高的脆弱性。Krause 和 Giansante(2012)运用 Logit 回归分析指出,银行主体间信贷网络的拓扑结构是最重要的风险溢出效应影响因素。范宏(2014)研究了银行主体随机动态网络中风险溢出效应累积问题。王晓枫等(2015)建立无标度网络对银行主体间拆借市场风险溢出效应进行了分析。Chen 等(2017)引入风险溢出的演化网络模型,研究了风险厌恶情绪、风险抵御能力等对信贷风险溢出的影响。Montagna 和 Lux(2017)指出,在由不同银行主体构成的网络中,一个失败的节点主体可能使风险在整个系统中大范围传播。Zhang 等(2018)基于 Gatti(2010)所提出的交易对手选择机制,构建了内生的银行主体间信贷网络,并研究了网络结构对风险溢出效应的影响。

其次,网络节点主体均为企业主体方面。为更好地理解经济系统的脆弱性,越来越多的学者从总体维度及企业维度研究企业主体间的风险溢出(Fujiwara,2008;Acemoglu 等,2012;Oberfield,2012)。一些实证研究表明,确实存在企业主体间的风险溢出效应(Hertzel 和 Li,2008)。为此,学者们也开始使用网络方法对此进行研究。Boissay(2006)分析了企业主体间贸易信贷网络中的风险溢出效应。Battiston 等(2007)基于企业主体间的生产关系建立了生产网络模型,研究发现,企业主体间的信贷关联为风险的传递提供了渠道。Barro 和 Basso(2010)研究了具有空间交互作用的企业主体间业务关联网络中信用风险溢出效应问题。Hou 等(2014)构建了上下游部门企业主体间的生产网络,企业主体彼此间由商业信贷连接,研究表明,信贷连接为随机连接情况下的风险溢出效应最小。Gao(2014)指出,企业主体间网络使得企业主体对负面冲击更具有抵抗力,减轻了冲击对经济系统的影响。Ramírez(2015)构建了一个动态模型,以研究企业主体间网络中异质性冲击的变动对总产出及消费增长的影响。Golo 等(2015)使用意大利企业主体间贸易信贷网络测试了经济危机的传染模型。Ma 等(2018)构建了内生的企业间商业信贷网络,研究了网络结构及企业主体行为对风险传染的影响。基于韩国企业商业信贷网络,Kwon 等(2018)发现,中心性企业的流动性风险可导致系统性风险的发生,网络拓扑结构比企业规模更适合鉴别系统重要性节点。

最后,网络节点主体同时含有银企主体方面。Riccetti 等(2013)构建了基于网络的金融加速器模型,发现如果杠杆率提升,经济就会有风险,并会导致较高的产量波动及银企主体违约数量的增加。Aoyama(2014)则研究发现,小的区域银行主体也会通过与局部的重要企业主体的连接而对经济产生较大影响。Vitali 等(2016)基于银企主体间网络研究了网络内部关联与金融加速器间的相互作用对系统性违约的影响。Lux 等(2016)构造了银行主体与非银行金融机构主体间基于信贷关系的随机网络模型,研究发现,单个个体违约在特定情况下可能导致整个系统的全面崩溃。

2. 基于主体间关联构建方式的分类视角——网络边

根据主体间网络边的构建方式,相关文献研究可划分为两个大类,即基于外生网络的风险溢出效应和基于内生网络的风险溢出效应。在外生网络中,节点主体间边的建立是外生给定的;而在内生网络中,节点主体间边的建立则根据某种决策机制自发形成。

首先,基于外生网络的风险溢出效应研究方面。Li(2011)研究了银行系统演化网络模型中的风险溢出效应问题,研究表明,银行主体间连接程度的增加有利于处理银行主体间的危机,但其正面效应是有限的。Georg(2013)使用小世界网络、无标度网络及随机网络来描述银行主体间的网络结构,并在此基础上研究了基于银行主体间网络的风险溢出效应演化,研究发现,货币—中心网络(money-center networks)比随机网络更稳定。González(2016)指出,可以用网络方法来刻画现代金融系统,并发现相比其他网络而言,连接越充分的网络对风险溢出效应的抵御能力越强。

其次,基于内生网络的风险溢出效应研究方面。Lenzu 和 Tedeschi(2012)构建了一个银行主体间的信贷网络模型。该模型构建过程中,信贷连接通过主体绩效的拟合机制来内生演化。基于所构建的模型,他们研究了系统性风险在网络中的溢出效应。该研究表明,在主体异质性情况下,随机金融网络比无标度金融网络更具有弹性。Bluhm 等(2014a)分析了内生银行主体间网络中的破产连锁与系统性风险,其中,银行主体间的信贷连接由银行主体的最优决策决定。Lux(2015)提出了使用“信用”系数(trust coefficients)方法来构建银行主体间的边。借助计算机仿真分析,该模型涌现了具有核心—外围结构的人工银行系统,并可被用来研究银行系统中的风险溢出效应。Xu 等(2016)基于连接概率建立了网络节点间的边,进而构建了银行主体间的网络模型。基于所构建的网络模型,他们研究发现,银行信贷连接的增加改善了网络结构的稳定性。Liu 等(2017)提出了一个主体模型,并内生构建了银行主体间的网络,同时,通过该模型揭示了网络中的风险溢出效应以及借贷市场中的非流动性如何引发银行主体损失和破产。此外,Halaj 和 Kok(2015)提出了基于最优银行主体行为的银行主体间网络模型;Keiserman(2014)提出了一个金融连接内生形成的简单模型,进而研究了基于内生银行主体间网络的风险溢出;基于 Gatti 等(2010)所提出的交易对手选择机制,Zhang 等(2018)构建了内生的银行主体间网络,并通过所构建的模型研究了违约风险溢出问题。从以上研究中不难发现,基于内生网络的风险溢出效应研究已经取得了一定的成果,有效地推动了该研究领域的发展。

1.2.1.2　担保网络与风险溢出效应研究

随着担保关系的蔓延,从经济发达的沿海地区到中部地区都出现了不同程度的担保风险,且风险溢出在实体经济中的系统化、区域化特征越发明显,诸如新疆担保圈、托普系、德隆系等担保事件。事件中,华联三鑫、江龙控股、五环氨纶、金雄等众多地区性企业因担保链条断裂而导致资金链断裂,进而引发企业主体倒闭或停限产事件。担保融资所隐藏的风险溢出问题在逐渐暴露,成为各地区各行业不容忽视的普遍性问题,引发了学者们的研究与关注(Banal 等,2013;Giné 等,2014;吉艳冰等,2014;张晓玫和宋卓霖,2016;Flatnes 等,2016;王彦超和陈思琪,2017;徐子慧,2018;谭智佳等,2022)。

刘海明等(2016)验证了担保网络的溢出效应,并从溢出效应过程性特征的角度探讨了担保网络演化规律。此外,刘海明和曹廷求(2016)指出,担保圈内企业主体间的溢出效应具有时变特征及更强的顺周期杠杆特征。Cheng 等(2017)提出了担保网络中风险溢出管理的可视化分析方法。Liu和 Zhang(2017)基于中国法院强制执行事件研究了贷款担保连接中的风险溢出问题,研究发现,担保连接在中国是一个重要的风险传播渠道。Wang等(2018)研究了我国担保网络拓扑结构的演化,并指出担保网络中某个企业的违约或可引发多个企业的接连违约。徐攀和于雪(2018)应用 SIRS 模型对我国中小企业集群互助担保网络中的风险溢出问题进行了研究。王磊等(2022)结合复杂网络理论和信用担保关系选择机制,构建了内生性企业主体间信用担保网络以及企业主体间信用担保网络风险溢出模型,仿真分析了企业主体间信用担保网络结构及其风险溢出特征。

1.2.2　多网络交互下的风险溢出效应研究

当某一关联主体同时在多个市场交易时,主体间的金融关联又不可避免地使诸如银行主体间网络、企业主体间网络、银企主体间网络发生关联,即发生网际间的风险传递。为此,对关联主体间的风险在网际间的传播扩散机制进行研究十分必要,也使得学者们开始运用多网络模型来刻画经济主体间的多金融关联结构(Poledna 等,2015;Concha 等,2017;Cai 等,2018)。Gatti 等(2009;2010)使用包含企业主体与银行主体的经济网络来研究经济的产出波动,具体而言,构建了同时融入上下游部门企业主体间信贷连接及银企主体间信贷连接的网络模型,并指出当危机冲击具有重要性作用的部分主体时,或可引发破产连锁反应。其在研究中仅构建了银企主体间信贷网络、企业主体间信贷网络,而忽略了银行主体间信贷网络。Thurner 和 Poledna(2013)在研究风险控制机制时,构建了银行主体间信贷网络、银企主体间信贷网络,同样未考虑企业主体间商业信贷网络。其研究表明,网络结构对银行主体破产连锁规模有较大的影响,并且连接越紧密,破产连锁规模就越大。Li 和 Sui(2016)研究了银企信贷网络间的风险传递,但并未涉及担保网络。

由此可知,担保网络虽提供了除信贷网络外的又一风险溢出渠道,但上述研究多基于信贷网络间的风险溢出,因此,导致对异质性多网络交互下的关联主体间风险溢出效应研究不足。Silva 等(2018)使用巴西监管及报表数据构建了银行间及银行—企业间信贷网络,基于 Silva 等(2017)提出的风险测度方法,研究了网络结构及风险传染反馈机制对风险传播过程的影响,并指出忽略反馈机制将低估系统性风险。

1.2.3 网络视角下的风险溢出效应控制研究

学者们基于网络视角,从不同方面对风险溢出效应控制进行了研究。Maeno 等(2012)研究了提高银行主体附加资本对银行系统稳定性的影响,发现对于由同质主体构成的系统,银行主体附加资本的提升可以明显减少银行主体破产数量。巴曙松等(2013)指出,为防止金融风险溢出效应,应该设计一个具有完全连接、较低的复杂程度、适当偏长的平均最短路径长度以及较小的聚类系数等微观特征的金融网络,同时必须提高对中心节点主体的监测和救助。张英奎等(2013)对不同结构下的银行主体间风险溢出效应进行了仿真研究,并指出对银行主体间风险溢出效应的防范,找准关键节点很重要。Sergueiva 等(2017)设计最小成本稳定策略(minimum-cost stabilization strategies)作用于银行间市场网络,发现该策略可有效抑制风险传染过程。Aldasoro 等(2017)基于所构建的银行间市场网络模型分析发现,通过流动性要求和股本要求可减少系统性风险。徐攀和于雪(2018)使用传染病模型 SIRS 刻画了担保网络中的风险传染,提出可从降低有效传染率和提高风险阈值视角来对担保网络中的传染效应进行控制。Dastkhan(2019)提出了基于网络的早期预警系统来预测金融危机。Kaltwasser 和 Spelta(2019)分别提出 DebtRank 和 PageRank 方法来识别金融网络中的系统重要性节点,为风险传染控制提供监控对象。

1.2.4 基于多主体(Multi-Agent)的建模技术

网络提供了节点主体间的交互作用路径(边),是研究风险溢出效应的较好工具。但网络对节点主体行为的刻画能力有限,不能较好地捕捉现实经济中主体行为的智能性、决策自主性、动态性等,也就无法基于主体间内生的相互作用而实现系统自发的、智能的演化。而 Multi-Agent 建模技术则在此方面对网络工具提供了补充。

随着 Arthur 等于 1987 年提出首个基于 Multi-Agent 的人工股票市场以来,越来越多的学者用 Multi-Agent 建模技术研究具有"智能"的微观主体行为,进而研究微观主体交互作用的宏观涌现特征。如仇蕾等(2016)基于 Multi-Agent 研究了排污权交易;戴伟等(2016)刻画了政府 Agent 和社会人 Agent 的行为特征,并研究了非常规突发事件公共恐慌演化;为探究工程腐败中的腐败网络特征,张兵等(2016)基于 Multi-Agent 的模拟仿真技术,研究了腐败网络演化过程。而基于 Multi-Agent 建模技术的银企关联主体行为研究方面也涌现了一批成果。如仅含银行 Agent 的银行间市场主体行为研究(Lenzu 和 Tedeschi,2012;Ladley,2013;邓超和陈学军,2014;Lux,2015;Hałaj 和 Kok,2015;Aymanns 和 Georg,2015;Xu 等,2016;Guleva 等,2016);仅含企业 Agent 的企业间市场主体行为研究(Weisbuch 和 Battiston,2007;Battiston 等,2007;Hou 等,2014;Su 和 Lu,2015;Fu 等,2016;李永奎等,2017);同时含有银行和企业 Agent 的银企间市场主体行为研究(Asanuma,2013;Anand 等,2013;Thurner 和 Poledna,2013;Aoyama,2014;Vitali 等,2016;He 等,2016;Sui 和 Li,2018b;Sui 等,2020;隋新等,2020)。

在人工银企 Agent 研究方面,Gatti 等(2010)刻画了企业 Agent 的生产、借贷及银行 Agent 的信贷分配行为,但没有考虑银行 Agent 的存款以及银企 Agent 的投资、分红等行为,且系统演化过程中所有信贷期限均相同(设置为 $t=1$);而 Thurner 和 Poledna(2013)从投资、借贷等方面对企业 Agent 行为进行了刻画,但没有考虑分红行为,银行 Agent 仅考虑了信贷拆借行为;Asanuma(2013)简单刻画了企业 Agent 的生产函数,且银行借款期限均设置为 1。

1.2.5 需要进一步研究的问题

综上所述,国内外学者对关联主体间风险溢出效应及其控制进行了研究,取得了丰硕的成果,为本书研究打下扎实的基础,但也存在不足和待改进之处。

① 目前从单一网络视角来研究关联主体间的风险溢出效应,主要是基于单一信贷网络中的风险扩散研究,并已取得一定的成果。而经济主体间具有多种金融关联,正如前述研究表明的,担保网络提供了除信贷网络以外的又一风险溢出渠道,而对此进行研究的文献并不多,因此,有必要对其他金融关联网络中的风险溢出效应展开进一步的研究。

② 由于问题①的存在,现有文献对多金融关联网络交互下的风险溢出

效应研究不足。而相关研究表明,经济主体间确实存在着多关联网络。为此,从多关联网络交互视角研究关联主体间的风险溢出效应具有较好的现实基础,也是提升理论模型对现实解释能力的重要途径。

③ 基于网络视角的关联主体间风险溢出效应控制策略已展开一定的研究,但多基于信贷网络,未考虑其他金融关联网络的传播渠道,如担保网络的风险溢出渠道作用等。有必要从多关联网络交互视角来研究关联主体间的风险溢出效应控制,并基于仿真实验,从关联主体间的实时动态交互作用中来检验风险溢出效应的控制效果。

④ 现有 Multi-Agent 人工经济系统建模对关联主体行为特征的刻画过于简单,而其与经济主体的实际复杂情况有较大的差异,需对关联主体行为进行更细致的刻画。

1.3 研究内容与结构安排

1.3.1 研究内容

本书在上述已有研究的基础上,对网络背景下关联主体间的风险溢出效应进行研究,并从单网络视角拓展到异质性多网络交互视角。据此,本书的研究内容分为 7 个部分,按照研究基础→网络构建→风险溢出→风险控制的研究思路与研究主线进行展开,如图 1-1 所示。

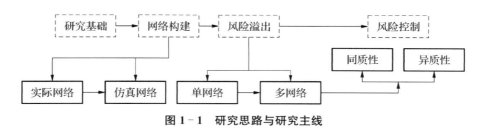

图 1-1 研究思路与研究主线

研究基础为第 1 部分,包含文献基础(第 1 章)、理论基础(第 2 章)及模型检验基础(第 3 章),是本书后续内容的基础。由于网络构建是网络背景下关联主体间风险溢出效应及其控制研究的基础,因此,第 2 部分聚焦于关联主体间实际与仿真网络的构建,为后续研究奠定了网络基础。在前述研究基础上,遵循由单网到多网、由同质性多网络到异质性多网络交互的研究路径,第 3 部分至第 5 部分构建了风险溢出效应网络模型,对关联主体间的风险溢出效应进行研究;在风险溢出效应研究基础上,第 6 部分基于异质性多网络交互模型,设计风险溢出效应控制干预机制,同时借助计算实验研究了风险控制机制实施效果。第 7 部分则对全书进行了概括与总结,并提出了未来的研究方向。

1.3.2 结构安排

根据 1.3.1 中的研究内容,基于研究思路与研究主线,本书的具体研究架构如图 1-2 所示。

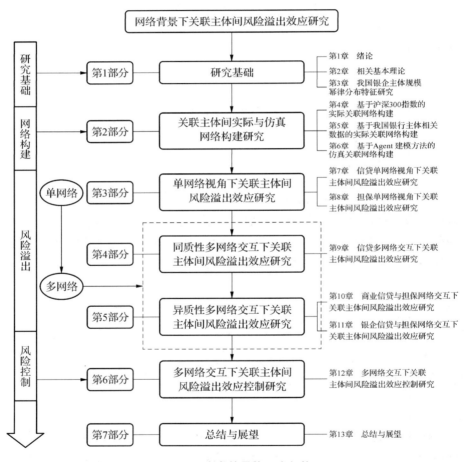

图 1-2 本书的具体研究架构

① 第 1 部分为研究基础,包含 3 章。本部分主要介绍了网络背景下关联主体间风险溢出效应的研究基础。第 1 章介绍了本书的研究背景、研究现状及研究内容与结构安排;第 2 章介绍了本书研究所涉及的相关基本理

论;第 3 章基于我国银企主体相关数据,分别从银企主体收入单一测度、银企主体规模多维多指标测度视角研究了银企主体规模的幂律分布特征,为后续章节中的模型涌现结果验证奠定了基础。

② 第 2 部分为关联主体间实际与仿真网络构建研究,为后续章节网络模型构建提供了基础,包含 3 章。第 4 章和第 5 章分别基于沪深 300 指数及我国银行主体相关数据,研究关联主体间的实际网络构建,并通过所构建的实际关联网络,分析了实际关联网络结构的动态演化;第 6 章则基于Agent 建模方法构建了关联主体间的仿真关联网络,并对该网络模型的涌现特征进行了研究。

③ 第 3 部分为单网络视角下关联主体间风险溢出效应研究,包含 2章。第 7 章从信贷单网络视角研究了关联主体间风险溢出效应,首先,采用外生方式构建了银行主体间信贷网络模型,研究网络结构对关联主体间风险溢出的影响;其次,基于主体间的自我决策机制,以内生方式构建了银行主体间信贷网络模型,并通过所构建的内生模型,从网络结构和主体行为两个方面研究了信贷单网络视角下的关联主体间风险溢出效应;第 8 章则立足于担保单网络视角,从担保机制及主体行为等方面研究了基于担保单网络的关联主体间风险溢出效应。

④ 第 4 部分为同质性多网络交互下关联主体间风险溢出效应研究,包含 1 章。第 9 章构建了考虑企业主体间信贷网络、银行主体间信贷网络、银企主体间信贷网络的多网络交互模型,从存款准备金率、不同类型节点主体违约及中央银行主体流动性供给等方面对关联主体间风险溢出效应进行了研究。

⑤ 第 5 部分为异质性多网络交互下关联主体间风险溢出效应研究,包含 2 章。第 10 章引入担保机制,构建了融合商业信贷网络与担保网络的多网络交互模型,分析了商业信贷网络与担保网络的度分布特征,并研究了企业主体规模的分布特征。与此同时,借助计算实验仿真分析与研究了商业信贷与担保网络交互下的风险溢出效应。第 11 章构建了融合银企主体间信贷网络与企业主体间担保网络的异质性多网络交互模型,使用 Ucinet 可视化不同担保因子下的企业主体间担保网络与银企主体间信贷网络,并对模型的涌现特征进行了研究,研究发现,关联主体在微观层面的交互作用导致了广泛存在于现实中的幂律现象的宏观涌现。最后,基于所构建的异质性多网络交互模型,研究了网络结构参数对关联主体间风险溢出效应的影响。

⑥ 第 6 部分为多网络交互下关联主体间风险溢出效应控制研究,包含

1章。第 12 章在前述部分的基础上,基于所构建的多网络交互模型,考虑了网络结构与主体财务状况,研究了多网络交互下关联主体间风险溢出效应控制机制设计,利用计算实验参数可控、情景可变、可反复实验等特点,从主体间的实时动态作用中来检验风险控制机制的实施效果。

⑦ 第 7 部分为总结与展望,包含 1 章。第 13 章为总结与展望,总括全书。

1.4　本书的主要特色与创新

近年来,随着经济一体化程度的提升,某一经济主体难以孤立地存在于具有网络特性的经济格局中,其违约会对关联网络中的其他主体产生影响,并受其他主体传递过来的负面效应的影响。为此,关联主体间的风险溢出效应研究引发了学者们的研究兴趣,并取得了较好的研究成果。本书的研究从单网到多网,从同质性网络交互到异质性多网络交互,从风险溢出效应到风险控制干预机制,融合网络与 Multi-Agent 建模,借助计算实验,从微观主体动态交互维度较为系统地对关联主体间的风险溢出效应与控制进行研究,对维护我国金融体系与实体经济稳定具有较好的科研和实践指导价值。本书的研究基于现有研究成果,并对 1.2.5 中所提出的需要进一步研究的问题进行了补充。与 1.2.5 中所提出的问题相呼应,本书的主要特色与创新如下:

① 构建多主体人工经济系统,创新研究担保网络中的风险溢出。现有成果多采用定性分析、案例分析、数理分析等,而此类方法很难全面揭示主体间担保关联的内生形成,也就无法从微观主体自主动态交互视角来研究风险溢出。而本书则构建多主体计算实验仿真平台,从微观担保主体间的自主动态交互作用视角,来分析担保机制对关联主体间风险溢出效应的影响,研究内容更加全面(基于 1.2.5 中的问题①)。

② 研究关联主体间风险溢出的"立体式"扩散,突破关联主体间风险溢出效应的信贷及单网络研究瓶颈。在关联主体间风险溢出效应研究中,现有研究多基于信贷网络及单网络,未考虑异质性关联及多网络交互。而本书则不仅研究了基于单网络的关联主体间风险溢出效应,同时考虑了信贷关联和担保关联,立足于多网络交互的全局视角,研究关联主体间风险在单一网络中及网际间的"立体式"扩散(基于 1.2.5 中的问题②)。

③ 立足于多网络交互视角,深化研究关联主体间风险溢出效应控制。

在关联主体间风险溢出效应控制研究中,现有成果多基于单网络,且为关于某一方面及机制的控制。而本书则在信贷与担保的异质性多网络交互下,考虑关联主体的资产负债状况及关联网络特征,设计风险溢出效应控制干预机制,并借助计算实验,从微观 Agent 间的实时动态作用中检验风险控制干预机制的实施效果,为维护金融体系与实体经济的稳定提供了理论与模型参考(基于 1.2.5 中的问题③)。

④ 深入挖掘各类主体行为特征,提升多主体建模的现实情形刻画能力。人工经济系统主体建模研究中,现有成果对主体特征及行为机制的刻画较为简单,且存在过多简化假设。而本书则利用多主体建模方法,细化 Agent 行为及交互作用,整合银行主体间、企业主体间、银企主体间市场 Agent 行为,提升对现实主体行为的刻画能力(基于 1.2.5 中的问题④)。

第 2 章 相关基本理论

基于 Agent 的系统建模具有其独特的优越性，被越来越多地用于社科领域复杂性问题研究，对社科领域的传统研究方法进行了创新；而网络可以较好地刻画现实世界中关联主体间的连接方式。将 Agent 技术与网络方法相融合，借助社会科学计算实验，可研究微观关联主体间的交互作用及其对系统的影响。这是对传统社会科学领域研究方法的有效补充。基于本书的研究内容，本章将从 Agent 建模、社会科学计算实验、网络拓扑相关理论等方面进行阐述，为后续章节的研究奠定理论基础。

2.1 Agent 建模

现实世界中的经济主体，如企业主体、银行主体、政府主体、中央银行主体等，均具备自主的决策机制与行为方式，并能根据外界环境的变化而采取相应的措施，调整相应的行为。现实世界中，经济主体间的微观个体层面的交互作用，涌现出了宏观层面的经济现象与特征。现实世界中经济主体的这种"智能性"的行为机制，在一定程度上可被计算机系统中虚拟的"主体"替代。也就是说，对现实中经济系统进行抽象刻画，借助计算机程序设计搭建虚拟的人工经济系统，使得人工经济系统中虚拟的个体对应现实中的经济主体，通过人工系统模拟现实系统运行，该种方法则被称为 Agent 建模。Agent 建模对现实世界中的经济主体行为特征与决策进行抽象刻画，借助计算机仿真平台，利用计算实验的情景可控、参数可调、可反复实验等特点，通过经济主体间的微观动态交互作用，实现了宏观层面的特征与规律涌现，对传统的社会科学研究方法进行了有效补充。本节将从 Agent 的定义与组合方式、Agent 建模思路及 Agent 建模的优越性等方面来阐述 Agent 建模相关理论。

2.1.1　Agent 的定义

Agent 可译为"主体"或"代理",但对于 Agent 的定义,尚未有统一的界定。不同领域、不同学科对 Agent 的含义的界定都有区别。其中,Wooldridge 和 Jennings(1995)对 Agent 的定义被广为接受。Wooldridge 和 Jennings(1995)将 Agent 的定义划分为弱定义和强定义。对于 Agent 的弱定义,Wooldridge 和 Jennings(1995)指出,Agent 是一个基于计算机系统的硬件(hardware)或更多的为软件(software),且具有如下特征:① 自治性(autonomy):Agent 可以在不存在外界干预的情况下运行,并且对自身行动和内部状态具有某种控制;② 社会性(social ability):Agent 与其他 Agent 基于某种机制进行互动;③ 反应性(reactivity):Agent 可以观察所处的环境,并能够对环境的变化做出及时反应;④ 主动性(pro-activeness):Agent 并不是对环境进行简单的反应,而是可以通过采取主动行动实施目标导向行为。而对于 Agent 的强定义,Wooldridge 和 Jennings(1995)指出,Agent 除具备上述特征外,还具有一些精神特征,如知识、信念、直觉和责任等。在研究中,Agent 的弱定义被更多地采用,而强定义则更多地被用于 AI 研究领域。从 Agent 的特征可以发现,Agent 是对现实系统中的某个对象的抽象。在本书中,Agent 为人工经济系统中的企业 Agent、银行 Agent 等。

对个体 Agent 进行建模,一般遵循提取 Agent、解构 Agent、定义 Agent 等过程。提取 Agent 是进行 Agent 建模的第一步,需要对现实系统中存在的个体进行分析,确定纳入人工系统的主要 Agent 类型;解构 Agent 是对现实系统中存在的个体进行更深层次的属性与特征分析,注重 Agent 间的属性与特征差异,为后续 Agent 的定义设定奠定基础;而定义 Agent 则是在前述两个步骤完成的基础上,根据不同 Agent 的属性与特性,通过设定相应的变量、公式或模型等对 Agent 的行为进行刻画,以便可以转化为相应的程序设计语言来完成对 Agent 的行为机制的程序描述。

对个体 Agent 进行建模,需了解 Agent 的结构类型。单 Agent 的基本结构如图 2-1 所示(赵业清,2011)。由图 2-1 可知,一个单 Agent 的基本结构由传感器、信息处理器及效应器构成;从功能上来看,单 Agent 在处理外部环境信息时经历了外部环境信息输入(传感器)、Agent 内部处理(信息处理器)及对外部环境的反馈(效应器)这三个阶段。此为基本的单 Agent 的结构类型。由于研究领域、系统与研究对象的特性不同,Agent 也相应地具有不同的结构类型。其中有三种使用较为广泛的个体 Agent 的结构类型,即认知型(cognitive)Agent、反应型(reactive)Agent 与混合型(hybrid)

Agent(刘大有等,2000;倪建军,2011;赵业清,2011)。

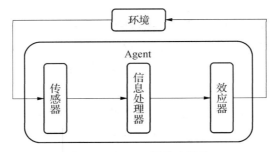

图 2-1 Agent 的基本结构

1. 认知型(cognitive)Agent

在三种 Agent 类型划分中,认知型 Agent 是一种智能程度较高的 Agent。认知型 Agent 又被称为思考型 Agent 或缜密型 Agent,其通过符号 AI 的方法实现表示和推理。认知型 Agent 的最大特点是赋予 Agent 意识态度(intentional stance)。使用 Agent 建模的主要目的是对现实系统中的具有智能的研究个体或行为通过计算实体(Agent)进行替代,进而借助计算机系统展开相应的研究。而现实中的研究对象一般具有一定的意识态度,使 Agent 具有意识态度较为重要,为此,设定了认知型 Agent。意识态度包括信念、意图、目标、承诺等(刘大有等,2000)。图 2-2 揭示了认知型 Agent 的结构。由图 2-2 可知,认知型 Agent 通过传感器接收由外部环境传递过来的信息,并结合 Agent 自身的内部状态进行信息融合,通过搜索 Agent 自身的知识库储备做出相应的规划,并依据设定的目标做出相应的决策以及执行相应的动作,进而对外部环境信息做出反馈。

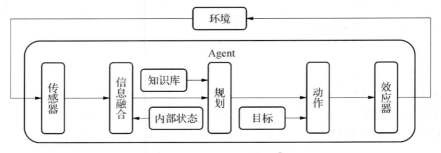

图 2-2 认知型 Agent①

---

① 图 2-2 至图 2-3 根据文献刘大有等(2000)、倪建军(2011)、赵业清(2011)整理绘制。

2. 反应型(reactive)Agent

反应型 Agent 的结构类型如图 2-3 所揭示。

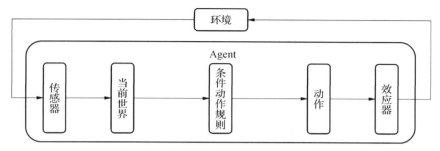

图 2-3 反应型 Agent

相比认知型 Agent,反应型 Agent 不需要复杂的符号表示和推理,因而对外部环境条件变化的反应速度更快。在外界环境发生变化时,反应型 Agent 基于"条件—动作"模型,通过"if-then"实现感知与动作的连接,智能程度下降(齐一名,2014)。图 2-3 揭示了反应型 Agent 的结构。由图 2-3 可知,当外部环境发生变化时,反应型 Agent 通过传感器获得相应的信息,但并不进行复杂推理与学习,而是根据设定的条件—动作规则激发相应动作,从而对外部环境的变化做出反馈。

3. 混合型(hybrid)Agent

混合型 Agent 是认知型 Agent 和反应型 Agent 的融合。认知型 Agent 使用符号 AI 进行表示和推理,智能程度高,对外界信息响应速度慢;而反应型 Agent 不使用符号表示和复杂推理,对外界信息响应速度快,但智能程度下降。为此,混合型 Agent 便成了学者们的研究热点,将认知型 Agent 和反应型 Agent 进行有机融合。对于混合型 Agent,Agent 具有两个层次,即高层和底层。混合型 Agent 的高层对应认知型子系统,而底层则对应反应型子系统。与认知型 Agent 和反应型 Agent 相对应,高层所对应的认知型子系统使用符号 AI 方式进行规划、决策,而底层反应型子系统则不使用符号表示和推理,可对外界环境的突然变化做出快速响应。一般而言,底层对应的反应型子系统相比于高层对应的认知型子系统具有更高优先级,以便系统对外界环境变化迅速做出反应。

2.1.2 Agent 间组合方式

现实系统中的个体往往不是单独存在,而是具有一定的社会性,需要与系统中其他个体发生通信,并与其他个体交互作用以共同完成某项活动。

Multi-Agent 则是对由具有交互作用的众多单 Agent 组成的系统进行建模的较好方法。对于 Multi-Agent 系统,涉及 Agent 间的组合方式,即 Multi-Agent 系统结构——集中式、分散式和混合式(赵业清,2011;齐一名,2014)。

在集中式的系统结构中,存在两类 Agent:一类为中心 Agent 或顶级 Agent,也可称其为管理 Agent 或全局 Agent;另一类为与前述 Agent 相对的非管理 Agent。在集中式 Multi-Agent 系统结构中,任务的规划和分配由管理 Agent 负责,管理 Agent 负责其他 Agent 的管理事项,并协调其他 Agent 间的冲突。而对于其他非管理 Agent,彼此间处于平等地位,共享管理 Agent 所提供的资源与信息。此类 Agent 组合方式的优点是结构较简单,容易实现;但由于系统中存在核心 Agent,一旦该类 Agent 出现问题,系统便陷于瘫痪之中;且管理 Agent 的行为机制设计较为复杂,并在 Agent 成员数量较多时容易引发信息交换瓶颈。集中式的系统结构如图 2 - 4(a)所示。

在分散式的系统结构中,并不存在集中式系统中的起全局控制作用的管理 Agent,而是对于任务与决策,各个 Agent 具有一定的自主性,享有各自的信息与资源。分散式结构可分为分布式结构[如图 2 - 4(b)所示]和分层式结构[如图 2 - 4(c)所示](赵业清,2011)。在分布式结构中,Agent 间共享信息与知识,且每个 Agent 均具有学习能力;Agent 间处于平等地位,彼此间可以进行信息通信与行为交互,具有较好的自治性与社会性。分布式系统结构具有较好的动态开放性,系统拓展较为容易;但当 Agent 数量较大时,Agent 间的信息交换与行为交互效率会下降,系统结构也会变得较为复杂。在分层式的系统结构中,Agent 成员间呈现树状的分层结构;上层 Agent 可对下层 Agent 进行管理,并将任务进行分解,分配给下层 Agent;每一层中的 Agent 仅和上层或下层中与其相连的 Agent 进行交互。在分层式的系统结构中,Agent 间的控制与协调结构较为清晰,便于系统的建立,但系统的动态性及开放性不佳,系统一旦建立,难以改变。

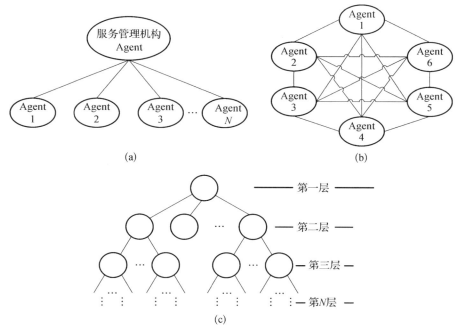

(a)

(b)

(c)

图 2‑4　**Agent 系统结构**

在混合式的系统结构中,将前述系统结构进行了一定程度的融合。集中式系统结构与分散式系统结构都具有一定的优越性,同时也具有相应的不足之处。而混合式的系统结构,则是吸取其他系统结构的优点,取长避短。

2.1.3　Agent 建模思路及其优越性

现实世界中的系统具有一定的复杂性,其主要由于现实系统中的经济主体行为具有动态性和非连续性,彼此间的交互具有异质性和非线性,且经济主体所处的环境也在不断地变化,这就使得社科领域的传统研究方法无法对此情形进行刻画。而 Agent 建模技术作为对社科领域传统研究方法的创新和重要补充,可以较好地刻画上述情形,能够解决上述相关问题。为此,使用 Agent 建模来对现实系统进行研究,通常要求现实系统具备以下特征:现实主体间的交互作用是动态的、非连续的、非线性的及复杂的;系统环境是动态变化的;现实主体特征、交互结构及行为机制具有异质性;现实主体具有学习、进化能力,具有智能性等(盛昭瀚等,2011)。使用 Agent 建模对现实系统中的经济主体行为特征进行刻画,并使用计算主体来替代现实主体,通过微观 Agent 间的动态的、非连续的交互作用,可涌现出系统在宏观层面的特征与规律,为社科领域系统复杂性研究提供另一研究渠道。

2.1.3.1 Agent 建模思路

基于 Agent 的系统建模采用的是由下至上的建模方法。即先设定 Agent 系统中的微观 Agent 的属性与行为机制,再研究 Agent 间的交互作用,最终研究具有交互作用的 Agent 所构成的系统在宏观层面所涌现的特征与规律,并通过所构建的系统进行有针对性的研究(如不同情形或策略下的系统演化规律、系统的风险溢出效应等)。南京大学盛昭瀚教授所带领的团队对社科领域 Agent 建模技术进行了较为系统的研究,并提出了基于现实系统的 Agent 建模思路,如图 2-5 所示(盛昭瀚等,2011)。基于 Agent 的建模需经历现实系统剖析、现实系统抽象、Agent 系统设计、实验结果对比与分析评价。

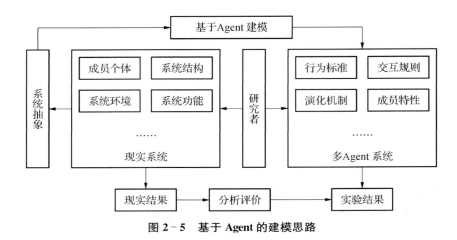

图 2-5 基于 Agent 的建模思路

首先,对所要研究的现实系统进行剖析。对现实系统进行剖析是 Agent 建模的第一步,也是基础。此处包括分析现实系统所提供的功能、实现系统功能所需要的现实主体及现实主体的属性特征、服务系统的功能,同时需要剖析现实系统结构及现实主体间的交互方式,明确系统所提供的资源与环境等。

其次,在现实系统剖析的基础上,需对现实系统进行系统抽象,以便使其转换为可用变量、公式等来进行描述的虚拟的 Agent 系统。在现实系统抽象过程中,并不能做到将现实系统进行百分之百的完全映像式的抽象。为此,在现实系统抽象过程中,应关注系统的主要功能、服务系统主要的现实主体类型、该类现实主体的关键属性与主要功能、维系系统运行的主要环境与资源等。在现实系统抽象过程中,聚焦重要主体、关键问题与主要特征,在能够模拟现实系统主要特征的同时,可在一定程度上简化建模的复杂性。现实系统的抽象完成后,需进行 Agent 系统设计,使用变量、公式或数学模型等对微观 Agent 进行定义与行为机制设计,使其能够像现实系统中的主体一样具有"智能性",模仿现实主体的行为机制与决策。

　　该部分的内容主要包含微观层面 Agent 的属性与行为机制设计,以及中观层面的 Agent 间的交互研究。同时,需要设定 Agent 系统的演化机制与约束条件,如 Agent 的进入与退出机制、具有约束性的 Agent 系统资源的分配等。Agent 系统构建完成的一个初始特征为 Agent 系统可以像现实系统一样进行自我运行与演化。此时,需借助计算机程序设计或其他仿真平台使所构建的 Agent 系统能够进行动态的、持续的运行。系统运行后,需将 Agent 系统运行的结果与现实系统运行的结果进行比较,判断 Agent 系统的运行结果是否符合现实系统运行规律。如存在差距,则需要修正对现实系统的刻画以及 Agent 系统的内部设计,直至所构建的 Agent 系统能够较好地反映现实系统。

　　2.1.3.2　Agent 建模优越性

　　① 从微观 Agent 的实时动态交互视角理解现实主体行为机制。传统的社科领域研究方法偏于静态,不能很好地刻画现实主体间的实时动态交互行为,不能观察关键变量或环境的变化对现实主体的实时动态影响,而只能以变化后的结果样本进行研究,无法呈现变化的内在驱动过程。而 Agent 建模赋予 Agent 以现实主体特征,能够模拟现实主体的行为及决策机制,借助计算机系统,可实时观察不同类型 Agent 或同类型 Agent 中不同个体对外部环境变化所做出的反应,进而可从微观 Agent 间的实时动态交互视角来理解现实主体的行为机制及其影响因素。这是对传统社科领域研究方法的重要补充。

　　② Agent 建模搭建了微观与宏观的桥梁。现实系统中的某些现象和规律,是系统中现实主体的微观层面交互行为的宏观层面涌现结果。Agent 建模所采用的自下而上的建模方法,为现实系统的宏观特征及现象、规律的涌现提供了较好的解释路径。整体是由部分有机组合而成,各部分的微观交互导致了整体层面的特征涌现。微观 Agent 间的动态交互导致 Agent 系统涌现出现实系统中的特征与规律。可见,Agent 建模搭建了微观与宏观的桥梁,为现实系统宏观现象的涌现研究提供了新的方法。

　　③ Agent 建模突破了研究对象数据不可获得性对研究的影响。社科领域的传统研究方法,如计量模型等,需使用现实系统或研究对象的实际数据进行参数估计。然而,由于众多原因,并不是研究所需要的所有数据都能够获得,这就影响了使用传统研究方法对该问题进行研究。而 Agent 建模技术,通过对现实主体或系统的可程序化的抽象,借助计算机仿真系统,可对现实主体或系统进行模拟运行,从而获得运行数据,并用模拟运行获得的数据来进行研究,突破研究对象数据不可获得性的限制。Agent 建模技术

可突破研究对象的两类不可获得性数据:一类为现实中存在但不公开的数据;另一类为现实中目前不存在的数据(因系统还未运行到数据发生的时刻)。此两类数据均可通过 Agent 系统的模拟运行而获得。可见,Agent 建模方法拓展了研究的时空范围。

④ Agent 建模可用于研究拟实施政策或变量变化对现实主体行为或系统运行的影响。对于现实系统中某一新政策的拟实施,传统研究方法虽可粗略推测出现实主体的反应及对系统的影响,但不能从微观主体的动态交互视角来观察新政策的实施所导致的系统在宏观层面的涌现结果。Agent 建模遵循由下至上的建模思路,设定微观 Agent 的属性与行为特征,通过微观 Agent 间的动态交互达到系统在宏观层面的特征与现象涌现。新政策可实施于模拟的 Agent 系统,借助计算实验,可观测微观 Agent 对新政的反应。Agent 系统中的微观 Agent 对新政做出不同的反应,导致不同行为机制,改变了原有的交互机制,通过微观的动态交互可使系统达到新政下的平衡,据此研究新政的实施对系统的影响。这是传统社科类研究方法无法做到的。

2.2　社会科学计算实验[①]

2.2.1　社会经济系统的复杂性与可计算性

2.2.1.1　社会经济系统的复杂性

人本身就是一个复杂巨系统,而人同时为社会经济系统的重要组成部分,这使得社会经济系统必然为一个复杂的巨系统(钱学森等,1990)。社会经济系统是一个开放的系统,存在着大量的复杂现象(宋学锋,2005)。社会经济系统的复杂性,导致了对其进行研究具有复杂性。认识与理解社会经济系统的复杂性对于进行社会经济系统建模至关重要。盛昭瀚等(2011)对社会经济系统的复杂性表现形式及其形成原因进行了深入研究。社会经济系统的复杂性主要表现在以下几个方面:

---

① 本节内容主要来源:
　盛昭瀚,张维. 管理科学研究中的计算实验方法[J]. 管理科学学报,2011(5):1-10.
　盛昭瀚,李静,陈国华. 社会科学计算实验基本教程[M]. 上海:上海三联书店,2010:1-36.
　盛昭瀚,张军,刘慧敏. 社会科学计算实验案例分析[M]. 上海:上海三联书店,2011:1-41.

①　现实系统中人的行为复杂性。现实社会经济系统中的人的行为,不仅受物质方面因素的影响,也受精神方面因素的影响;既受自身因素的影响,也受外界因素的限制;人的行为是众多因素作用的结果,具有复杂性。

②　现实系统结构的复杂性。现实系统由人流、物流和信息流构成。上述要素的相互关联形成复杂的、动态的多重关联网络结构,推动着系统的演化。

③　现实系统所处环境的限制及作用表现出的复杂性。现实系统的演变受其所处环境的变化而做出相应的变化,会引发现实系统各组成部分进行相应调整,各组成部分的微观反应交互导致了在新的环境约束下的系统的平衡,不断推动着系统的演变。这种变化作用具有非线性,且呈现路径依赖。

④　现实系统中主体认识论模式的复杂性。现实系统中的主体认知与行为不仅受历史文化、风俗习惯、道德约束等方面影响,同时也受其自身的文化水平、情感等方面影响。现实主体在不同的情境下会做出不同的认知与决策,但有时也会做出类似情境下的一致决策;而在相同情境下,现实主体会做出之前类似情境下的反应决策,但也会更改常态而做出相异的举措。

⑤　现实系统组成部分相互作用的复杂性。现实系统由各子系统构成,各子系统由更基层的要素构成。要素间、要素与子系统间、子系统间、子系统与系统间等均存在着关联性与相互作用。而现实主体的智能性与自适应性,又使得相应的交互作用更加复杂(盛昭瀚等,2011)。

社会经济系统产生复杂性的根本原因则在于:①　现实系统主体的智能性与自适应性。现实系统中的主体具有较高的智能性,基于所处的环境情况做出相应的决策与行为。该决策与行为因主体不同而存在差异,受主体自身条件(如文化水平、情感、信念等)及外部环境的影响(如历史传统、风俗习惯等)。现实主体的决策与行为会随着外部环境的扰动而做出相应的调整,通过不断的学习来修正自身的决策行为。现实主体的这种智能性与适应性导致了社会经济系统的复杂性(方美琪,2003;张大勇等,2006)。②　现实系统中的非线性机制。现实系统构成要素间非线性的相互作用导致了系统在宏观层面的特征涌现。这种非线性作用主要表现在:现实主体对其他主体及所处环境反应的非线性;要素间交互而形成的动态的复杂关联网络结构;现实系统与环境交互的非线性;现实系统结构层次间交互的非线性。③　现实系统的开放性。现实系统需要与外部环境进行动态的能量、物质与信息交换。现实系统中的各子系统需要与其他子系统进行交换以维系自身的正常运行。④　现实系统的层次结构性。现实系统由众多子系统构成,而各子系统可以划分为更低级的子系统,更低级的子系统也可以进一步细化。

现实系统的这种层次结构加剧了社会经济系统的复杂性。同层次间、同一层次主体间、跨层次主体间及与外部环境间的线性与非线性的复合交互作用推动着社会经济系统的演化(盛昭瀚等,2011)。

2.2.1.2 社会经济系统可计算性

虽然社会经济系统具有复杂性,但其在特定的假设条件下具有一定程度的可计算性。社会经济系统的可计算性是指可将社会经济系统在某一时刻的有限特性,通过特定的符号作为有限特性的表现界面,映射到虚拟的人工系统,从而借助计算机系统,通过人工系统动态的、离散的演变来再现社会经济系统的演变规律。社会经济系统中主体与其他主体间的交互作用形成了动态且复杂的多重关联网络结构,通过分工与协作,推动着系统的演变。与此同时,它也会随着外部环境的变化,调整、修正自身的行为,以便更好地适应新的环境约束。现实主体的这种决策与行为可转化为一系列的"条件—动作"("if-then")语句。如果假定现实系统中主体的行为能力有限及其在单位时间内对系统作用所造成的影响有限、系统的资源及其环境变化幅度有限、系统的性状集合范围有限,经过适当的分类与划分后,那么在一系列约束条件下而转化的系列"条件—动作"("if-then")语句,便可以通过程序设计来实现对现实社会经济系统的模拟运行,使得现实社会经济系统具有可计算性。社会经济系统具有可计算性,是利用社会科学计算实验来对其进行研究的重要前提基础(盛昭瀚等,2011)。

2.2.2 社会科学计算实验的定义

由前述可知,社会经济系统由于其构成主体的智能性与自适应性、构成要素间交互的非线性、系统开放性及结构层次性等导致了社会经济系统表现出复杂性、不可分性及不可逆性。这也对研究具有复杂性的社会经济系统所采用的方法提出了要求。该方法需考虑现实系统中主体的智能性与自适应性,可反映现实主体间的非线性交互作用及系统的层次结构,能揭示不同层次上主体交互的涌现特征,可分析外部环境动态、离散变化对系统的影响,同时,能搭建微观主体的交互与系统宏观层面的桥梁,有利于研究微观主体层面与宏观层面的交互作用。社会科学计算实验则提供了相应的研究手段,使得上述研究内容成为现实。

社会科学计算实验是一种跨学科交叉融合而形成的社会科学领域研究方法。它综合集成计算机技术、复杂系统理论、演化理论、行为金融理论等,将现实社会经济系统(包括主体类型、主体行为、交互规则、环境约束等)进行抽象刻画,将其映象为具有约束条件的可用于程序设计的符号表示,借助计算机技术,使其转化为由计算机系统所创造的虚拟实验环境中的人工系统,利用计算机系统情景可设、参数可调、可反复再现等特点,基于计算机系统支撑的人工系统的动态运行,研究社会经济系统的结构及演变规律。通过社会科学计算实验所构造的人工系统是一个开放的环境,内含异质性计算主体,定义着人工系统构成要素间的交互机制及资源分配规则,是特定约束条件下对现实经济系统的镜像反映。人工系统借助计算机技术搭建的实验平台,在虚拟的实验环境中进行学习、适应及相互作用,通过微观主体交互作用的"量"的积累,达到人工系统在宏观层面"质"的涌现。为此,可借助计算机系统,基于所构造的虚拟的实验环境,利用计算机系统情景可设、参数可调、可反复再现等特点,研究系统构成要素间的交互机制及系统宏观层面涌现的演变过程,也可分析重要变量及参数的变化对系统中主体行为及系统宏观层面演化的影响,通过自下而上的反应方式,理解现实社会经济系统的静态结构及其动态演变,更加自然、直观且深入地剖析现实社会经济系统的运行。

2.2.3　社会科学计算实验的模型结构与研究范式

南京大学盛昭瀚教授所带领的团队提出了社会科学计算实验的模型结构与研究范式。社会科学计算实验模型结构由三个层次构成,即宏观层面的社会系统层、中观层面的智能主体层及微观层面的智能主体基元层(盛昭瀚和张维,2011),如图 2-6 所示。其中,宏观层面的社会系统层主要描述系统的宏观特征,由六大子系统构成,具体包括信息子系统、目标子系统、资源子系统、环境子系统、社会结构子系统及智能主体子系统;中观层面的智能主体层负责描述具有智能性和自适应性的现实主体的决策与行为特征,主要由以下几部分构成:主体属性、主体可获取的资源、主体所处的外部环境及基于上述因素约束而做出的决策与行为;微观层面的智能主体基元层是人工系统的最基层单元,主要描述具有智能性和自适应性的现实主体的心理及行为活动,反映主体的自我演化机制与外部环境的交互机制,主要由储元、识元、适元、事元及主体心智模型构成。

社会科学计算实验的研究范式是开展社会科学计算实验的基本框架,是必须遵从的标准过程与方法,是保证计算实验可靠性与可信度的基础。社会科学计算实验的研究范式包括界定研究的问题与环境、设定基本假设与规则、建立可计算模型、实现计算实验、评估与比较实验结果等几个方面。具体而言:

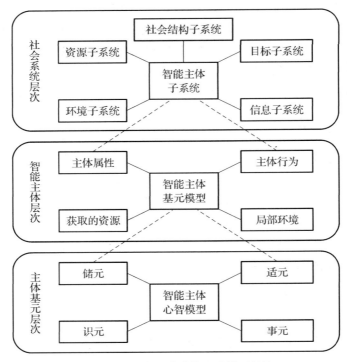

图 2 - 6　社会科学计算实验模型结构

①　界定研究的问题与环境是开展社会科学计算实验的第一步,决定计算实验的建模方向与细节问题,影响全局。界定研究的问题与环境的主要内容涵盖研究对象及其类型的确定、研究视角和切入点的寻找(如宏观系统层面、主体交互层面、宏观涌现与微观交互层面等)、实验目的设定(如研究重要变量的影响、分析系统宏观涌现特征、原因与系统演变、设计控制机制等)、研究环境的设定(如自然与社会环境的设定、环境变化模式设定等)。

②　基本假设与规则服务于社会科学计算实验的开展,也可在一定程度上简化建模难度,使建模能够顺利进行。基本假设与规则的设定并不是随意的,而是需要具有一定合理性。一般而言,基本假设和规则的设定建立在现实中存在或已经被证明或证实的规律、常识等基础上,通常包括环境与资源、系统事件,以及和实验主体相关的属性、行为偏好、信心感知度、决策机制、学习能力等方面。

③　建立可计算模型是借助计算机系统平台实现计算实验的前提。建立可计算模型实际上是将现实世界复杂系统中主体行为及交互机制等众多特征进行抽象描述,转换为可用变量、公式或相关数理模型显示的符号表示,使得研究人员在更为理想、方便及有利的条件下进行社会科学计算实

验。同时，建立可计算模型应注意模型的层次性、拓展性、特征性、演化性及标准性（杨建等，2002；盛昭瀚等，2011）。

④ 实现计算实验需要借助计算机系统与技术，将前述可计算模型转化为程序设计，通过计算机系统创造的实验环境，使得人工系统能够模拟现实系统进行运行。它通常包括计算实验的环境、变量、边界条件、过程与结果可视化。

⑤ 评估与比较实验结果是社会科学计算实验的最后步骤，该步骤的实施受前述研究问题的界定的约束。评估与比较实验结果通常包括评估的对象、内容、依据、方法及评估结果。

2.3　网络拓扑相关理论

由第 1 章可知，网络被越来越多的学者用于研究关联主体间的交互作用。本节将从网络的结构特征变量、网络拓扑经典模型等方面进行论述，为后续章节的研究奠定网络理论基础。①

2.3.1　网络的结构特征变量

2.3.1.1　度

1. 度的基本概念

度（degree）是常用的刻画网络节点属性的重要指标，可反映网络节点的重要性程度。对于节点 i'，其度 $k_{i'}$ 及网络的平均度 $<k>$ 的计算公式分别如式（2-1）及式（2-2）所示。

$$k_{i'} = \sum_{j'} a_{i'j'} = \sum_{j'} a_{j'i'} \qquad (2-1)$$

$$<k> = \frac{1}{N'} \sum_{i'} k_{i'} = \frac{1}{N'} \sum_{i'j'} a_{i'j'} \qquad (2-2)$$

其中，$a_{i'j'}$ 为邻接矩阵中的元素；N' 为网络中的节点数量。

网络的最大度定义为：

$$k_{max} = \max_{i'} k_{i'} \qquad (2-3)$$

---

① 本节内容主要来源于：汪小帆等（2006）、何大韧等（2009）、汪小帆等（2012）、郭世泽和陆哲明（2012）。

网络的节点和边数 e 的关系如式（2-4）所示。

$$2e = N' < k > = \sum_{i'} k_{i'} = \sum_{i'j'} a_{i'j'} \qquad (2-4)$$

对于有向网络而言，节点 i' 的度又分为入度（in-degree）和出度（out-degree）。节点 i' 的入度 $k_{i'}^{in}$ 定义为从其他节点出发指向节点 i' 的边的个数；节点 i' 的出度 $k_{i'}^{out}$ 定义为从节点 i' 出发指向其他节点的边的个数。网络的平均入度 $< k_{i}^{in} >$ 则为网络中所有节点的入度的平均值；网络的平均出度 $< k_{i}^{out} >$ 则为网络中所有节点的出度的平均值。以上测度量也可以用网络 G 的邻接矩阵中的元素表示，具体如式（2-5）和（2-6）所示。

$$k_{i'}^{in} = \sum_{j'} a_{j'i'}, k_{i'}^{out} = \sum_{j'} a_{i'j'} \qquad (2-5)$$

$$< k_{i'}^{in} > = < k_{i'}^{out} > = \frac{1}{N'} \sum_{i'j'} a_{i'j'} = \frac{e}{N'} \qquad (2-6)$$

如果网络 G 为加权网络，也可以定义节点 i' 的强度。对于无向网络而言，节点 i' 的强度 $S_{i'}$ 定义为与节点 i' 相连的所有边的边权之和，如式（2-7）所示。

$$S_{i'} = \sum_{j'} h_{i'j'} \qquad (2-7)$$

若网络为有向加权网络，则节点 i' 具有入强度和出强度。节点 i' 的入强度为从其他节点指向节点 i' 的所有边的边权之和；节点 i' 的出强度为从节点 i' 出发指向其他节点的所有边的边权之和，具体如式（2-8）所示。

$$S_{i'}^{in} = \sum_{j'} h_{j'i'}, S_{i'}^{out} = \sum_{j'} h_{i'j'} \qquad (2-8)$$

2. 度的分布

对于无向网络 G 而言，度分布 $P(k)$（degree distribution）定义为任意选择一个节点，其度恰好为 k 的概率。对于有向网络而言，有出度分布和入度分布之分。有向网络 G 的入度分布 $P(k^{in})$ 为任意选择一个节点，其入度恰好为 k^{in} 的概率；而有向网络 G 的出度分布 $P(k^{out})$ 为任意选择一个节点，其出度恰好为 k^{out} 的概率。几种典型的度分布为泊松分布、指数分布、幂律分布。

（1）泊松分布

随机网络的度分布 $P(k)$ 可以近似表示为二项分布，如式（2-9）所示。

$$P(k) = C_{N'-1}^{k} p_{ran}^{k} (1 - p_{ran})^{N'-1-k} \qquad (2-9)$$

其中，p_{ran} 为随机网络连接概率。

当 N 较大时，二项分布可用泊松分布来替代，即：

$$P(k) = \frac{e^{-p_{ran}N'}(p_{ran}N')^k}{k!} = \frac{e^{-<k>}<k>^k}{k!} \qquad (2-10)$$

随机网络中节点的度分布在平均度附近，不存在度特别大和特别小的节点。

（2）指数分布

学者们对现实中的某些实际网络的度分布进行了研究，发现有的网络的度分布为指数分布（汪小帆等，2006）。对于指数分布而言，网络度分布满足式（2-11）。

$$P(k) \propto e^{-k/\lambda_{exp}} \qquad (\lambda_{exp} > 0) \qquad (2-11)$$

其累积度分布函数 P_k 也是指数型，其二者具有相同的指数，即：

$$P_k \propto \sum_{s=k}^{\infty} e^{-s/\lambda_{exp}} \propto e^{-k/\lambda_{exp}} \qquad (\lambda_{exp} > 0) \qquad (2-12)$$

如果网络的度分布为指数分布，则其在半对数坐标系中对应一条直线。

（3）幂律分布

幂律分布（power-law distribution）在自然界和人工系统中广泛存在，其常被学者们广泛地运用于不同领域的实际数据拟合，如词频研究、地震强度、月球陨石坑的直径、太阳耀斑的强度、城市人口等（Newman，2005）。幂律分布的一个特性是第 r' 个最大的观测值与其排行成反比。此外，学者们对网络中的幂律现象进行了研究，也发现了幂律分布的存在。服从幂律分布的实际网络如 WWW 子网、Internet 网、蛋白质相互作用网等（汪小帆等，2006）。此外，学者们构建的人工系统中，幂律分布随着人工系统的不断演化而被大量地涌现。

如果网络的度分布为幂律分布，则满足式（2-13）。

$$P(k) \propto k^{-\alpha_{power}} \qquad (\alpha_{power} > 0) \qquad (2-13)$$

此时，网络的累积度，即分布为幂指数为 $\alpha_{power}-1$ 的幂律形式，如式（2-14）所示。

$$P_k \propto \sum_{s=k}^{\infty} s^{-\alpha_{power}} \propto k^{-\mu_{power}} (\mu_{power} = \alpha_{power} - 1) \qquad (2-14)$$

2.3.1.2　聚类系数

近年来，随着网络与通信技术的不断发展，"朋友圈"一词大为流行。而一个人"朋友圈"内的朋友间也可能相互认识。这就是所谓的聚类特征,所谓"物以类聚,人以群分"。网络作为对主体间关联进行现实刻画的一个有效手段,存在刻画主体聚类特征的测度指标——聚类系数(clustering coefficient)。

N' 为网络节点数,对于节点 i',若其与 $\widetilde{k}_{i'}$ 个节点相连,则此 $\widetilde{k}_{i'}$ 个节点间最多存在 $\widetilde{k}_{i'}(\widetilde{k}_{i'}-1)/2$ 条边,设 $E'_{i'}$ 为 $\widetilde{k}_{i'}$ 个节点间存在的实际边数,那么对于无向无权网络而言,节点 i' 的聚类系数 $C_{i'}$ 如式(2-15)所示(汪小帆等,2006;2012)。

$$C_{i'} = \frac{2E'_{i'}}{\widetilde{k}_{i'}(\widetilde{k}_{i'}-1)} \tag{2-15}$$

与上式等价的一个定义为:

$$C_{i'} = \frac{N_{i'\Delta}}{N_{i'\wedge}} \tag{2-16}$$

其中,$N_{i'\Delta}$ 代表与节点 i' 相连的"三角形"的个数,数值上等于 $E'_{i'}$;$N_{i'\wedge}$ 为与节点 i' 相连的"三元组"数量,即节点 i' 与其他两个节点都有连接,在数值上等于 $\widetilde{k}_{i'}(\widetilde{k}_{i'}-1)/2$。$C_{i'}$ 越大,说明与该节点相邻的节点间的联系越频繁。

给定网络的邻接矩阵 $H=(a_{i'j'})_{N'\times N'}$,则 $E'_{i'}$ 可由式(2-17)表示。

$$E'_{i'} = \frac{1}{2}\sum_{j',k'} a_{i'j'}a_{j'k'}a_{k'i'} = \sum_{k'>j'} a_{i'j'}a_{j'k'}a_{k'i'} \tag{2-17}$$

平均聚类系数则定义为网络中所有节点的聚类系数的平均值,如式(2-18)所示。

$$C = \frac{1}{N'}\sum_{i'=1}^{N'} C_{i'} \tag{2-18}$$

其中,$0 \leqslant C \leqslant 1$。当 $C=0$ 时,所有节点为孤立点,无边连接。但当 $C=1$ 时,节点间都有连接,该网络为完全图(汪小帆等,2006)。

2.3.1.3 平均路径长度

对于无权无向网络而言,节点 i' 和节点 j' 间的最短路径(shortest path)即测地路径,为连接节点 i' 和节点 j' 间最少边数的路径,此边数称之为测地距离 $d_{i'j'}$。网络的平均长度则定义为网络中任意节点对间的距离的平均值,如式(2-19)所示。

$$AL = \frac{1}{\frac{1}{2}N'(N'-1)}\sum_{i' \geqslant j'} d_{i'j'} \qquad (2-19)$$

实际网络中,节点 i' 和节点 j' 间的距离要么为有限值,要么为无穷大。这也就导致了当节点 i' 和节点 j' 不连通时,网络的平均长度为无穷大的情况的出现。为避免此种情况的发生,可把网络的平均长度定义为相互连通的节点对间的距离的平均值。

对于加权无向网络而言,节点 i' 和节点 j' 间的最短路径定义为连接节点 i' 和节点 j' 间边的边权之和最小的路径。节点 i' 和节点 j' 间的距离为最短路径上边的边权之和。对于加权有向网络而言,节点 i' 和节点 j' 间的最短路径定义为从节点 i' 出发到节点 j' 所经过的边的边权之和最小的路径。由加权无向网络和加权有向网络的节点间的最短路径定义可知,加权网络中,连接节点 i' 和节点 j' 的边数最少的路径,并不一定是边权之和最小的路径,即该路径可能不是节点 i' 和节点 j' 间的最短路径;而对于有向网络而言,从节点 i' 到节点 j' 的距离并不一定等于从节点 j' 到节点 i' 的距离,也可能存在从节点 i' 到节点 j' 的距离,但不存在从节点 j' 到节点 i' 的距离(汪小帆等,2012)。

2.3.2　网络拓扑经典模型

规则网络、随机网络、小世界网络及无标度网络是比较经典的网络拓扑模型,也是众多学者在研究中经常使用的模型。因此,下面将重点对上述四种经典的网络拓扑模型进行论述。

1. 规则网络

规则网络(regular network)是最简单的网络模型。在规则网络中,任意两个节点间的连接遵循相同的原则,一般而言,每个节点的近邻数量相同。规则网络可分为完全图(全局耦合网络)、邻近节点连接图(最近邻耦合网络)和星状图(星型耦合网络)(郭世泽和陆哲明,2012)。

① 全局耦合网络(globally coupled network)是指网络中任意节点对间均存在连接的规则网络。

② 最近邻耦合网络(nearest-neighbor coupled network)是指每个节点只与其周围邻近节点相连接的网络(汪小帆等,2012)。通常情况下,对于节点数为 N' 的最近邻耦合网络,每个节点只与其邻近的 $\tilde{k}(\tilde{k} \leqslant N'-1)$ 个节点相连。特殊情况下,当每个节点只与最近邻的两个节点相连时,会形成一个一维链或环。常见的一种具有周期边界条件的最近邻耦合网络包含围成一

个环的 N' 个节点,每个节点都与其左右各 $\tilde{k}/2$ 个邻居节点相连,$\tilde{k}$ 为偶数(郭世泽和陆哲明,2012)。最近邻耦合网络中,每个节点度均为 $\tilde{k}$,因此,网络的度分布为单峰分布;网络的平均聚类系数等于单个节点的聚类系数,为 $3(\tilde{k}-2)/[4(\tilde{k}-1)]$,当 $\tilde{k}$ 较大时,聚类系数接近于 0.75。网络的直径 D 和平均距离 AL 分别为:$D=N'/\tilde{k}$,$AL \approx N'/(2\tilde{k})$,当 $N' \to \infty$ 时,$AL \to \infty$。可见,最近邻耦合网络的聚类系数仍较高,但其不具备小世界特性(郭世泽和陆哲明,2012)。

③ 星型耦合网络是指网络中存在一个中心节点,所有其余节点都与该中心节点相连但彼此不相连的网络。星型耦合网络的中心节点的度为 $N'-1$,非中心节点的度为 1;星型耦合网络的中心节点的聚类系数为 0,非中心节点的聚类系数为 $N'-1$;星型耦合网络的平均聚类系数为 $(N'-1)/N'$;星型耦合网络的平均距离为 $2-2/N'$(郭世泽和陆哲明,2012)。

2. 随机网络

随机网络是被最早研究的网络之一。随机网络是由网络中的节点随机相连而成的网络。随机网络和规则网络在某种意义上为网络的两个极端情况。当网络中的节点按照同样的既定规则相连时,规则网络被构建;而当网络中的节点随机相连时,随机网络被构建。随机网络在 20 世纪 60 年代至 1998 年,一直为网络研究的基础模型。然而,现实中实际网络节点间的连接并非随机或完全随机。接下来将对随机网络做简单介绍。

最为经典的随机网络模型为 Erdös 和 Rényi 提出的 ER 随机网络。ER 随机网络有两种生成方式,即具有固定边数 M_{ran} 的节点数为 N' 的 ER 随机网络 $G(N',M_{ran})$ 和具有固定随机连接概率 p_{ran} 和节点数为 N' 的 ER 随机网络 $G(N',p_{ran})$。其中,具有固定边数 M_{ran} 的节点数为 N' 的 ER 随机网络 $G(N',M_{ran})$ 的构造方法如下:① 初始化:给定 N' 个节点和待添加的边数 M_{ran};② 随机连边:一是随机选取一对没有边相连的不同的节点,并在这对节点间添加一条边;二是不断进行上述操作,直至在 M_{ran} 对不同的节点间均添加一条边(汪小帆等,2012)。

3. 小世界网络

规则的最近邻耦合网络具有较高的聚类系数,但不具有较小的平均距离;随机网络具有较小的平均距离,但不具有较高的聚类系数。那么,是否存在一个网络兼具较小的平均距离和较高的聚类系数呢? Wattz 和 Strogatz 构造了这样的网络,该网络被称为小世界网络。小世界网络有两种生成方法,因此被分为 WS 小世界网络和 NW 小世界网络。

WS 小世界网络是由 Watts 和 Strogatz 于 1998 年提出的。WS 小世界模型的生成方法如下:① 从规则图开始:考虑一个含有 N' 个节点的最近邻耦合网络,它们围成一个环,每个节点都与其左右相邻的各 $k'/2$ 个节点相连,k' 是偶数。② 随机化重连:以概率 p_{sw} 随机地重新连接网络中的每条边,即将边的一个端点保持不变,而另一个端点取为网络中随机选择的一个节点。其中规定,任意两个不同的节点间至多只能有一条边,并且每一个节点都不能有边与自身相连。

NW 小世界模型是由 Newman 和 Watts 于 1999 提出的。该模型用"随机化加边"取代 WS 模型中的随机化重连,其构造方法如下:① 从规则图开始:考虑一个含有 N' 个节点的最近邻耦合网络,它们围成一个环,每个节点都与其左右相邻的各 $k'/2$ 个节点相连,k' 是偶数。② 随机化加边:以概率 p_{sw} 在随机选取的一对节点之间加上一条边。其中,任意两个不同节点间至多只能有一条边,并且每一个节点都不能有边与自身相连。

在 WS 小世界模型中,$p_{sw}=0$ 对应完全规则网络,$p_{sw}=1$ 对应完全随机网络,通过调节 p_{sw} 值,可控制网络实现由完全规则网络至完全随机网络的过渡。在 NW 小世界模型中,$p_{sw}=0$ 对应于最近邻耦合网络,$p_{sw}=1$ 对应于全局耦合网络(汪小帆等,2006)。

4. 无标度网络

无标度网络(scale-free network)是网络中节点的度分布为幂律分布的网络,即网络中存在少量具有大量连接的点。无标度网络相比于 ER 随机网络和规则网络,有两个重要特征:① 增长特性(growth),即网络的规模不断扩大;② 优先连接(preferential attachment),即新进节点倾向于与现存节点中度较大的节点相连。考虑网络的增长和优先连接特性,Barabási 和 Albert 提出了 BA 无标度网络(Barabási 和 Albert,1999)。BA 无标度网络的构造方法如下:① 增长:从一个具有 m_0 个节点的网络开始,每次引入一个新的节点,并且连接到 m_1 个已存在的节点上,$m_0 < m_1$。② 优先连接:一个新的节点与一个已经存在的节点 i' 相连接的概率 $\Pi_{i'}$ 与节点 i' 的度 $k_{i'}$、节点 j' 的度 $k_{j'}$ 之间的关系如式(2-20)所示(汪小帆等,2006;汪小帆等,2012)。

$$\Pi_{i'} = \frac{k_{i'}}{\sum_{j'} k_{j'}} \qquad (2-20)$$

2.4　本章小结

本章分别阐述了 Agent 建模技术相关理论、社会科学计算实验相关理论及网络拓扑相关理论，为网络背景下关联主体间风险溢出效应研究提供了相应的理论基础支撑。

第3章 我国银企主体规模幂律分布特征研究

第2章阐述了 Agent 建模技术、社会科学计算实验及网络拓扑相关理论，为本书网络背景下关联主体间风险溢出效应研究奠定了相关理论基础；而作为第1部分的研究内容，第3章将对自然界中广泛存在的幂律现象进行基于我国数据的研究，为网络视角下风险溢出模型的调试提供相应的现实依据。第3章分别从银企主体收入单一测度、银企主体规模多维多指标测度的视角来研究我国银企主体规模的幂律分布特征。

3.1 引　言

现实世界中，有许多自然、经济、社会现象中隐藏着幂律分布的相关特性，众多研究学者对幂律分布进行了研究，并发现了一系列生活中的幂律分布，比如，词典中字词的使用频率的分布，国家或城市人口的分布等。19 世纪的意大利经济学家研究了居民个人收入的统计分布，发现低收入居民人数远多于高收入居民人数，并提出了著名的"二八法则"①。众多学者使用国外数据研究了相应的幂律特征，证明了幂律分布的广泛存在。而在我国，幂律分布特征同样存在。我国银企主体规模差异较大。如果以收入来衡量银企主体规模的大小，那么，在银行主体层面，截至 2020 年 12 月 31 日，由Wind 及国泰安数据库查询可知，工商银行股份有限公司 2020 年的营业收入为 8 826.65 亿元，云安惠民村镇银行 2020 年的营业收入为 0.118 亿元，二者之比高达 74 802.12；而在非银行企业主体层面，中国石化 2020 年的营业收入为 21 059.84 亿元，神州细胞 2020 年的营业收入为 32.82 万元，二者之比高达 6 416 770.26。这表明银企主体规模以营业收入进行测度很可能

① 胡海波，王林. 幂律分布研究简史[J]. 物理，2005(12)：8810-896.

符合幂律分布的特点。因此,对银企主体规模幂律分布特征的检验研究,具有可行性和合理性。

幂律分布是指样本 $\widehat{X}$ 中规模不小于 $\widehat{x}$ 的概率与 $\widehat{x}$ 的常数次幂存在如式(3-1)所示的关系。

$$P(\widehat{X} \geqslant \widehat{x}) = \widehat{c}\,\widehat{x}^{-\widehat{\alpha}} \qquad (3-1)$$

式(3-1)两边同取对数可得式(3-2),即在双对数坐标系下,函数图像为一条斜率为负的直线。在实际研究中,图像前端部分往往不表现为直线,而在图像尾部近似呈现为一条直线。

$$\ln[P(\widehat{X} \geqslant \widehat{x})] = \ln\widehat{c} - \widehat{\alpha}\ln\widehat{x} \qquad (3-2)$$

3.2 银企主体规模幂律分布的研究现状

3.2.1 国外的研究现状

从整体上来看,当前国外对银企主体规模幂律分布的研究主要集中于以下方面。

1. 验证银企主体规模是否符合幂律分布

Axtell(2001)指出,之前人们认为企业主体规模符合对数正态分布,但是所用的数据忽略了大量规模小的企业主体,其使用人口普查数据,以员工数量表示企业主体规模,得出了企业主体规模符合幂律分布特点的结论,且幂指数为 1。Bremus 等(2013)使用对数秩法、累积分布函数法等五种方法对超过 80 个国家的银行主体规模的数据进行了研究,均验证了银行主体规模具有幂律分布特性。McCord 和 Prescott(2014)对美国 2013 年银行主体的规模和规模的排序进行回归,并指出银行主体规模大体服从幂律分布,但尾部拟合效果欠佳。Goddard 等(2014)从资产、贷款、存款、员工数量四个角度对美国 1980—2010 年银行主体规模进行了研究,发现美国银行主体规模分布可呈现幂律尾部特征。

2. 对于银企主体规模的幂律分布,进一步研究行业、地区以及用以表示主体规模的指标对其分布特征的影响

Heinrich 和 Dai(2016)对 1998—2008 年中国不同省份的企业数据,使

用雇员数和资本、毛利来代表企业主体规模并分别进行回归,发现幂律指数在时间、地域上差异明显,同时结合中国区域经济的特点和中国经济改革的模式给出了解释。Na 等(2017)对韩国企业主体数据,分别采用总资产、销售额、雇员数量三个指标来代表企业主体规模,分服务业和制造业进行拟合,发现无论是使用总资产、销售额还是雇员数量来代表企业主体规模,服务业的幂律分布的幂指数均小于制造业;而无论是制造业还是服务业,以总资产来代表企业主体规模进行拟合所得出的幂律分布的幂指数小于使用销售额指标所得出的幂指数,且小于使用雇员人数指标所得出的幂指数。

3. 解释银企主体规模幂律分布的形成原因

由于对幂律分布的研究最早起源于物理学,早期对幂律分布形成原因的解释并没有结合银行主体和企业主体本身的特性,这类理论中的代表有增长与优先连接、自组织临界、HOT 理论、渗流模型及一些随机过程等,这些理论对于研究银企主体规模的幂律分布有一定的参考意义。而随着研究的深入,对银企主体规模幂律分布的研究更深入地结合了经济过程的特点。Hsu(2012)在研究城市主体规模的分布时,证明了城市主体规模和企业主体规模的分布符合幂律分布的条件具有一致性,并从城市主体和企业主体发挥不同功能的角度入手,证明城市主体的幂律分布将导致企业主体的幂律分布。Kaldasch(2014)基于存款货币的创造和交换,提出了银行主体规模分布的演化模型,并从数学角度证明其符合幂律分布。

4. 研究幂律分布拟合方法和参数估计

Clauset 等(2009)开发了最大似然拟合方法和基于 Kolmogorov-Smirnov 统计量及似然比的拟合优度检验,提出了一套辨别和量化经济主体行为中幂律分布现象的方法。基于 Clauset 等(2009)的研究,Virkar 和 Clauset(2014)对拟合方法进一步完善,使其对于分类的数据也具有可靠的估计精度。

可见,国外学者对银企主体规模符合幂律分布的观点总体上比较认同,且进行了较为深入的研究,其思路和方法为本章研究提供了较好的参考。

3.2.2　国内的研究现状

在研究银企主体规模是否符合幂律分布方面,基于我国银企主体数据的研究呈现出与国外数据不同的结果。石建中(2010)对中国 2004—2007 年企业主体数据进行了研究,并得出了我国企业主体规模大体上服从对数正态分布的结论。方明月和聂辉华(2010)使用 1999—2005 年我国企业主体规模数据进行了研究,并指出企业主体规模总体上符合幂律分布,但是与国外企业主体分布的幂指数比较接近 1 的规律相比,我国企业主体幂律分布的幂指数明显小于 1。而对银企主体规模幂律分布的解释,陈永旺等(2005)考虑了企业主体的基本经济行为,建立了一个总量守恒、有偏分配、随机折旧的模型。通过计算机模拟,此模型的稳态分布在一定的参数条件下呈现较好的幂律分布。在此基础上,其对模型形成幂律分布的主要因素进行了讨论和归纳。此外,致力于对幂律分布的更好估计,陈月萍和陈庆华(2012)探索连续型幂律分布的参数估计,对参数的极大似然估计和有效估计进行了研究,并给出了参数的一个渐近有效估计。李友平(2014)针对包含饱和样本数据的频数幂律分布拟合,提出一个关于幂律分布指数的基于极大似然估计方法的修正公式。

综上,对于国内银企主体规模是否符合幂律分布,学者们的观点并不统一,相关研究与国外相比也相对较少,需进一步研究。

3.3　幂律分布的形成原因

学者们提出了许多理论来解释幂律分布的形成机制,其中较有代表性的如图 3-1 所示。而在众多理论中,优先连接模型被广泛使用。本节将重点说明基于优先连接模型的幂律分布的形成机理。

图 3-1　幂律分布形成原因的主要理论解释

优先连接模型由 Barabási 和 Albert(1999)提出,并取二人名字的首字母,简称为 BA 模型。BA 模型是一个简单而初始的网络演化模型。其初始条件为一个拥有给定节点的网络,这个节点可以是网站、网络服务器等,且这些给定的节点拥有不同的度值(如访问量、处理量等)。演化条件为成长性和优先连接性,即每时每刻都有新的节点加入网络中,且新节点与已有节点的连接概率和已有节点的度值成正比,比如,新网站总是倾向于连接百度、新浪等网站以增加自己的访问量。按照这样的趋势发展下去,初始时度值较大的节点将会变得愈加庞大,表现出一种"富者越富,穷者越穷"的马太效应。

从上面的解释可以看出,BA 模型较为理想化和简单化。首先,它并没有考虑突发事件对于网络系统的影响。当今社会日新月异,短时间内依靠内生力量自我崛起形成巨型节点的例子时有发生,而无须依靠连接现有的大度值节点慢慢进行成长。其次,它并没有考虑已有节点本身的限制和变化,比如,机场吞吐量的限制,网站因跟不上时代而衰弱等。但是作为对解释幂律分布形成机制的早期理论,BA 模型仍具有其独创性和参考性。

鉴于 BA 模型的不足之处,众多学者对该模型进行了拓展。一个比较重要的拓展是考虑竞争要素,该拓展模型被称为适应度模型(汪小帆等,2006)。在经典 BA 模型中,新进入节点倾向于与具有较大度值的"老"节点建立连接。而现实世界中,新的关联关系的建立不一定与节点的存在时间有关。比如,相比于旧新闻事件,一个被广为关注的新的热点新闻可在较短时间内创造大量的阅读量;一个新的研究方法或高质量的研究成果可在短时间内被大量学者验证并使用;一个新上市的研发新药或可在短时间内造福大量的人群;等等。可见,"老"节点在此种情形下并不是优先连接点。此种情形下,Bianconi 和 Barábasi 将节点的这一特性称为节点的适应度。适应度模型指出,新的关联关系的建立,不仅取决于"老"节点的度值,还与节点的适应度有关。具体而言,新的关联关系的建立取决于节点度值与适应度的乘积,并与之成正比。在该理论下,具有较低度值的"年轻"节点,可能拥有较高的适应度,进而会导致该节点具有较大的被连接概率。

3.4　基于银企主体收入单一测度的研究

3.4.1　数据来源及描述性统计

研究中所使用的数据来源于 Wind 和国泰安数据库,研究样本为2015—2020 年银行主体及非银行上市企业主体的营业收入。为便于了解数据的总体概况,对样本数据依据银行主体和非银行企业主体进行分类,并按不同年份进行描述性统计,数据以元为单位,统计结果如表 3-1 及表3-2 所示。

表 3-1 银行主体样本描述性统计 单位:元

年　份	样本量/家	平均数	中位数	最大值	最小值	标准差
2015	300	1.70×10^{10}	1.69×10^{9}	6.98×10^{11}	20 346 929	7.28×10^{10}
2016	307	1.68×10^{10}	1.65×10^{9}	6.76×10^{11}	20 716 551	7.08×10^{10}
2017	328	1.59×10^{10}	1.49×10^{9}	7.27×10^{11}	6 165 498	7.11×10^{10}
2018	328	1.75×10^{10}	1.48×10^{9}	7.74×10^{11}	6 856 485	7.72×10^{10}
2019	351	1.78×10^{10}	1.42×10^{9}	8.55×10^{11}	14 218 061	8.06×10^{10}
2020	329	1.94×10^{10}	1.41×10^{9}	8.83×10^{11}	11 843 400	8.68×10^{10}

表 3-2 非银行企业主体样本描述性统计 单位:元

年　份	样本量/家	平均数	中位数	最大值	最小值	标准差
2015	4 151	6.86×10^{9}	1.02×10^{9}	2.02×10^{12}	305 551	5.17×10^{10}
2016	4 394	7.16×10^{9}	1.11×10^{9}	1.93×10^{12}	154 667	5.04×10^{10}
2017	4 621	8.28×10^{9}	1.27×10^{9}	2.36×10^{12}	187 166	5.90×10^{10}
2018	4 625	9.34×10^{9}	1.43×10^{9}	2.89×10^{12}	1 002 704	6.83×10^{10}
2019	4 626	1.02×10^{10}	1.56×10^{9}	2.97×10^{12}	629 724	7.32×10^{10}
2020	4 628	1.06×10^{10}	1.63×10^{9}	2.11×10^{12}	328 165	6.52×10^{10}

由表 3-1 及表 3-2 中对银企主体规模的描述性统计结果可以看出, 2015—2020 年,银企主体规模的标准差较大,表现出较大的个体差异,说明以营业收入进行银企主体规模测度,相应的分布有可能呈现幂律特征;中位数远小于平均数,数据中存在着少量的大规模银企主体和大量的小规模银企主体。

对比银行主体和非银行企业主体的描述性统计结果,企业主体的平均规模小于银行主体,约为银行主体平均规模的 0.4～0.6 倍;从平均规模增长速度上来看,企业主体稳步上升,银行主体则呈现波动上升的趋势;从平均数和中位数的比值来看,该比值相对稳定,银行主体规模的中位数约为平均数的 0.072～0.100 倍,而企业主体规模的中位数约为平均数的 0.14～0.16 倍。

3.4.2 研究步骤

由前述相关研究可知,在现实世界中,某一观测变量序列并不是整体序列服从幂律分布,而通常表现为观测变量分布的尾部呈现出幂律特性。为此,在研究银企主体规模分布的幂律特性时,只有在银企主体规模的值超过某个下限 $\hat{x}_{lower}$ 时才能够实现。具体而言,对银企主体营业收入 $\hat{x}_i$ 进行降序排列,得到其对应的位序 $\hat{r}_i$,由于每个银企主体的营业收入额不尽相同,则样本总体 $\hat{X}$ 中规模不小于 $\hat{x}_i$ 的概率可由式(3-3)计算得到(其中 $\hat{n}$ 代表样本的个数),即:

$$P(\hat{X} \geqslant \hat{x}_i) = \frac{\hat{r}_i}{\hat{n}} \qquad (3-3)$$

在式(3-2)的基础上,对于 $\hat{x}i \geqslant \hat{x}_{lower}$ 的数据,拟采用如下回归方程:

$$\ln[P(\hat{X} \geqslant \hat{x}_i)] = \ln \hat{c} - \hat{\alpha} \ln \hat{x}_i + \mu \qquad (3-4)$$

其中, $\ln \hat{c}$ 为截距项; μ 为随机扰动项。对式(3-4)采用普通最小二乘法对 $\hat{\alpha}$ 和 $\ln \hat{c}$ 的估计值进行 t 检验,对模型进行拟合优度(R^2)检验,以评价拟合效果。

3.4.3　直线拟合与可视化

按照上述研究方法,利用银行主体与非银行上市企业主体规模的营业收入数据对式(3-4)进行处理和回归,OLS 回归结果分别如表 3-3 及表3-4 所示。根据表 3-3 及表 3-4 中的回归结果,使用 Matlab 绘制相应的经验分布图与拟合直线,如图 3-2 和图 3-3 所示。

表 3-3　银行主体规模 OLS 回归

年　份	$\hat{x}_{lower}$/元	$-\hat{\alpha}$	t 检验值	$\ln \hat{c}$	t 检验值	R^2
2015	1.5696×10^9	-0.6722	-94.3071 (0.0000)	13.5795	84.1681 (0.0000)	0.9825
2016	1.1406×10^9	-0.6610	-109.6386 (0.0000)	13.3206	98.4267 (0.0000)	0.9850
2017	1.3261×10^9	-0.6718	-107.4641 (0.0000)	13.4939	96.0097 (0.0000)	0.9848
2018	1.2274×10^9	-0.6529	-106.8822 (0.0000)	13.0958	95.4529 (0.0000)	0.9840
2019	2.0648×10^9	-0.6564	-84.2917 (0.0000)	13.1885	73.7296 (0.0000)	0.9803
2020	1.7214×10^9	-0.6358	-84.2927 (0.0000)	12.7384	73.9276 (0.0000)	0.9795

注: $\hat{\alpha}$ 和 $\ln \hat{c}$ 估计数对应的 t 检验值分别在其右列示; t 检验值下的括号中表示此 t 检验值对应的 P 值(下同)。

表3-4 非银行企业主体规模 OLS 回归

年 份	$\widehat{x_{lower}}$/元	$-\widehat{\alpha}$	t 检验值	$\ln \widehat{c}$	t 检验值	R^2
2015	$5.012\,2\times10^9$	$-0.975\,5$	$-406.428\,1$ $(0.000\,0)$	$20.046\,1$	$356.381\,8$ $(0.000\,0)$	$0.995\,9$
2016	$1.048\,5\times10^{10}$	$-1.036\,9$	$-348.147\,5$ $(0.000\,0)$	$21.609\,5$	$301.276\,1$ $(0.000\,0)$	$0.996\,5$
2017	$1.669\,1\times10^{10}$	$-1.062\,6$	$-310.784\,8$ $(0.000\,0)$	$22.405\,1$	$267.323\,8$ $(0.000\,0)$	$0.996\,6$
2018	$9.832\,0\times10^9$	$-1.026\,2$	$-404.271\,1$ $(0.000\,0)$	$21.619\,5$	$354.077\,8$ $(0.000\,0)$	$0.996\,4$
2019	$8.647\,2\times10^9$	$-0.998\,5$	$-355.673\,5$ $(0.000\,0)$	$21.034\,9$	$312.585\,6$ $(0.000\,0)$	$0.994\,5$
2020	$6.213\,4\times10^9$	$-0.950\,6$	$-321.511\,8$ $(0.000\,0)$	$19.917\,9$	$284.240\,5$ $(0.000\,0)$	$0.991\,0$

由表3-3及表3-4中的回归结果可知,银企主体规模数据分年度回归方程中,$\widehat{\alpha}$ 和 $\ln\widehat{c}$ 的估计值均在 0.01 的显著性水平上显著,R^2 大于 0.97,直线拟合效果较好。此外,由表3-3中的银行主体规模拟合结果来看,2015—2020年,幂指数的大小较为稳定,在 0.63～0.68 间波动;而从表3-4中的非银行企业主体规模拟合结果来看,2015—2020年,幂指数的大小仍然较为稳定,在 0.95～1.07 间波动。图3-2及图3-3可更直观地揭示出银企主体规模分布的特征。图3-2中揭示了当银行主体规模以营业收入进行测度时,对于累积分布上尾可以用直线进行拟合,正如图3-2中的虚直线所示。图3-2(a)至图3-2(f)中的虚直线分别对应表3-3中2015—2020年的拟合结果。从图3-2中不难发现,银行主体规模分布的上尾可以用直线形式进行拟合,呈现出幂律特征。但也可以发现,从图3-2中的局部拟合情况来看,该直线对银行系统中的超大规模主体拟合效果欠佳。由图3-3可知,当非银行企业主体规模以营业收入进行测度时,对于累积分布上尾可以用直线进行拟合,正如图3-3中的虚直线所示。图3-3(a)至图3-3(f)中的虚直线分别对应表3-4中2015—2020年的拟合结果。从图3-3中不难发现,非银行企业主体规模分布的上尾可以用直线形式进行拟合,呈现出幂律特征。对比图3-2和图3-3,从虚直线的整体拟合效果来看,相比于银行主体规模分布上尾的拟合情况,虚直线对非银行企业主体规模上尾分布的拟合效果更好。

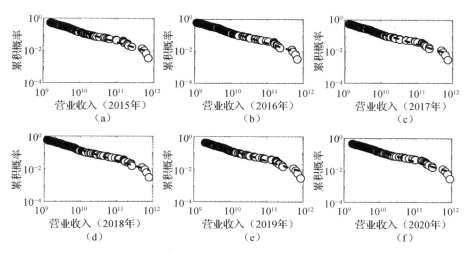

图 3-2　营业收入测度下的银行主体规模分布

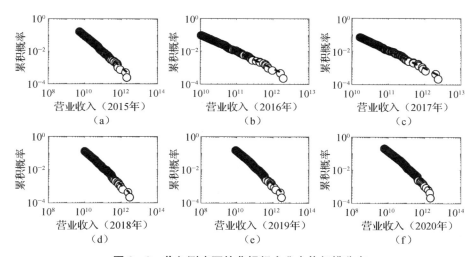

图 3-3　收入测度下的非银行企业主体规模分布

　　综上,3.4 节基于我国银企主体营业收入单一测度视角,通过对银企主体营业收入数据进行 OLS 回归,表明我国银行主体和非银行上市企业主体规模分布(以营业收入作为测度指标)呈现幂律尾部特征,根据银企主体的发展特性,可以使用优先连接(BA)模型对此进行解释。银行主体是现代社会不可缺少的网络节点主体,众多经济主体只要发生经济活动,都不可避免地要和银行主体发生关系,银行主体间也会发生结算与拆借等业务。当一个新的经济主体需要发生经济业务并与银行主体进行连接时,都会首先选择规模大、实力强的银行主体,因为它们有专业多样的服务和密布的网点以及足够的信誉保障。因而一开始规模比较大的银行主体随着新的节点主体的加入和经济网络的发展,会变得愈加庞大。而企业主体作为商品的制造者,必然是经济网络的另一个重要节点主体,上游部门企业主体连接各生产要素的提供主体,下游部门企业主体连接商品的消费主体。生产要素的提供主体在寻求销售渠道的过程中,会优先选择规模较大的企业主体,因为规模较大的企业主体对生产要素需求量大、信誉较好且交易信息较为透明,大大减少了信息不对称的成本。而消费主体在选购商品时,也会优先选择购买规模较大的企业主体所生产和销售的产品,因为其可靠易得,使用广泛。在这种情况下,规模较大的企业主体会获得更快的成长速度,拥有更为巨大的体量。

3.5　基于银企主体规模多维多指标测度的研究

幂律分布在现实生活中广泛存在。众多系统的微观交互作用多会在宏观上涌现出幂律分布。3.4 节则基于银行主体样本和非银行上市企业主体样本的营业收入单一测度视角,分别对我国银行主体和非银行上市企业主体营业收入规模分布的幂律特征进行了研究。而相关研究表明,当用总资产、雇员数等其他指标来进行规模测度时,也可以发现规模分布的幂律尾部特征(Fujiwara 等,2004)。Fujiwara 等(2004)对欧洲企业主体的规模分布进行了研究。在研究过程中,使用总资产、销售收入、雇员数等多指标来测度企业主体规模,研究发现,企业主体规模分布在多指标测度下,尾部均可由幂律分布来拟合,即在双对数坐标系中,对应一条直线(Fujiwara 等,2004),如图 3-4 所示。图 3-4(a)对应以总资产测度的企业主体规模;图3-4(b) 对应以销售收入测度的企业主体规模;图 3-4(c)对应以雇员数测度的企业主体规模(图 3-4 中所用数据为大于某一阈值的观测值)。

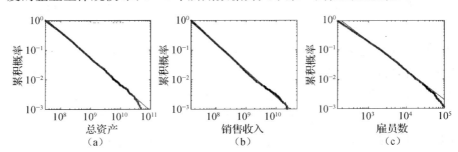

图 3-4　多指标测度下的欧洲企业主体规模分布

　　图 3-4 揭示了欧洲企业主体规模在多指标测度下仍呈现幂律尾部特征。那么,我国银企主体规模在多指标测度下是否也具有同样的特征呢?这可用于后续章节中模型在宏观层面的涌现特征的评估。为此,本节从上市银企主体规模整体维度、板块维度和行业维度等多维度出发,运用 RESSET 数据库下载 2015—2020 年的相关银企主体数据,使用营业收入、利润总额、资产总计及负债合计等多指标,采用 Clauset 等(2009)提出的幂律分布检验方法及相应的 P 值,对我国上市银企主体规模是否符合幂律分布特征进行研究。当 P 值过小时,可排除符合幂律分布。接下来,以连续型幂律分布为例,简要阐述 Clauset 等(2009)提出的方法。

　　连续型幂律分布可用概率密度函数来刻画(Clauset 等,2009),即:

$$p(\hat{x})\mathrm{d}\hat{x} = Pr(\hat{x} \leqslant \hat{X} < \hat{x} + \mathrm{d}\hat{x}) = \hat{C}\hat{x}^{-\hat{\beta}}\,\mathrm{d}\hat{x} \qquad (3-5)$$

其中,$\hat{X}$ 是观测值;$\hat{C}$ 是常数。考虑到式(3-5)在 $\hat{x}$ 趋于 0 时是发散的,所以式(3-5)不能对所有大于等于 0 的 $\hat{x}$ 成立,即这种连续型的幂律分布需要有一个下界 $\hat{x}_{\min}$。为此,可得到式(3-6),即:

$$p(\hat{x}) = \frac{\hat{\beta}-1}{\hat{x}_{\min}}\left(\frac{\hat{x}}{\hat{x}_{\min}}\right)^{-\hat{\beta}} \qquad (3-6)$$

其中,$\hat{\beta}$ 为规模参数;$\hat{x}_{\min}$ 为连续型幂律分布的下界。

　　首先,对式(3-6)进行极大似然估计得到似然函数,即:

$$p(\hat{x}\,|\hat{\beta}) = \prod_{i=1}^{\hat{n}}\frac{\hat{\beta}-1}{\hat{x}_{\min}}\left(\frac{\hat{x}_i}{\hat{x}_{\min}}\right)^{-\hat{\beta}} \qquad (3-7)$$

　　其次,对式(3-7)的两边取对数,即:

$$\ln p(\hat{x}\,|\hat{\beta}) = \ln\prod_{i=1}^{\hat{n}}\frac{\hat{\beta}-1}{\hat{x}_{\min}}\left(\frac{\hat{x}_i}{\hat{x}_{\min}}\right)^{-\hat{\beta}} \qquad (3-8)$$

　　最后,对式(3-8)中的幂指数求偏导数并令偏导数等于 0,得到幂指数的理论估计值,即:

$$\hat{\beta}' = 1 + \hat{n}\left[\sum_{i=1}^{\hat{n}}\ln\frac{\hat{x}_i}{\hat{x}_{\min}}\right]^{-1} \qquad (3-9)$$

　　而对 $\hat{x}_{\min}$ 的确定,Clauset 等(2009)基于 Kolmogorov-Smirnov 统计量的估计方法来估计 $\hat{x}_{\min}$。其指出,选择的 $\hat{x}_{\min}$ 的值,应使观测数据的概率分布和理想的幂律模型在 $\hat{x}_{\min}$ 以上尽可能相似。一般来说,如果选择的 $\hat{x}_{\min}$ 大于真实 $\hat{x}_{\min}$,那么数据集就被缩小,这将使得观测数据的概率分布与理想的幂律模型匹配较差。相反,如果选择的 $\hat{x}_{min}$ 小于真实的 $\hat{x}_{min}$,则观测数据的概率分布与理想的幂律模型将有本质上的区别。而在这两者之间的是 $\hat{x}_{min}$ 的最佳估计。Clauset 等(2009)使用两个概率分布之间的距离来表示二者间的相似性,距离越小,相似性越高;反之亦然。对两个概率分布之间的距离有多种量化方法。Clauset 等(2009)使用 Kolmogorov-Smirnov 统计量(或者称为 KS 统计量),它是数据的累积分布函数和理想的幂律模型之间的距离,如式(3-10)所示。

$$D = \max_{\hat{x} \geqslant \hat{x}_{min}} \mid S(x) - P(x) \mid \qquad (3-10)$$

其中,$S(x)$ 是观测数据的累积分布函数;$P(x)$ 是最能够符合观测数据的幂律模型的累积分布函数;$\hat{x}_{min}$ 的最佳估计数是使得 D 最小的 $\hat{x}_{min}$。

基于 Clauset 等(2009)的研究,本节将基于我国上市银企主体的整体数据,分别从整体维度、板块维度、行业维度等多维度出发,使用营业收入、利润总额、资产总计及负债合计等多指标来测度银企主体规模,对银企主体规模幂律分布特征进行研究,为后续建模奠定基础。研究所使用的数据来源于锐思数据库,样本时间范围为 2015—2020 年。

3.5.1 整体维度下的多指标测度

整体维度下,2015—2020 年,营业收入指标的幂律分布参数估计与检验结果如表 3-5 所示。根据表 3-5 可知,除 2019 年外,整体维度下营业收入指标 P 值均大于 0.1,尾部分布幂律特征明显,而从幂指数大小来看,集中在 0.85～1.00 区间内。而 2015—2020 年,营业利润总额指标、资产总计指标、负债合计指标的幂律分布参数估计与检验结果列示于书后附录第 3 章附表中,分别如附表 3-1、附表 3-2 及附表 3-3 所示。根据附表 3-1 可知,除 2015 年和 2019 年外,利润总额指标 P 值均大于 0.1,尾部分布幂律特征明显,幂指数集中在 0.89～0.94 区间内;根据附表 3-2 可知,资产总计指标 P 值均大于 0.1,尾部分布幂律特征明显,其幂指数集中在 0.73～0.79 区间内;根据附表 3-3 可知,负债合计指标 P 值均大于 0.1,尾部分布幂律特征明显,其幂指数集中在 0.68～0.71 区间内。

表 3-5 整体维度下营业收入指标的幂律分布参数与检验

指 标	年 份	$\hat{\beta}-1$	$\hat{x}_{min}$	P 值
营业收入	2015	0.905 6	5.43×10^9	0.214 0
营业收入	2016	0.920 8	5.78×10^9	0.223 0

指　标	年　份	$\hat{\beta}-1$	$\hat{x}_{\min}$	P 值
营业收入	2017	0.992 9	1.68×10^{10}	0.557 0
营业收入	2018	0.920 6	8.33×10^{9}	0.152 0
营业收入	2019	0.882 6	8.35×10^{9}	0.084 0
营业收入	2020	0.851 8	6.21×10^{9}	0.172 0

为了更直观地考察整体维度下企业主体规模是否呈现幂律尾部,画出双对数坐标系中四个测度指标数据2015—2020年的规模分布图,分别如图3-5、附图3-1、附图3-2及附图3-3所示,图中数据均被除以10以提高程序运行速度。如果测度数据符合幂律分布,则在双对数坐标系中,可用直线对其进行拟合,直观呈现为一条斜率为负的直线。根据图3-5可知,在双对数坐标系中,营业收入分布的上尾可以用一条斜率为负的直线进行拟合。根据附图3-1、附图3-2及附图3-3,同样可以得到类似的结论。综上,整体维度下各指标的规模分布多可呈现幂律尾部特征,且幂指数比较集中(注:2019年的营业收入、2015年和2019年的利润总额的P值检验未通过)。

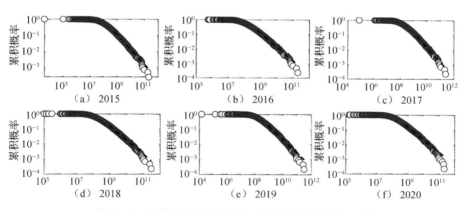

图3-5　整体维度下营业收入指标测度的规模分布①

3.5.2　板块维度下的多指标测度

为了从结构上更清楚地研究银企主体规模是否符合幂律分布,下面将板块维度划分为主板市场、创业板市场和三板市场这三个板块,以便进一步

---

① 图中数据均被除以10以提高程序运行速度。本章所有的规模分布图均做了同样的数据处理。

研究我国银企主体规模分布是否符合幂律分布。

1. 主板市场

营业收入指标、利润总额指标、资产总计指标、负债合计指标测度下，2015—2020 年，主板市场的幂律分布参数估计与检验结果分别如表 3-6 及附表 3-4、附表 3-5 及附表 3-6 所示。此处考虑到板块维度表格数据较多，故将利润总额指标、资产总计指标、负债合计指标测度下参数估计与检验结果列示于附表中。

根据表 3-6 可知，除 2018 年和 2019 年外，主板市场营业收入指标的 P 值均大于 0.1，尾部分布幂律特征明显，其幂指数集中在 0.83～0.99 区间内；根据附表 3-4 可知，除 2015 年的个例外，其余年份的利润总额指标 P 值均大于 0.1，尾部分布幂律特征明显，其幂指数集中在 0.89～0.95 区间内；根据附表 3-5 可知，资产总计指标的 P 值均大于 0.1，尾部分布幂律特征明显，其幂指数集中在 0.72～0.77 区间内；根据附表 3-6 可知，负债合计指标的 P 值均大于 0.1，尾部分布幂律特征明显，其幂指数集中在 0.67～0.69 区间内。由上述参数估计与检验结果可知，我国主板市场主体规模分布总体上可呈现出幂律尾部特征，且幂指数比较集中。

表 3-6　营业收入指标下主板市场的幂律分布参数与检验

分　类	年　份	指　标	$\hat{\beta}-1$	$\hat{x}_{\min}$	P 值
主板	2015	营业收入	0.900 7	5.43×10^{9}	0.274 0
主板	2016	营业收入	0.912 3	5.75×10^{9}	0.257 0
主板	2017	营业收入	0.989 0	1.67×10^{10}	0.538 0
主板	2018	营业收入	0.912 2	8.31×10^{9}	0.077 0
主板	2019	营业收入	0.878 1	8.49×10^{9}	0.011 0
主板	2020	营业收入	0.835 2	6.04×10^{9}	0.116 0

为了更直观地考察各指标数据是否符合幂律分布，画出双对数坐标系中营业收入、利润总额、资产总计及负债合计四个测度指标数据 2015—2020 年的规模分布图，分别如图 3-6、附图 3-4、附图 3-5 及附图 3-6 所示。根据图 3-6 可知，在双对数坐标系中，2015—2020 年营业收入指标测度的规模分布的上尾呈现一条负斜率的直线。而根据附图 3-4 至附图 3-6，同样可以得到类似的结论。综上可得，主板市场各指标的规模分布多可呈现幂律尾部特征（注：2018 年和 2019 年的营业收入、2015 年利润总额的 P 值检验未通过）。

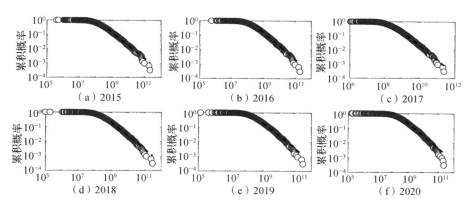

图 3-6　营业收入指标下主板市场的规模分布

2．创业板市场

营业收入指标、利润总额指标、资产总计指标、负债合计指标下，2015—2020 年，创业板市场幂律分布参数估计与检验结果分别如表 3-7、附表 3-7、附表 3-8 及附表 3-9 所示。根据表 3-7 可知，创业板市场营业收入指标 P 值均大于 0.1，尾部分布幂律特征明显，其幂指数集中在 1.32～1.65 区间内；根据附表 3-7 可知，除 2017 年和 2019 年外，利润总额指标的 P 值均大于 0.1，尾部分布幂律特征明显，其幂指数集中在 1.21～1.55 区间内；根据附表 3-8 可知，除 2016 年、2018 年和 2020 年外，资产总计指标的 P 值均大于 0.1，尾部分布幂律特征明显，其幂指数集中在 1.84～2.07 区间内；根据附表 3-9 可知，除 2019 年外，负债合计指标的 P 值均大于 0.1，尾部分布幂律特征明显，其幂指数集中在 1.21～1.65 区间内。综上，由四个指标数据的参数估计与检验结果可知，创业板市场主体规模分布多呈现幂律尾部。

表 3-7　营业收入指标下创业板市场的幂律分布参数与检验

分　类	年　份	指　标	$\hat{\beta}-1$	$\hat{x}_{\min}$	P 值
创业板	2015	营业收入	1.642 8	8.98×10^{8}	0.769 0
创业板	2016	营业收入	1.482 8	1.23×10^{9}	0.387 0
创业板	2017	营业收入	1.374 5	1.11×10^{9}	0.171 0
创业板	2018	营业收入	1.465 0	1.97×10^{9}	0.702 0
创业板	2019	营业收入	1.426 7	1.44×10^{9}	0.965 0
创业板	2020	营业收入	1.329 7	2.64×10^{9}	0.932 0

为了更直观地考察创业板市场各指标数据是否符合幂律分布,画出双对数坐标系中 2015—2020 年营业收入指标下创业板市场的主体规模分布图,分别如图 3-7、附图 3-7、附图 3-8 及附图 3-9 所示。根据图 3-7 可知,在双对数坐标系中,2015—2020 年,创业板市场营业收入指标测度下主体规模分布图尾部呈现一条负斜率的直线。而根据附图 3-7、附图 3-8 及附图 3-9,同样可以得到类似的结论。综上可得,创业板市场各指标测度的主体规模分布可呈现幂律特征(注:2017 年和 2019 年的利润总额,2016 年、2018 年和 2020 年的资产总计,2019 年的负债合计的 P 值检验未通过)。

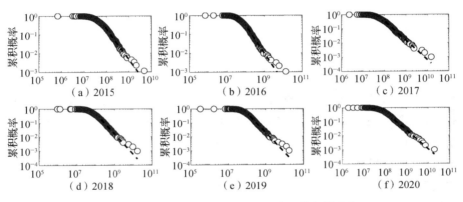

图 3-7　营业收入指标下创业板市场的规模分布

3. 三板市场

营业收入指标、利润总额指标、资产总计指标、负债合计指标下,2015—2020 年,三板市场幂律分布参数估计与检验结果分别如表 3-8、附表 3-10、附表 3-11 及附表 3-12 所示。根据表 3-8 可知,除 2017 年外,三板市场营业收入指标的 P 值检验均大于 0.1,尾部分布幂律特征明显,其幂指数集中在 1.26~1.41 区间内;根据附表 3-10 可知,除 2020 年外,利润总额指标的 P 值均大于 0.1,尾部分布幂律特征明显,其幂指数集中在 1.09~1.41 区间内;根据附表 3-11 可知,资产总计指标的 P 值均大于 0.1,尾部分布幂律特征明显,其幂指数集中在 0.82~1.03 区间内;根据附表 3-12 可知,除 2017 年外,负债总计指标的 P 值均大于 0.1,尾部分布幂律特征明显,其幂指数集中在 0.68~0.76 区间内。综上,由四个指标数据的参数估计与检验结果可知,我国三板市场主体规模分布多可呈现幂律尾部。

表 3－8　营业收入指标下三板市场的幂律分布参数与检验

分　类	年　份	指　标	$\hat{\beta}-1$	$\hat{x}_{\min}$	P 值
三板	2015	营业收入	1.262 1	5.10×10^{8}	0.562 0
三板	2016	营业收入	1.299 8	5.70×10^{8}	0.215 0
三板	2017	营业收入	1.158 5	5.00×10^{8}	0.008 0
三板	2018	营业收入	1.266 9	7.50×10^{8}	0.500 0
三板	2019	营业收入	1.402 6	8.50×10^{8}	0.478 0
三板	2020	营业收入	1.360 4	9.40×10^{8}	0.646 0

　　为了更直观地考察三板市场上主体规模是否呈现幂律尾部,画出双对数坐标系中三板市场主体规模测度指标数据 2015—2020 年的规模分布图,分别如图 3－8、附图 3－10、附图 3－11 及附图 3－12 所示。根据图 3－8 可知,在双对数坐标系中,三板市场营业收入指标的规模分布图尾部近似呈现为一条负斜率的直线。而根据附图 3－10、附图 3－11 及附图 3－12,同样可以得到类似的结论。综上可得,三板市场以不同指标进行测度的主体规模分布多可呈现幂律特征(注:2017 年的营业收入、2020 年的利润总额、2017 年的负债合计的 P 值检验未通过)。

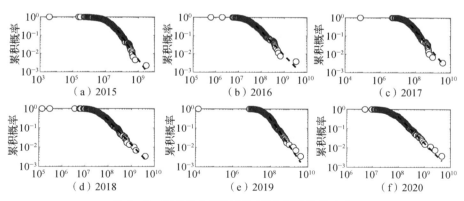

图 3－8　营业收入指标下三板市场的规模分布

3.5.3　行业维度下的多指标测度

　　为了从结构上更清楚地研究银企主体规模是否符合幂律分布,下面按照中信指数行业分类来划分行业,查找 2015—2020 年沪深两市相关数据,通过营业收入、利润总额、资产总计和负债合计这四个指标,进一步研究各行业主体规模分布是否符合幂律分布。

按中信指数行业分类方法,将行业分为以下几类:电信业务、工业、公用事业、金融地产、可选消费、能源、信息技术、医药卫生、原材料以及主要消费。由于电信行业样本较少,本节不对此进行研究。此处考虑到行业维度表格数据较多,故将利润总额指标、资产总计指标、负债合计指标测度下的参数估计与检验结果列示于附表之中。

1. 工业

营业收入指标、利润总额指标、资产总计指标、负债合计指标下,2015—2020 年,工业行业主体规模的幂律分布参数估计与检验结果分别如表 3-9、附表 3-13、附表 3-14 及附表 3-15 所示。

根据表 3-9 可知,营业收入指标的 P 值均大于 0.1,尾部分布幂律特征明显,其幂指数集中在 0.68~0.77 区间内;根据附表 3-13 可知,除 2020 年外,利润总额指标的 P 值均大于 0.1,尾部分布幂律特征明显,其幂指数集中在 0.80~1.01 区间内;根据附表 3-14 可知,除 2018 年和 2019 年外,资产总计指标的 P 值均小于 0.1,即资产总计指标数据仅在 2018 年和 2019 年通过了检验,其幂指数分别为 0.812 2 和 0.782 6;根据附表 3-15 可知,除 2015 年和 2020 年外,负债合计指标的 P 值均大于 0.1,尾部分布幂律特征明显,其幂指数集中在 0.73~0.84 区间内。综合营业收入、利润总额、资产总计及负债合计这四个指标数据 2015—2020 年的参数估计与检验结果,说明我国工业行业各年份主体规模分布除个别测度指标外,均可呈现幂律尾部特征。

表 3-9　营业收入指标下工业行业的幂律分布参数与检验

行　业	年　份	指　标	$\hat{\beta}-1$	$\hat{x}_{\min}$	P 值
工业	2015	营业收入	0.716 0	4.03×10^9	0.417 0
工业	2016	营业收入	0.758 6	5.88×10^9	0.514 0
工业	2017	营业收入	0.763 7	6.24×10^9	0.833 0
工业	2018	营业收入	0.758 0	8.69×10^9	0.318 0
工业	2019	营业收入	0.725 7	9.42×10^9	0.537 0
工业	2020	营业收入	0.686 6	4.7×10^9	0.927 0

2. 公用事业

营业收入指标、利润总额指标、资产总计指标、负债合计指标下,2015—2020 年,公用事业行业主体规模的幂律分布参数估计与检验结果分别如表 3-10、附表 3-16、附表 3-17 及附表 3-18 所示。根据表 3-10 可知,除 2015 年外,公用事业行业营业收入指标的 P 值均大于 0.1,尾部分布幂律特征明显,其幂指数集中在 0.76~0.81 区间内;根据附表 3-16 可知,利润总额指标的 P 值均大于 0.1,尾部分布幂律特征明显,其幂指数集中在 0.57~2.36 区间内;根据附表 3-17 可知,除 2015 年、2016 年及 2017 年外,资产总计指标的 P 值均大于 0.1,尾部分布幂律特征明显,其幂指数集中在 0.73~0.78 区间内;根据附表 3-18 可知,除 2015 年、2016 年及 2018 年外,负债合计指标的 P 值均大于 0.1,尾部分布幂律特征明显。综合营业收入、利润总额、资产总计及负债合计这四个指标数据 2015—2020 年的参数估计与检验结果,可以发现,我国公用事业行业主体规模分布在营业收入、利润总额这两个指标下多可呈现幂律尾部特征,但在资产总计和负债合计指标下,主体规模分布均有一半年份未通过 P 值检验。

表 3-10　营业收入指标下公用事业行业的幂律分布参数与检验

行　业	年　份	指　标	$\hat{\beta}-1$	$\hat{x}_{\min}$	P 值
公用事业	2015	营业收入	0.493 6	5.64×10^8	0.011 0
公用事业	2016	营业收入	0.779 7	3.64×10^9	0.107 0
公用事业	2017	营业收入	0.787 0	4.20×10^9	0.177 0
公用事业	2018	营业收入	0.807 1	4.75×10^9	0.104 0
公用事业	2019	营业收入	0.789 3	4.88×10^9	0.335 0
公用事业	2020	营业收入	0.767 5	4.30×10^9	0.179 0

3.　金融地产

营业收入指标、利润总额指标、资产总计指标、负债合计指标下,2015—2020 年,金融地产行业主体规模的幂律分布参数估计与检验结果分别如表 3-11、附表 3-19、附表 3-20 及附表 3-21 所示。根据表 3-11 可知,仅 2015 年的营业收入指标的 P 值大于 0.1,尾部分布幂律特征明显,而其余年份均未通过检验;根据附表 3-19 可知,仅 2020 年的利润总额指标的 P 值大于 0.1,尾部分布幂律特征明显,其余年份未通过检验;由附表 3-20 可知,除 2016 年、2017 年及 2018 年外,资产总计指标的 P 值均大于 0.1,尾部分布幂律特征明显,其幂指数集中在 0.36~0.40 区间内;根据附表 3-21 可知,仅 2015 年和 2020 年负债合计指标的 P 值大于 0.1,尾部分布幂律特征明显,而其余年份未通过检验。综合四个指标数据 2015—2020 年的参数估计与检验结果,说明我国金融地产行业主体规模分布在不同测度指标下,除个别年份外多未通过 P 值检验。

表 3-11　营业收入指标下金融地产行业幂律分布参数与检验

行　业	年　份	指标	$\hat{\beta}-1$	$\hat{x}_{\min}$	P 值
金融地产	2015	营业收入	0.497 6	2.27×10^9	0.105 0
金融地产	2016	营业收入	0.531 4	4.10×10^9	0.043 0
金融地产	2017	营业收入	0.520 3	4.14×10^9	0.022 0
金融地产	2018	营业收入	0.505 0	3.08×10^9	0.041 0
金融地产	2019	营业收入	0.525 2	7.42×10^9	0.023 0
金融地产	2020	营业收入	0.517 2	6.39×10^9	0.080 0

4. 可选消费

营业收入指标、利润总额指标、资产总计指标、负债合计指标下,2015—2020 年,可选消费行业主体规模的幂律分布参数估计与检验结果分别如表 3-12、附表 3-22、附表 3-23 及附表 3-24 所示。

表 3-12　营业收入指标下可选消费行业的幂律分布参数与检验

行　业	年　份	指标	$\hat{\beta}-1$	$\hat{x}_{\min}$	P 值
可选消费	2015	营业收入	0.991 7	5.73×10^9	0.575 0
可选消费	2016	营业收入	1.040 9	8.88×10^9	0.646 0
可选消费	2017	营业收入	0.958 3	5.78×10^9	0.928 0
可选消费	2018	营业收入	1.018 6	7.28×10^9	0.898 0
可选消费	2019	营业收入	0.962 0	5.23×10^9	0.828 0
可选消费	2020	营业收入	0.960 4	5.23×10^9	0.769 0

根据表 3-12 可知,可选消费行业营业收入指标的 P 值均大于 0.1,尾部分布幂律特征明显,其幂指数集中在 0.95～1.05 区间内;根据附表 3-22 可知,利润总额指标的 P 值均大于 0.1,尾部分布幂律特征明显,其幂指数集中在 0.96～1.14 区间内;根据附表 3-23 可知,资产总计指标的 P 值均大于 0.1,尾部分布幂律特征明显,其幂指数集中在 1.05～1.24 区间内;根据附表 3-24 可知,负债合计指标的 P 值均大于 0.1,尾部分布幂律特征明显,其幂指数集中在 0.91～1.09 区间内。综合四个指标数据 2015—2020 年的参数估计与检验结果可知,我国可选消费行业主体规模分布均可呈现幂律尾部特征,且幂指数比较集中,数值大小接近 1。

5. 能源

营业收入指标、利润总额指标、资产总计指标、负债合计指标下,2015—

2020 年,能源行业主体规模的幂律分布参数估计与检验结果分别如表 3－13、附表 3－25、附表 3－26 及附表 3－27 所示。根据表 3－13 可知,能源行业营业收入指标的 P 值均大于 0.1,尾部分布幂律特征明显,其幂指数集中在 0.58～0.73 区间内;根据附表 3－25 可知,能源行业利润总额指标的 P 值均大于 0.1,尾部分布幂律特征明显,其幂指数集中在 0.38～0.71 区间内;根据附表 3－26 可知,资产总计指标的 P 值均大于 0.1,尾部分布幂律特征明显,其幂指数集中在 0.66～0.73 区间内;根据附表 3－27 可知,负债合计指标的 P 值均大于 0.1,尾部分布幂律特征明显,其幂指数集中在 0.64～0.89 区间内。综合四个指标数据 2015—2020 年的参数估计与检验结果可知,能源行业主体规模分布均可呈现幂律尾部特征。

表 3－13　营业收入指标下能源行业的幂律分布参数与检验

行　业	年　份	指　标	$\hat{\beta}-1$	$\hat{x}_{min}$	P 值
能源	2015	营业收入	0.689 8	4.07×10^9	0.758 0
能源	2016	营业收入	0.662 5	3.26×10^9	0.952 0
能源	2017	营业收入	0.725 5	5.71×10^9	0.730 0
能源	2018	营业收入	0.622 5	4.81×10^9	0.679 0
能源	2019	营业收入	0.600 1	6×10^9	0.960 0
能源	2020	营业收入	0.588 2	4.03×10^9	0.838 0

6. 信息技术

营业收入指标、利润总额指标、资产总计指标、负债合计指标下,2015—2020 年,信息技术行业主体规模的幂律分布参数估计与检验结果分别如表 3－14、附表 3－28、附表 3－29 及附表 3－30 所示。由表 3－14 可知,信息技术行业营业收入指标的 P 值均大于 0.1,尾部分布幂律特征明显,其幂指数集中在 1.14～1.65 区间内;根据附表 3－28 可知,利润总额指标的 P 值均大于 0.1,尾部分布幂律特征明显,其幂指数集中在 0.88～1.67 区间内;由附表 3－29 可知,资产总计指标的 P 值均大于 0.1,尾部分布幂律特征明显,其幂指数集中在 1.31～2.52 区间内;由附表 3－30 可知,除 2017 年及 2020 年外,负债合计指标的 P 值均大于 0.1,尾部分布幂律特征明显,其幂指数集中在 1.26～2.64 区间内。综合四个指标数据 2015—2020 年的参数估计与检验结果可知,不同指标测度下信息技术行业主体规模分布于各年度多可呈现幂律尾部特性。

表 3-14　营业收入指标下信息技术行业的幂律分布参数与检验

行　业	年　份	指　标	$\hat{\beta}-1$	$\hat{x}_{min}$	P 值
信息技术	2015	营业收入	1.368 6	2.61×10^{9}	0.477 0
信息技术	2016	营业收入	1.559 8	3.43×10^{9}	0.558 0
信息技术	2017	营业收入	1.642 1	4.14×10^{9}	0.585 0
信息技术	2018	营业收入	1.376 5	3.34×10^{9}	0.515 0
信息技术	2019	营业收入	1.290 7	3.31×10^{9}	0.798 0
信息技术	2020	营业收入	1.144 3	2.32×10^{9}	0.484 0

7. 医药卫生

营业收入指标、利润总额指标、资产总计指标、负债合计指标下，2015—2020 年，医药卫生行业主体规模的幂律分布参数估计与检验结果分别如表 3-15、附表 3-31、附表 3-32 及附表 3-33 所示。根据表 3-15 可知，除 2015 年和 2016 年外，医药卫生行业营业收入指标的 P 值大于 0.1，尾部分布幂律特征明显，其幂指数集中在 2.12～5.97 区间内；根据附表 3-31 可知，仅 2015 年及 2016 年医药卫生行业利润总额指标的 P 值大于 0.1，尾部分布幂律特征明显，而其他年份数据未通过检验；根据附表 3-32 可知，除 2019 年外，资产总额指标的 P 值均大于 0.1，尾部分布幂律特征明显。根据附表 3-33 可知，除 2015 年、2016 年及 2018 年外，负债合计指标的 P 值均大于 0.1，尾部分布幂律特征明显，其幂指数集中在 0.82～1.75 区间内。综合上述指标数据 2015—2020 年的参数估计与检验结果可知，采用不同指标测度我国医药卫生行业主体规模，其分布于各个年度的幂律尾部特性具有较大的差异。如当以利润总额指标进行测度时，仅 2016 年及 2017 年通过了 P 值检验；而当以资产总计指标进行测度时，仅 2019 年未通过 P 值检验。

表 3-15　营业收入指标下医药卫生行业的幂律分布参数与检验

行　业	年　份	指　标	$\hat{\beta}-1$	$\hat{x}_{min}$	P 值
医药卫生	2015	营业收入	0.714 2	6.96×10^{8}	0.007 0
医药卫生	2016	营业收入	0.726 5	9.37×10^{8}	0.000 0
医药卫生	2017	营业收入	5.965 1	1.34×10^{10}	0.469 0
医药卫生	2018	营业收入	2.639 9	9.76×10^{9}	0.411 0
医药卫生	2019	营业收入	2.128 9	1.18×10^{10}	0.333 0
医药卫生	2020	营业收入	2.421 2	1.08×10^{10}	0.193 0

8. 原材料

营业收入指标、利润总额指标、资产总计指标、负债合计指标下,2015—2020 年原材料行业主体规模的幂律分布参数估计与检验结果分别如表 3-16、附表 3-34、附表 3-35 及附表 3-36 所示。根据表 3-16 可知,仅 2015 年、2019 年及 2020 年原材料行业营业收入指标的 P 值大于 0.1,尾部分布幂律特征明显,而其余年份指标数据未通过检验;根据附表 3-34 可知,利润总额指标的 P 值均大于 0.1,尾部分布幂律特征明显,其幂指数集中在 0.78~1.73 区间内;根据附表 3-35 可知,资产总额指标的 P 值仅在 2015 年、2018 年及 2019 年大于 0.1,尾部分布幂律特征明显,而其余年份均未通过检验;根据附表 3-36 可知,负债合计指标的 P 值于 2016 年、2017 年及 2018 年均大于 0.1,尾部分布幂律特征明显,而其余年份均未通过检验。综合上述指标数据 2015—2020 年的参数估计与检验结果可知,采用不同指标测度我国原材料行业主体规模,其分布于各个年度的幂律尾部特性具有较大的差异。如当以利润总额指标进行测度时,全部年份通过了 P 值检验;而当以其他指标进行测度时,均有 3 年未通过 P 值检验。

表 3-16 营业收入指标下原材料行业的幂律分布参数与检验

行 业	年 份	指 标	$\hat{\beta}-1$	$\hat{x}_{\min}$	P 值
原材料	2015	营业收入	1.036 9	7.05×10^{9}	0.281 0
原材料	2016	营业收入	0.967 0	7.39×10^{9}	0.083 0
原材料	2017	营业收入	1.007 9	9.91×10^{9}	0.076 0
原材料	2018	营业收入	1.018 2	1.17×10^{10}	0.054 0
原材料	2019	营业收入	1.804 6	4.67×10^{10}	0.896 0
原材料	2020	营业收入	1.492 6	4.58×10^{10}	0.413 0

9. 主要消费

营业收入指标、利润总额指标、资产总计指标、负债合计指标下,2015—2020 年主要消费行业主体规模的幂律分布参数估计与检验结果分别如表 3-17、附表 3-37、附表 3-38 及附表 3-39 所示。根据表 3-17 可知,主要消费行业营业收入指标的 P 值仅在 2018 年和 2019 年大于 0.1,尾部分布幂律特征明显,而其余年份基本拒绝幂律分布的假设;根据附表 3-37 可知,利润总额指标的 P 值均大于 0.1,尾部分布幂律特征明显,其幂指数集中在 0.79~1.28 区间内;根据附表 3-38 可知,除 2017 年和 2019 年外,资产总额指标的 P 值均大于 0.1,尾部分布幂律特征明显,其幂指数集中在

0.70~1.80 区间内；根据附表 3 - 39 可知，负债合计指标的 P 值仅在 2019 年和 2020 年大于 0.1，尾部分布幂律特征明显，而其余年份数据均未通过检验。综合上述指标数据 2015—2020 年的参数估计与检验结果可知，采用不同指标测度我国主要消费行业主体规模，其分布于各个年度的幂律尾部特性具有较大的差异。如当以利润总额指标进行测度时，全部年份均通过了 P 值检验；而当以营业收入指标进行测度时，仅有两年通过了 P 值检验。

表 3 - 17　营业收入指标下主要消费行业的幂律分布参数与检验

行　业	年　份	指　标	$\hat{\beta}-1$	$\hat{x}_{\min}$	P 值
主要消费	2015	营业收入	0.551 6	7.38×10^{8}	0.014 0
主要消费	2016	营业收入	0.550 6	7.82×10^{8}	0.056 0
主要消费	2017	营业收入	0.545 4	8.31×10^{8}	0.030 0
主要消费	2018	营业收入	0.892 0	6.69×10^{9}	0.309 0
主要消费	2019	营业收入	0.886 6	7.60×10^{9}	0.207 0
主要消费	2020	营业收入	0.480 6	8.94×10^{8}	0.001 0

3.6　本章小结

本章对自然界中广泛存在的幂律分布现象进行基于我国数据的分析，并分别从银企主体收入单一测度、银企主体规模多维多指标测度视角研究幂律分布特征。

首先，基于我国银企主体收入单一测度视角，运用 2015—2020 年银行主体及非银行上市企业主体收入数据，使用 OLS 回归法进行幂律特征检验，研究发现，我国银行主体和非银行上市企业主体营业收入分布呈现幂律尾部特征，在双对数坐标系中呈现直线；从直线的局部拟合效果来看，其对银行系统中的超大规模拟合效果不佳。从对比视角来看，相比于银行主体规模，直线对非银行企业主体规模上尾分布的拟合效果更好。

其次，基于我国上市银企主体相关数据，分别从整体维度、板块维度、行业维度等多维度出发，使用营业收入、利润总额、资产总计及负债合计等多指标来测度银企主体规模，对银企主体规模幂律分布特征进行研究，研究发现：① 在整体维度，我国银企主体规模分布多可呈现幂律尾部特征，仅 2019 年的营业收入、2015 年和 2019 年的利润总额的 P 值检验未通过。② 在板块维度,主板市场主体规模分布多可呈现幂律尾部,仅 2018 年和 2019 年的营业收入、2015 年的利润总额的 P 值检验未通过;而创业板市场与三板市场主体规模分布的幂律尾部特性在不同的指标测度下,在不同年度呈现较大差异。创业板市场主体规模分布在营业收入指标测度下全部通过了检验,而三板市场主体规模分布在资产总计指标测度下全部通过了幂律特征检验。③ 在行业维度,不同行业主体规模分布的幂律特性差异较大。可选消费行业、能源行业在营业收入、利润总额、资产总计、负债合计这四个指标下均通过了检验,幂律尾部特征明显,说明幂律特征的行业特性十分显著;信息技术行业主体规模分布的幂律特征相对较为明显,在营业收入、利润总额及资产总计指标测度下,全部年份均通过了检验;工业行业主体规模分布仅在营业收入指标测度下全部年份均通过了检验,而在其他指标测度下,均有年份未通过检验;公用事业行业、原材料行业与主要消费行业主体规模仅在利润指标测度下全部年份均通过了检验,而在其他指标测度下,均有年份未通过检验;医药卫生行业主体规模在资产总计指标测度下仅有 1 年未通过检验,而在其他指标测度下,均有多个年份未通过检验;金融地产行业总体来看主体规模分布的幂律特征不太明显,在不同测度指标下,主体规模分布的幂律特征在多个年份未通过检验,而在营业收入及利润总额指标测度下,多达 5 个年度未通过检验。

第 2 部分

关联主体间实际与仿真网络构建研究

本部分关联主体间实际网络是指根据关联主体间的实际金融关联相关数据而构建的网络,而仿真网络则是指借助计算实验仿真平台搭建的人工经济系统所涌现的关联主体间的仿真金融关联相关数据而构建的网络。由第 1 部分的研究基础可知,考虑到现实经济主体间较高的关联性及风险溢出效应的复杂性,网络思维与方法已被广泛地用于研究关联主体间风险溢出问题,而网络构建是此类问题的研究基础。针对此,本部分对关联主体间实际与仿真网络的构建进行研究,为后续研究奠定网络基础,也可为后续章节中仿真模型调试提供校对依据。本部分共由 3 章组成:第 4 章基于沪深 300 指数,构建我国上市企业主体间股票关联实际网络,研究该实际网络结构的幂律特性及其结构演化;第 5 章基于我国银行主体间的不同相关数据,分别构建联合贷款实际网络及股票关联实际网络,并对相应网络结构特征进行研究;第 6 章基于 Agent 建模方法构建关联主体间的仿真关联网络,并对该网络模型的涌现特征进行研究。

第4章 基于沪深300指数的
实际关联网络构建

第3章分别基于银企主体收入单一测度及银企主体规模多维多指标测度视角,对我国银企主体规模分布的幂律特征进行了研究。此外,有众多学者基于主体间的关联网络对幂律分布进行了研究,也发现了幂律分布现象的存在,但多为关于国外关联网络结构的研究。与此同时,关联网络的构建是后续研究的基础。考虑至此,第4章将基于沪深300指数,构建我国上市企业主体间股票关联实际网络,研究其网络结构的幂律特性及演化,为基于关联网络的风险溢出效应研究提供网络基础。

4.1 网络构建基础——主体关联性分析

网络构建是采用网络方法研究关联主体间风险溢出效应的前提。而基于经济主体间实际关联数据构建的关联网络常呈现出一定的网络拓扑结构特征,可为网络背景下关联主体间风险溢出效应提供网络及模型校验基础。鉴于此,本章利用企业主体间基于股票价格的关联,构建基于沪深300指数的企业主体间股票关联网络,并通过所构建的网络来研究相应的网络结构特征。

沪深300指数是根据科学客观的方法,挑选上海和深圳两个证券市场代表性好、流动性高、交易活跃的300只股票组成样本股。由于沪深300指数的样本股横跨两大股票市场,可综合反映上海和深圳证券市场的整体走势。众多研究中,亦将沪深300指数走势视为中国A股市场的晴雨表,也正如此,沪深300指数在众多指数中具有至关重要的作用,被纳入样本股的股票也都是沪深市场极具代表性的股票。因此,本节将基于沪深300指数成分股,构建企业主体间股票关联网络,并对其结构特征进行研究。本节将选用沪深300指数的成分股日收盘价数据,计算其对数收益率以考察各成分股间的相关性。根据沪深 300 指数的制定规则,沪深 300 指数的 300 只成分股是动态变化的,成分股名单约每半年变动一次,每次都会有个别成分股的删除与加入,每半年的成分股名单都处在变化中。所以本章将考察的每一段区间缩小至半年,每半年计算一次 300 只成分股的相关系数。研究选取的是沪深 300 指数成分股 2011 年 7 月 1 日至 2021 年 6 月 11 日的日收盘价数据,每半年数据作为一组。在进行数据下载与整理之后,将进行每组的相关系数统计量描述。

设企业主体 a 和企业主体 $\bar{a}$ 的股票为沪深 300 指数的成分股,Y_a 和 $Y_{\bar{a}}$ 分别为企业主体 a 的股票和企业主体 $\bar{a}$ 的股票的对数收益率。在某一时间间隔内,两只股票之间的相关系数 $\rho_{a\bar{a}}$ 用式(4-1)来计算:

$$\rho_{a\bar{a}} = \frac{\langle Y_a Y_{\bar{a}} \rangle - \langle Y_a \rangle \langle Y_{\bar{a}} \rangle}{\sqrt{(\langle Y_a^2 \rangle - \langle Y_a \rangle^2)(\langle Y_{\bar{a}}^2 \rangle - \langle Y_{\bar{a}}^2 \rangle)}} \qquad (4-1)$$

其中,$\langle * \rangle$ 表示数学期望,相关系数 $\rho_{a\bar{a}} \in [-1, 1]$。据此可构建 300×300 的沪深 300 指数成分股相关系数矩阵 $\bar{C}$,构建要求如式(4-2)所示。

$$\bar{C} = \begin{cases} \bar{c}_{a\bar{a}} = \rho_{a\bar{a}}, & a \neq \bar{a} \\ \bar{c}_{a\bar{a}} = 1, & a = \bar{a} \end{cases} \qquad (4-2)$$

根据式(4-2)可构建每半年的沪深 300 指数成分股相关系数矩阵,其统计量描述如表 4-1 所示。

表 4-1　2011—2021 年相关系数统计量描述

年　月	平均值	方　差	标准差	偏　度	峰　度
2011 年 12 月	0.505 1	0.017 9	0.133 8	−0.121 7	2.931 4
2012 年 6 月	0.168 4	0.355 4	0.596 1	−0.496 2	2.028 2
2012 年 12 月	0.443 8	0.024 6	0.157 0	−0.009 1	2.677 4
2013 年 6 月	0.399 4	0.028 7	0.169 4	−0.115 4	3.037 8
2013 年 12 月	0.338 5	0.029 2	0.171 0	0.312 6	3.268 4
2014 年 6 月	0.339 1	0.022 0	0.148 5	0.229 8	3.243 7
2014 年 12 月	0.278 9	0.021 9	0.148 0	0.307 9	4.256 7
2015 年 6 月	0.312 9	0.024 7	0.157 2	0.183 7	3.508 7
2015 年 12 月	0.598 7	0.030 2	0.173 9	−1.122 0	4.952 0
2016 年 6 月	0.641 5	0.017 5	0.132 4	−1.141 9	6.182 2

续　表

年　月	平均值	方　差	标准差	偏　度	峰　度
2016 年 12 月	0.327 0	0.025 3	0.159 2	−0.088 3	3.467 0
2017 年 6 月	0.195 8	0.029 7	0.172 3	0.241 0	3.993 0
2017 年 12 月	0.150 7	0.031 3	0.177 1	0.345 4	3.930 1
2018 年 6 月	0.282 1	0.031 1	0.176 3	0.236 4	3.553 2
2018 年 12 月	0.450 3	0.025 5	0.159 7	−0.751 7	6.459 3
2019 年 6 月	0.432 8	0.020 3	0.142 6	−0.040 1	3.388 1
2019 年 12 月	0.288 4	0.026 2	0.161 7	0.412 5	3.204 1
2020 年 6 月	0.441 9	0.026 1	0.161 5	−0.086 1	3.166 1
2020 年 12 月	0.312 7	0.027 4	0.165 4	0.416 1	3.362 8
2021 年 6 月	0.168 1	0.024 5	0.156 6	0.570 4	3.752 5

　　由表 4-1 中的数据可以看出,每半年时间段内沪深 300 指数成分股间的相关系数均值在 0.15～0.65 的范围内波动,波动范围较大。此也可由图 4-1 看出。为了更直观地考察沪深 300 指数成分股之间相关系数随时间变动的趋势,图 4-1 则给出了沪深 300 指数成分股相关系数均值的发展趋势。由图 4-1 可知,沪深 300 指数成分股相关系数具有较强的时变特性。其中,2015 年 12 月至 2016 年 6 月时间段具有最高的相关系数,为 0.641 5；2017 年 6 月至 2017 年 12 月时间段具有最小的相关系数,为 0.150 7；而 2020 年 12 月—2021 年 6 月时间段的相关系数也较低,为 0.168 1。同时,20 个时间段内,偏度不为 0,且偏度大于 0 和小于 0 的时间段各占一半。而从峰度值来看,自 2013 年 6 月起,峰度值均大于 3,说明任一半年时间段内,沪深 300 指数成分股间相关系数均呈尖峰分布。可见,沪深 300 指数成分

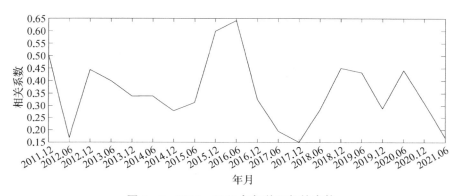

图 4-1　2011—2021 年相关系数的走势

股间具有较高的关联性。虽然沪深 300 指数包含许多的优质股票,也是投资者进行投资时关注的股票,但是因为其内部成分股之间有着较高的关联性,所以当某一只股票面临风险时,其会将风险沿着股票关联网络迅速传播,导致投资风险加大,因此,通过对沪深 300 指数的股票关联网络拓扑结构特征进行分析,能够为投资者以及监管部门提供决策参考。

4.2 股票关联实际网络构建与结构特征研究

本节将基于沪深 300 指数成分股间的收益率相关性,构建企业主体间股票关联的实际网络,并对该股票关联实际网络的结构特征及演化进行研究。

4.2.1 网络构建与可视化

基于沪深 300 指数成分股间的相关性,可构建一个 300×300 的相关系数矩阵,而据此可得到一个 300×300 的全网络。为了进一步研究沪深 300 指数网络结构及网络中的关键节点,采用阈值法来进行股票关联网络构建。在一个网络中,对于网络节点 a 和网络节点 $\bar{a}$,当两者之间的相互关联程度低于所给定的某一阈值时,即 $\rho_{a\bar{a}} < \rho''$ 时(ρ'' 为某一给定阈值),则由于二者间相关性较弱,进而在网络节点 a 和网络节点 $\bar{a}$ 间不建立边,相应的邻接矩阵中的元素设定为 0。反之,当 $\rho_{a\bar{a}} > \rho''$ 时,则由于二者间相关性较强,进而在网络节点 a 和网络节点 $\bar{a}$ 之间建立一条边,相应的邻接矩阵中的元素设定为 1,进而可生成基于沪深 300 指数成分股相关性的 0—1 邻接矩阵。可见,不同阈值的选取对基于沪深 300 指数的股票关联网络的构建十分重要,直接影响着网络的结构特征。为此,本部分也研究了不同阈值的变化对股票关联网络结构特征的影响。

图 4 - 2 至图 4 - 7 揭示了在相关性阈值为 0.7 的情况下,2018—2020 年相应股票关联网络的可视化情况。通过 2018 年、2019 年以及 2020 年的股票关联网络的可视化图可直观地看出在同一阈值下,沪深 300 指数股票关联网络结构具有较为明显的时变特征,不同年份的网络结构具有一定的差异性,呈现出了时变特性。而不同的阈值将影响网络中节点间边的建立,进而影响股票关联网络的结构形式。为此,基于沪深 300 指数的股票关联网络结构特征研究,既要考虑阈值因素,也要考虑时间变化。考虑至此,4.2.2 将从时间维度和阈值维度双重视角,进一步研究不同阈值下的网络结构特征随时间的演变趋势。

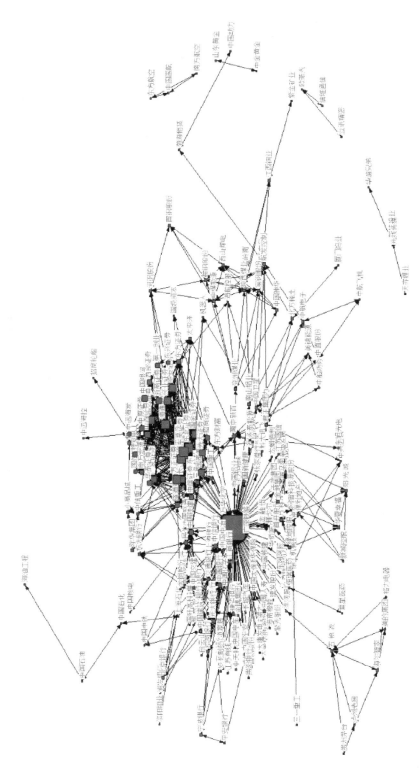

图 4 - 2　2018 年 6 月基于沪深 300 指数的股票关联网络

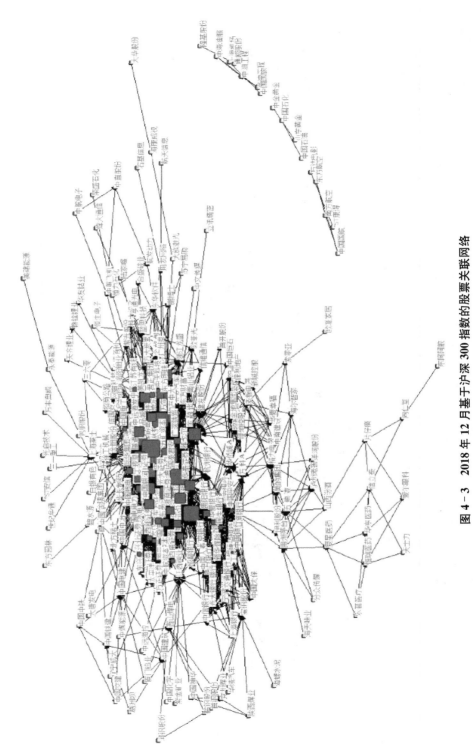

图 4 - 3　2018 年 12 月基于沪深 300 指数的股票关联网络

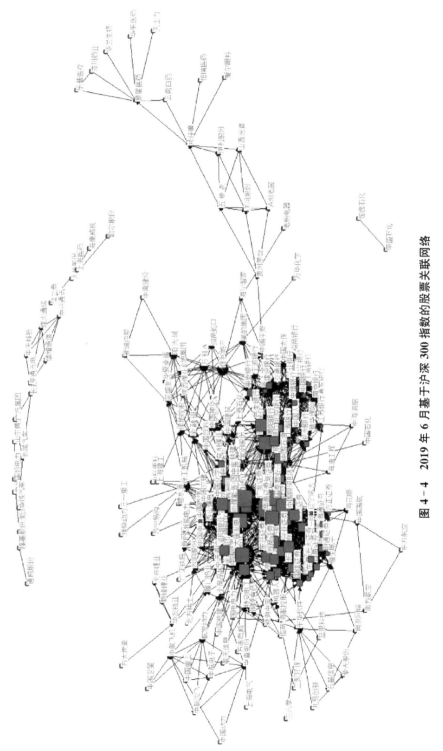

图 4 - 4　2019 年 6 月基于沪深 300 指数的股票关联网络

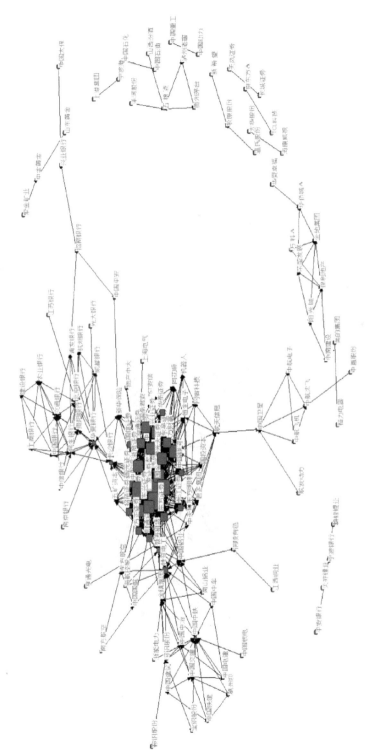

图 4—5　2019 年 12 月基于沪深 300 指数的股票关联网络

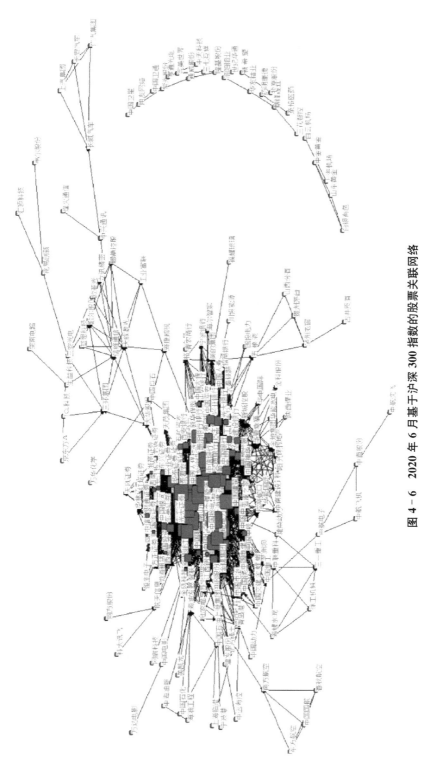

图 4 - 6　2020 年 6 月基于沪深 300 指数的股票关联网络

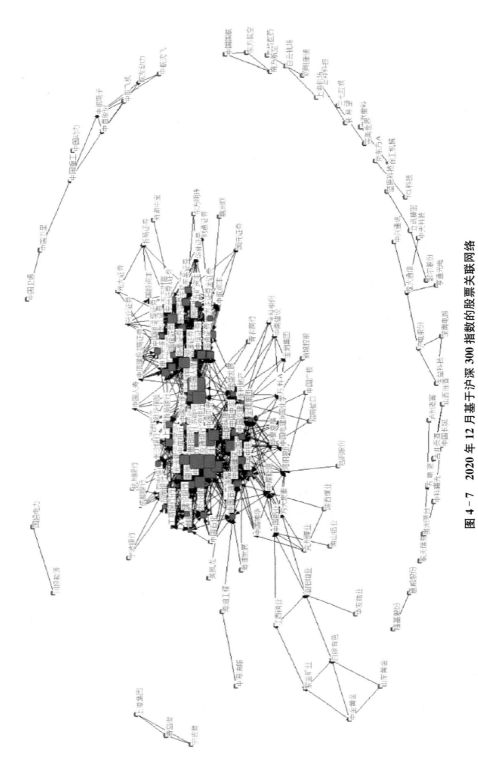

图 4 - 7 2020 年 12 月基于沪深 300 指数的股票关联网络

4.2.2　网络结构特征研究

度、聚类系数及最短路径长度是测度网络结构特征的重要统计量。下面将从沪深 300 指数股票关联网络的度、聚类系数以及平均路径长度等网络拓扑结构指标,对基于沪深 300 指数的股票关联网络结构特征进行研究。鉴于阈值选择对网络结构的影响,选取了不同阈值,进而研究不同阈值下网络结构特征的时间演化。在研究过程中,阈值范围设定为 0.4～0.8,步长为 0.05,共计 9 个阈值。

4.2.2.1　度

图 4-2 至图 4-7 的股票关联实际网络的可视化,可直观揭示网络中节点间的连接情况。下面将通过定量方式测度股票关联网络的平均度情况。对于股票关联网络的平均度,其反映的是整个股票关联网络的节点平均连边个数,即每个节点的度值先相加,再除以节点的个数。股票关联网络度的定量测度结果如表 4-2 所示。而图 4-8 是对表 4-2 更为直观的诠释,更能直观地反映阈值变化与时间演变对股票关联网络度的影响,可进一步明确揭示不同阈值下股票关联网络度的时间演化情况。图 4-8 的纵轴反映了阈值变化对股票关联网络的影响情况,横轴则揭示了同一阈值下度的时间演化路径。由表 4-2 中的阈值取值横向变化和图 4-8 中的坐标纵向来看,随着阈值逐渐增大,股票关联网络的度逐渐变小。这与阈值较大时,网络中节点数与连边数均变少,进而使得网络变得更加稀疏有关。而从表 4-2 中的时间纵向变化和图 4-8 中的坐标横向即时间变化来看,股票关联网络的平均度表现出时变特性。在同一阈值下,随着考察时间的变化,平均度的大小也发生了变化。由表 4-2 可知,2015 年 12 月至 2016 年 6 月这段时间内,平均度在不同阈值下均表现出最大的度值;而最小的度值发生在 2017 年 6 月至 2017 年 12 月这个时段,且 2020 年 12 月至 2021 年 6 月这个时段的平均度也相对较小。2017 年股票市场多数股票表现不佳,而 2020 年疫情的发生对企业主体间股票的关联性产生较大影响,削弱了企业主体间股票的关联性,导致关联网络变得没那么稠密,进而使整个网络的平均度变小。

表 4-2　2011—2021 年不同阈值下的网络平均度

时间	0.40	0.45	0.50	0.55	0.60	0.65	0.70	0.75	0.80
2011 年 12 月	233.50	197.65	156.81	113.59	74.15	42.42	20.69	8.24	2.89
2012 年 6 月	134.50	125.81	115.27	103.65	89.87	75.43	62.01	50.19	40.58

续　表

时间	0.40	0.45	0.50	0.55	0.60	0.65	0.70	0.75	0.80
2012 年 12 月	181.30	146.10	111.10	79.12	50.16	28.07	13.88	6.40	2.93
2013 年 6 月	150.59	115.59	84.93	57.57	35.22	18.95	9.85	4.93	2.24
2013 年 12 月	100.37	72.60	49.33	31.98	20.68	12.96	8.61	5.21	2.66
2014 年 6 月	97.31	65.03	40.83	23.77	13.31	7.55	4.13	1.97	0.93
2014 年 12 月	55.63	33.77	19.60	11.22	6.79	4.43	2.89	1.83	0.99
2015 年 6 月	81.73	51.73	31.71	18.37	10.32	6.17	3.86	2.58	1.74
2015 年 12 月	259.84	246.37	228.20	205.41	174.33	136.01	91.43	50.52	21.85
2016 年 6 月	277.92	270.15	256.81	234.61	201.16	154.90	104.38	56.19	22.85
2016 年 12 月	95.34	63.22	39.01	21.96	11.87	6.45	3.48	1.84	0.80
2017 年 6 月	33.74	20.87	12.54	7.76	4.79	3.08	1.85	1.13	0.62
2017 年 12 月	22.01	13.89	8.90	6.28	4.55	3.33	2.25	1.39	0.66
2018 年 6 月	71.08	48.57	31.60	19.95	12.20	7.58	4.70	2.80	1.68
2018 年 12 月	195.46	154.27	112.62	74.47	45.64	26.40	14.15	6.79	3.20
2019 年 6 月	179.85	135.31	92.48	58.13	33.79	17.89	9.21	4.68	2.49
2019 年 12 月	70.41	47.43	30.53	18.68	11.34	6.60	3.63	2.01	1.16
2020 年 6 月	182.88	144.83	107.01	73.84	47.04	27.89	16.07	8.82	4.53
2020 年 12 月	78.99	55.12	38.25	26.27	17.53	10.85	6.44	3.40	1.49
2021 年 6 月	22.82	14.11	9.11	5.86	3.64	2.21	1.15	0.57	0.23

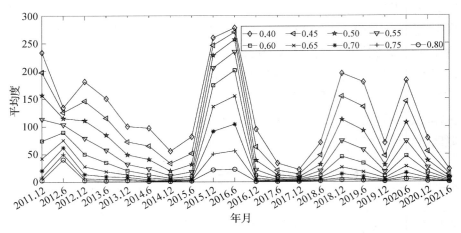

图 4-8　2011—2021 年不同阈值下网络平均度的演化

4.2.2.2　聚类系数

网络的聚类系数分为整体聚类系数和局部聚类系数两种。局部聚类系数研究的是网络中单一节点的聚类系数，体现某节点周围的聚集程度。此处则关注股票关联网络整体视角，研究股票关联网络在不同阈值下的整体聚类系数的时间演变情况。在研究过程中，阈值范围设定为 0.4～0.8，步长为 0.05，共计 9 个阈值。股票关联网络聚类系数的定量测度结果如表 4-3 所示。

表 4-3　2011—2021 年不同阈值下的网络聚类系数

时间	0.40	0.45	0.50	0.55	0.60	0.65	0.70	0.75	0.80
2011 年 12 月	0.899 6	0.849 1	0.797 6	0.741 5	0.664 4	0.575 6	0.496 8	0.355 2	0.214 5
2012 年 6 月	0.887 8	0.885 1	0.873 5	0.856 8	0.819 5	0.782 1	0.738 2	0.695 6	0.640 0
2012 年 12 月	0.843 6	0.806 5	0.769 0	0.717 1	0.618 5	0.519 4	0.432 5	0.326 7	0.245 3
2013 年 6 月	0.796 5	0.764 3	0.705 4	0.608 7	0.500 4	0.429 1	0.368 2	0.299 7	0.240 5
2013 年 12 月	0.717 1	0.691 9	0.628 9	0.561 9	0.503 8	0.426 3	0.340 1	0.277 6	0.227 6
2014 年 6 月	0.707 5	0.647 4	0.592 8	0.473 0	0.365 8	0.334 6	0.245 3	0.180 2	0.109 9
2014 年 12 月	0.559 0	0.498 4	0.452 1	0.386 5	0.337 2	0.291 5	0.215 8	0.189 4	0.135 4
2015 年 6 月	0.623 7	0.577 7	0.540 3	0.468 8	0.413 5	0.351 9	0.241 4	0.228 3	0.187 3
2015 年 12 月	0.941 3	0.922 4	0.896 5	0.868 7	0.823 0	0.770 9	0.702 4	0.639 9	0.544 0
2016 年 6 月	0.975 8	0.964 4	0.944 5	0.913 8	0.869 1	0.824 8	0.784 5	0.671 4	0.500 2
2016 年 12 月	0.703 4	0.655 8	0.604 5	0.520 5	0.468 1	0.377 0	0.271 3	0.149 2	0.075 4
2017 年 6 月	0.565 1	0.526 9	0.468 8	0.419 3	0.361 7	0.259 0	0.171 1	0.087 2	0.029 4
2017 年 12 月	0.538 3	0.489 7	0.424 6	0.370 9	0.304 3	0.247 8	0.182 9	0.094 5	0.070 2
2018 年 6 月	0.646 7	0.595 5	0.568 3	0.509 3	0.430 5	0.358 2	0.298 9	0.199 7	0.116 6
2018 年 12 月	0.830 8	0.771 4	0.722 3	0.676 7	0.619 9	0.546 1	0.445 7	0.328 2	0.211 6
2019 年 6 月	0.811 9	0.742 9	0.674 7	0.616 3	0.557 4	0.423 1	0.364 3	0.283 6	0.202 6
2019 年 12 月	0.672 1	0.618 3	0.558 4	0.471 8	0.381 1	0.305 8	0.201 7	0.116 0	0.083 3
2020 年 6 月	0.823 7	0.780 2	0.743 8	0.703 1	0.613 0	0.507 1	0.431 8	0.314 4	0.251 0
2020 年 12 月	0.662 5	0.616 3	0.558 1	0.513 3	0.432 4	0.382 1	0.294 0	0.211 9	0.145 5
2021 年 6 月	0.543 7	0.494 0	0.444 6	0.371 0	0.286 4	0.228 8	0.142 4	0.083 8	0.035 2

图 4 - 9 则是对表 4 - 3 更为直观的诠释,更能直观地反映阈值变化与时间演变对企业主体间股票关联网络聚类系数的影响,可进一步明确揭示不同阈值下股票关联网络聚类系数的时间演化情况。具体而言,图 4 - 9 的纵轴反映了阈值的变化对股票关联网络聚类系数的影响情况,横轴则揭示了同一阈值下,股票关联网络聚类系数的时间演化路径。从表 4 - 3 中的阈值取值横向变化和图 4 - 9 中的坐标纵向来看,随着阈值的逐渐增大,股票关联网络的聚类系数逐渐变小。这与阈值较大时,网络中的节点数与连边数均变少,进而网络变得更加稀疏有关。而从表 4 - 3 中的时间纵向变化和图 4 - 9 中的坐标横向即时间变化来看,股票关联网络的平均聚类系数同样表现出时变特性。在同一阈值下,随着考察时间段的变化,股票关联网络平均聚类系数的大小也发生了变化。由表 4 - 3 和图 4 - 9 可知,2015 年 12 月至 2016 年 6 月这段考察时间内,在不同阈值下均表现出最大的平均聚类系数(仅 0.8 阈值除外);而最小的平均聚类系数值则发生在 2017 年 6 月至 2017 年 12 月这个时段内,而 2020 年 12 月至 2021 年 6 月这个时段内的平均聚类系数也相对较小。2017 年股票市场多数股票表现不佳,而 2020 年疫情的发生都对企业主体间股票的关联性产生了较大影响,削弱了股票间的关联性,导致股票关联网络变得没那么稠密,进而使整个网络的平均聚类系数变小。

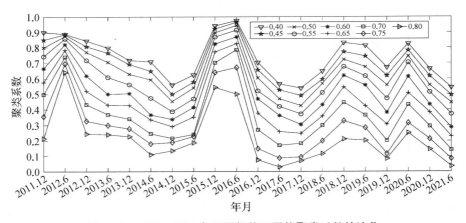

图 4 - 9　2011—2021 年不同阈值下网络聚类系数的演化

4.2.2.3　平均路径长度

平均路径长度是测度股票关联网络结构特征的另一个重要测度指标。为此,本节将对基于沪深 300 指数的股票关联网络的平均路径长度进行研究,定量测度结果如表 4 - 4 所示。在研究过程中,阈值范围设为 0.4~0.8,

步长为 0.05,共计 9 个阈值。而图 4-10 则是对表 4-4 更为直观的诠释,可以更直观地反映出阈值变化与时间演变对股票关联网络平均路径长度的影响。在计算平均最短路径长度时,采用最大连通子图来进行测度。具体而言,图 4-10 中的纵轴反映了阈值的变化对股票关联网络平均路径长度的影响情况,横轴则揭示了同一阈值下,股票关联网络平均路径长度的时间演化路径。

表 4-4　2011—2021 年不同阈值下的网络平均路径长度

时间	0.40	0.45	0.50	0.55	0.60	0.65	0.70	0.75	0.80
2011 年 12 月	1.219 7	1.343 0	1.498 0	1.679 5	1.907 8	2.172 5	2.403 5	2.684 0	3.678 5
2012 年 6 月	1.830 6	1.942 5	2.120 1	2.293 3	2.485 1	3.113 3	3.532 0	1.917 2	2.104 0
2012 年 12 月	1.433 8	1.570 4	1.769 3	1.968 7	1.980 4	2.202 4	2.662 2	2.875 0	2.742 2
2013 年 6 月	1.544 5	1.771 2	2.070 6	2.398 1	2.288 2	2.330 1	2.733 9	3.349 1	2.981 2
2013 年 12 月	1.742 5	1.936 6	2.144 5	2.337 9	2.236 4	2.340 1	2.601 9	2.758 5	2.407 2
2014 年 6 月	1.770 6	2.018 1	2.249 9	2.426 5	2.587 2	2.891 6	2.849 6	3.683 0	1.959 1
2014 年 12 月	1.930 5	2.196 5	2.590 1	3.172 9	3.843 5	3.949 3	3.496 1	4.174 8	1.777 8
2015 年 6 月	1.807 3	2.060 6	2.420 8	3.044 5	3.768 0	3.149 3	4.881 1	3.552 0	1.860 3
2015 年 12 月	1.128 1	1.173 6	1.240 6	1.309 0	1.422 3	1.567 2	1.767 9	1.980 8	2.309 2
2016 年 6 月	1.051 5	1.078 0	1.123 8	1.200 8	1.319 4	1.490 6	1.706 0	2.035 5	2.440 2
2016 年 12 月	1.749 6	1.896 5	2.096 6	2.411 7	2.790 5	3.556 4	4.051 4	3.068 5	1.609 5
2017 年 6 月	2.125 8	2.332 9	2.519 0	2.749 3	2.977 1	3.258 1	3.051 5	3.125 6	2.915 0
2017 年 12 月	2.668 5	3.149 5	4.184 6	3.266 7	3.673 4	3.551 7	3.231 9	2.622 6	2.470 8
2018 年 6 月	1.883 2	2.049 1	2.299 2	2.451 8	2.587 3	2.618 3	2.836 5	2.770 1	2.518 8
2018 年 12 月	1.361 2	1.505 3	1.685 9	1.922 4	2.133 6	2.573 8	3.057 3	3.365 8	3.640 2
2019 年 6 月	1.415 2	1.593 0	1.774 3	1.992 7	2.285 3	2.723 9	3.299 2	3.258 9	2.899 0
2019 年 12 月	2.035 6	2.183 3	2.529 2	2.349 0	2.419 1	2.747 2	3.114 9	2.901 4	1.485 5
2020 年 6 月	1.407 4	1.558 5	1.764 7	2.063 5	2.275 0	2.473 0	3.010 4	2.486 9	2.851 1
2020 年 12 月	1.908 8	2.242 8	2.662 6	3.355 8	2.698 7	2.671 9	2.666 6	2.881 6	3.620 6
2021 年 6 月	2.776 4	3.346 8	4.145 6	4.245 3	7.059 3	3.160 4	2.395 2	1.742 6	1.909 1

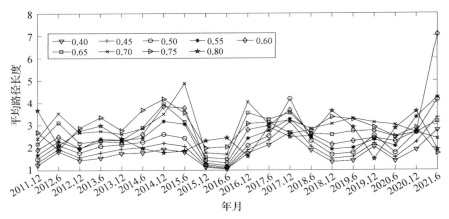

图 4 - 10　2011—2021 年不同阈值下的网络平均路径长度

从表 4 - 4 中的阈值取值横向变化和图 4 - 10 中的坐标纵向来看,随着阈值逐渐增大,股票关联网络的平均路径长度并没有呈现出与平均度和平均聚类系数一致的演变特征。这与平均路径长度的计算选取最大连通子图有关。虽然平均最短路径长度随着阈值的变动并没有呈现出如图 4 - 8 及图 4 - 9 中所呈现出的比较明确的演变特征,但不难发现,在多数时间段,平均最短路径长度体现了随着阈值的变大而增大的趋势。这与阈值较大时,网络中的节点数与连边数均变少,进而网络变得更加稀疏有关。而从表 4 - 4 中的时间纵向变化和图 4 - 10 中的坐标横向即时间变化来看,股票关联网络的平均路径长度表现出时变特性。在同一阈值下,随着考察时间的变化,股票关联网络平均路径长度的大小也发生了变化。由表 4 - 4 和图 4 - 10 可知,2015 年 12 月至2016 年 6 月这段考察时间内,多数阈值表现出较小的平均路径长度;而在 2017年 6 月至 2017 年 12 月及 2020 年 12 月至 2021 年 6 月这两个时段内的平均路径长度相对较大。2017 年股票市场多数股票表现不佳,而 2020 年疫情的发生对企业主体间股票的关联性产生了较大影响,削弱了股票间的关联性,导致股票关联网络变得没那么稠密,进而使得整个网络的平均最短路径变大。

4.2.3　网络中的幂律分布

4.2.3.1　国外关联网络中的幂律分布

网络的度分布特征是网络结构的一个重要特征。Santos 和 Cont(2010)利用巴西银行主体间数据,分析银行主体间网络结构特征,研究发现,银行主体度分布呈现出幂律尾部。Masi 等(2011)使用日本银企主体间的信贷数据,对银企主体间信贷网络中的银行主体以及企业主体度的分布特征进行了研究,结果发现存在一阈值,当度大于该阈值时,银行主体以及企业主体的度呈现幂律分布,分别如图 4-11(a)和图 4-11(b)所示。也有其他学者通过实证分析发现了该幂律特征的存在(Soramäki 等,2007;Iori 等,2008;Cajueiro 和 Tabak,2008;Miranda 和 Tabak,2013)。

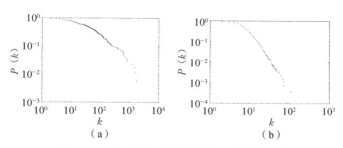

图 4-11　日本银企主体间信贷网络的度分布

需要说明的是,学者们基于现实中的实际关联数据构建了相应的实际网络,研究发现了另一类幂律分布特征的存在,即双幂律分布。在双幂律分布中,网络的度分布可划分为两个区域,每个区域可以用一条直线来进行拟合。Souma 等(2003)对由银行主体和企业主体所构成的银企主体商业网络的度分布特征进行了研究,研究发现,网络的度分布呈现双幂律特征,如图 4-12(a)、图 4-12(b)及图 4-12(c)所示。由图 4-12 可知,银企主体间信贷网络的度分布图像中,存在两个区域,每个区域可以用一条直线来进行拟合。其中,图 4-12(a)中的上部及下部直线分别对应指数为 -1.5 及 -2.2 的直线;图 4-12(b)中的上部及下部直线分别对应指数为 -0.4 及 -0.8 的直线;图 4-12(c)中的上部及下部直线分别对应指数为 -1.0 及 -1.6 的直线。另外,Boss 和 Elsinger(2004)利用澳大利亚银行主体间的网络数据,对银行主体间网络结构进行了研究,研究发现,该银行主体间网络的入度、出度和总体度均呈现双幂律分布特征,如图 4-13(a)、图 4-13(b)及图 4-13(c)所示。其中,图 4-13(a)中的上部及下部直线分别对应指数为 -1.083 1 及 -1.727 5 的直线;图 4-13(b)中的上部及下部直线分别对应指数为 -0.686 13 及 -3.107 6 的直线;图 4-13(c)中的上部及下部直线分别对应指数为 -0.615 57 及 -2.010 9 的直线。

通过实证研究,相关学者发现了现实世界中幂律分布的存在(Souma,2003;Boss 和 Elsinger,2004)。这引发了学者对双幂律分布特征形成机制进行研究的兴趣。而对于双幂律分布特征的形成机制,万阳松(2007)研究了主体关联模型的构建,通过该模型实现了双幂律分布的形成。该模型的构建过程如下:

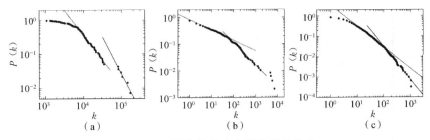

图 4-12 银企主体商业网络的度分布

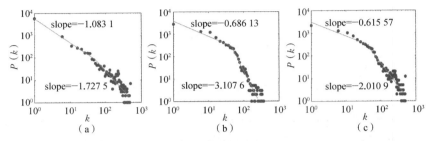

图 4-13 澳大利亚银行主体间网络的度分布

① 给定一个初始节点,即 $m_0 = 1$,其初始同业拆借能力为 $B_{TP}(1,1) = B_{TP}$,其中,B_{TP} 为与网络特征有关的常数;

② 每次增加一个新的节点 i',且它通过一条边与一个旧节点 j' 相连。新加入节点的初始同业拆借能力为其所连向的旧节点的初始同业拆借能力的一半,即 $B_{TP}(i',i') = B_{TP}(j',j')/2$;

③ 每次增加一个新的节点到网络中并产生一条新连接的同时,在所有旧节点之间增加 $t \times c_{TP}$ 条边,其中 t 为时间;

④ 每个节点 i' 当前(t 时刻)的同业拆借能力为 $B_{TP}(i',t) = B_{TP}(i',i') + k(i',t)$,其中,$k(i',t)$ 为节点 i' 在时刻 t 的度,则新节点的线性偏好连接概率为:

$$\frac{B_{TP}(i',t)}{\sum_{i'} B_{TP}(i',t)} \tag{4-3}$$

旧节点之间的非线性偏好连接概率为:

$$\frac{B_{TP}(i',t)^{\alpha_{TP}} B_{TP}(j',t)^{\beta_{TP}}}{\sum_{i' \neq j'} B_{TP}(i',t)^{\alpha_{TP}} B_{TP}(j',t)^{\beta_{TP}}} \tag{4-4}$$

其中,$B_{TP}(i',t) \geqslant B_{TP}(j',t), 0 < \alpha_{TP} < 1, 1 < \beta_{TP} < +\infty$。

当然,也有学者对银行主体间网络的幂律分布特征的存在提出疑问,认为网络结构的双幂律特征并不具有广泛的存在性(Fricke 和 Lux,2013)。

4.2.3.2　我国股票关联网络中的幂律分布

幂律分布在现实世界中广泛存在。第 3 章研究了不同指标测度下,银企主体规模分布的幂律特性。研究发现,不同指标不同维度下,银企主体规模分布中幂律特性的确广泛存在。相关研究发现,国外关联网络中也发现了幂律分布的存在。下面将基于沪深 300 指数股票关联网络,研究我国企业主体间股票关联网络中幂律分布问题。图 4 - 14 给出了基于沪深 300 指数的股票关联网络在阈值为 0.7 的情况下的度分布情况。由图 4 - 14 可知,基于沪深 300 指数的股票关联网络的度分布存在两个区域,每个区域可以用一条直线来进行拟合,即呈现出双幂律特征。

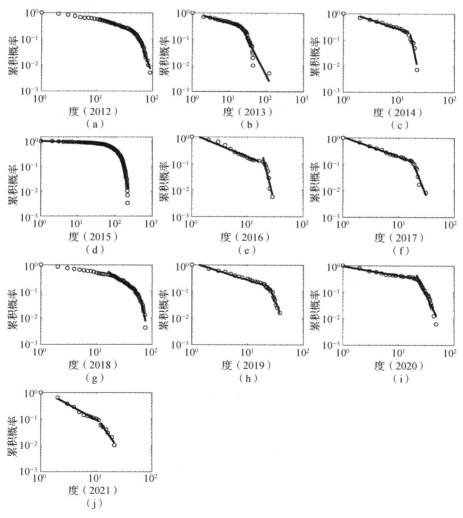

图 4 - 14　主体间股票关联网络的度分布

但不难发现，随着阈值的变化，股票关联网络结构也会发生变化，进而导致不同阈值下股票关联网络度分布的幂律特征有所差异，甚至在某些情况下，无法呈现幂律特征。为此，鉴于 Kim 等（2002）的研究，设定 $\widehat{Q}_a$ 为节点主体 a 的综合强度指标，且 $\widehat{Q}_a = \sum_{a \neq \bar{a}} \rho_{a\bar{a}}$。由节点主体 a 的综合强度指标 $\widehat{Q}_a$ 的定义可知，如果综合强度值越大，则节点主体 a 对股票关联网络中的其他节点主体的综合影响越大。基于沪深 300 指数的股票关联网络中的节点主体 a 的综合强度 $\widehat{Q}_a$ 的分布与阈值无关，这正好和上述基于阈值的研究相补充。图 4 - 15 反映了各个年份的节点主体综合强度的分布情况。

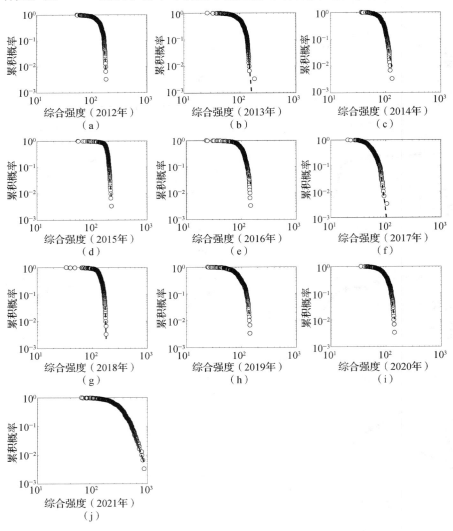

图 4 - 15　主体间股票关联网络节点主体综合强度分布

　　由图 4-15 可知,股票关联网络的节点综合强度值的分布呈现幂律尾部。这也说明基于沪深 300 指数的股票关联网络中存在幂律现象。这也说明股票关联网络中存在着系统重要性节点主体,该节点主体对其他节点主体具有较高的综合影响。在实际的风险溢出效应控制中,应重点关注此类系统重要性节点主体。

4.3　本章小结

　　基于沪深 300 指数,本章分析了沪深 300 指数成分股间的股票收益率相关性,构建了基于沪深 300 指数的关联主体间股票关联网络,并对该网络的结构特征及涌现出的幂律特性进行了研究。具体而言,基于网络拓扑结构视角,可视化了 2018—2020 年度基于沪深 300 指数的股票关联网络,研究发现,该网络的结构特征具有时变特性。考虑到基于沪深 300 指数的股票关联网络结构特征既受阈值因素也受时间变化的影响,从时间维度和阈值维度双重视角,结合网络拓扑结构测度指标—网络的平均度、平均聚类系数及平均路径长度,研究了基于沪深 300 指数的股票关联网络结构特征的演变情况。最后,研究了基于沪深 300 指数的股票关联网络中的幂律现象。研究发现,基于沪深 300 指数的股票关联网络的度分布存在两个区域,每个区域可用一条直线来进行拟合,呈现出双幂律特征;研究还发现,基于沪深 300 指数的股票关联网络的节点主体综合强度分布呈现幂律尾部。这说明,股票关联网络中存在着系统重要性节点主体,该节点主体对其他节点主体具有较高的综合影响。在实际的风险溢出效应控制中,应重点关注此类系统重要性节点主体。

第5章 基于我国银行主体相关数据的实际关联网络构建

第4章基于沪深300指数研究了企业主体间股票关联网络的构建,并对其网络结构特征及演化进行了研究,验证了现实网络结构中幂律特征的存在。而银行主体间的关联网络也是另一类重要的主体关联网络,十分值得研究,也为后续研究奠定了网络及模型校对基础。针对此,第5章将基于我国银行主体间的不同相关数据,分别构建联合贷款实际网络及股票关联实际网络,并对其网络结构特征进行研究。

5.1 银行主体间联合贷款网络

银行主体不仅是现代金融系统的重要部分,同时对于整个经济体系健康运行,也是一个不可缺少的金融中介。银行系统内,含有多种关联并形成复杂的银行主体关联网络。银行主体间的关联不仅可以带来经济利益,也为风险溢出效应提供了传播渠道。2007年,由美国次债危机而引发的中小银行主体的破产便是一个例证。因此,研究银行主体间网络的结构特征对于维系银行系统稳定性具有重要作用。对于我国银行系统而言,获取银行主体间市场的交易数据并不容易。而通过构建银行主体间联合贷款网络、上市银行主体间股票关联网络进而研究上述网络的结构特征是一种可行的方式。而对此进行研究除可对现有文献进行一定补充外,也可为后续章节中的模型校验与调试提供相应依据。因此,5.1节将研究银行主体间联合贷款网络构建,而5.2节将聚焦上市银行主体间股票关联网络的构建。

基于节点(银行)和边(贷款)的初始数据可构建联合贷款网络。该贷款网络由 Z' 个银行节点主体组成,节点代表银行主体,而边代表两个银行主体间的联合贷款关系(或贷款意向)。联合贷款网络可用 $Z' \times Z'$ 的矩阵表示。矩阵要素 $d_{zz'}$ 由0和1组成,其中,$z, z' = 1, 2, \cdots, Z'$。如果 $d_{zz'} = 1$,则

表示银行主体 z 和银行主体 z' 对于同一企业主体具有联合贷款关系或贷款意向；否则，$d_{zz'}=0$。

5.1.1　联合贷款网络构建

这里所使用的数据为 2012—2021 年间我国上市企业主体的银行贷款数据，来源于国泰安经济金融数据库（CSMAR）。若某企业主体从某银行主体处进行多次借贷，则将多次借款合并为一笔借款，企业集团成员借款合并为一次借款。处理结果如表 5-1 所示。由于联合贷款网络是基于银企主体间的贷款关联而建立的，因此，有必要对企业主体贷款规模及其分布特征进行分析。此处以数据库中上市企业主体贷款金额上限代表企业贷款规模。图 5-1 揭示了 2012—2021 年贷款总量的变化趋势。由图 5-1 可知，贷款规模呈现波动上升趋势。

表 5-1　初始数据统计　　　　　　　　单位：家

类　别	2012年	2013年	2014年	2015年	2016年	2017年	2018年	2019年	2020年	2021年
银行数量	137	166	200	218	260	304	333	343	332	360
企业数量	1 053	1 239	1 559	1 747	1 716	2 069	2 578	2 760	2 876	3 166

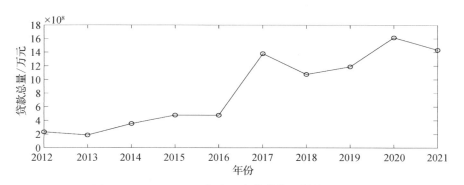

图 5-1　2012—2021 年企业主体贷款规模的时间演化

图 5-2 则展示了 2012—2021 年企业主体贷款规模的累积分布情况。

由图 5-2 可知，贷款规模分布的尾部在双对数坐标系中可用直线来拟合，呈现出幂律尾部。幂律尾部现象在自然界中的存在较为普遍（Okuyama 和 Takayasu，1999；Fujiwara 等，2004；Masi 等，2006；Masi 等，2011），而图 5-2 则揭示了在贷款规模超过某一阈值时，我国上市企业主体贷款规模呈现幂律分布。

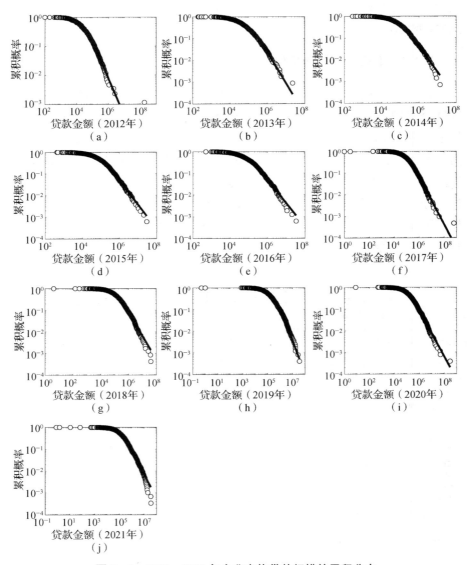

图 5-2 2012—2021 年企业主体贷款规模的累积分布

5.1.2 联合贷款网络的结构特征与演化

5.1.2.1 可视化网络的时间演变

基于联合贷款相关数据,可视化 2012—2021 年的联合贷款网络,如图 5-3 所示。图 5-3 中的节点大小代表节点主体的度的大小。从图 5-3 中可以发现一个共同的现象:较少的具有较大度值的节点主体位于网络的核心位置,而大多数度值较小的节点主体位于网络的外围,呈现出核心—外围结构。

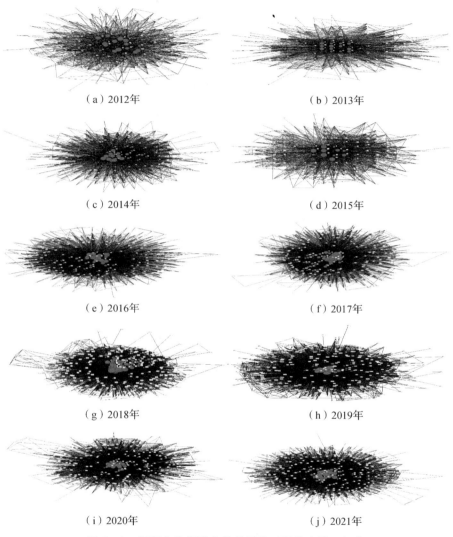

（a）2012年　　　　　　　　　　（b）2013年

（c）2014年　　　　　　　　　　（d）2015年

（e）2016年　　　　　　　　　　（f）2017年

（g）2018年　　　　　　　　　　（h）2019年

（i）2020年　　　　　　　　　　（j）2021年

图 5 - 3　银行主体间联合贷款网络时间维度的可视化

5.1.2.2　网络结构特征的时间演化

1. 度分布的时间演化

图 5 - 4 揭示了 2012—2021 年银行主体间联合贷款网络度分布的情况。图 5 - 4(a)至图 5 - 4(j)分别对应 2012—2021 年银行主体间联合贷款网络的度分布。由图 5 - 4 可知,在双对数坐标系中,度分布可用两条直线

进行拟合,即银行主体间联合贷款网络的度分布呈现出双幂律特征。值得说明的是,Boss 和 Elsinger(2004)研究了澳大利亚银行主体间的网络,也发现了双幂律特征的存在。

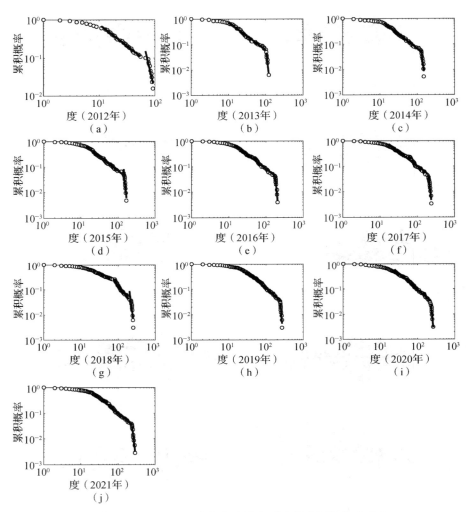

图 5－4 2012—2021 年银行主体间联合贷款网络的度分布

2. 网络结构测度指标的时间演化

平均聚类系数、平均度及平均路径长度是较为重要的网络拓扑结构测度指标。图 5－5 揭示了 2012—2021 年我国银行主体间联合贷款网络拓扑结构测度指标的时间演化。图 5－5(a)、图 5－5(b)、图 5－5(c)分别对应网络的平均聚类系数、平均度及平均路径长度。

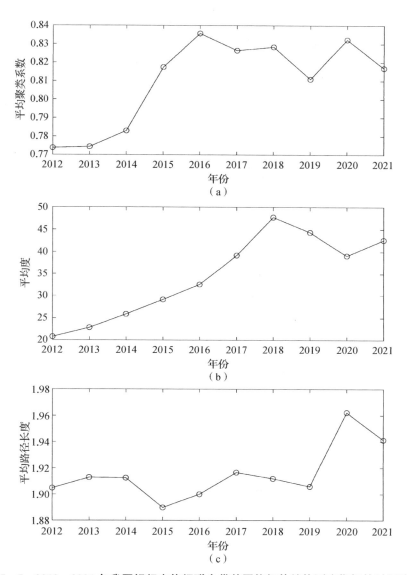

图 5-5　2012—2021 年我国银行主体间联合贷款网络拓扑结构测度指标的时间演化

由图 5-5(a)可知,聚类系数的大小介于 0.773 8～0.835 8 区间,均值为 0.809 9,标准差为 0.024 0,波动范围较小。由图 5-5(b)可知,网络的平均度的大小介于 20.773 8～47.747 8 区间,均值为 34.430 8,标准差为 9.508 5。图 5-5(a)和图 5-5(b)揭示了网络的平均聚类系数与平均度在波动中呈现上升趋势。由图 5-5(c)可知,网络的最短路径长度介于 1.889 9～1.962 3 区间,均值为 1.915 8,标准差为 0.021 1,波动范围较小。

5.2 银行主体间股票关联网络

在5.1节中,基于银行主体的企业联合贷款数据,构建了银行主体间联合贷款网络,并对银行主体间联合贷款网络的结构特征及演化进行了研究。除银行主体间的联合贷款数据外,上市银行主体间的股票关联关系数据是构建银行主体间关联网络的另一重要渠道。本节将基于上市银行主体间的股票关联关系,构建上市银行主体间股票关联网络,并对其结构特征及演化进行研究。

5.2.1 股票关联网络构建

银行主体间股票关联网络的构建基础是上市银行主体间股票收益率间的相关性。令上市银行主体 z 的股票收益率为 R_z,上市银行主体 z' 的股票收益率为 $R_{z'}$,则银行主体 z 和银行主体 z' 间的股票收益率相关性 $r(z,z')$ 由式(5-1)计算可得,即:

$$r(z,z') = \frac{E(R_z R_{z'}) - E(R_z)E(R_{z'})}{\sqrt{E(R_z^2) - E^2(R_z)}\,\sqrt{E(R_{z'}^2) - E^2(R_{z'})}} \tag{5-1}$$

其中,$E(\cdot)$代表变量的期望。

一个简单的网络由点和边共同构成。令 G 代表银行主体间股票关联网络,则 $G=(v,e,Z')$,其中,v、e 分别代表网络中的节点主体和边,对应上市银行主体间股票关联网络中的银行主体及银行主体间的关联关系;Z' 是网络中的节点主体数量,对应银行主体间股票关联网络中的银行节点主体数量。根据式(5-1)可以计算出任意两个银行主体间的收益率相关系数,但仅有较高的相关性才值得考虑。为此,需要设定一个阈值 R_0 来界定银行节点主体间关联关系的建立,并仅当银行主体 z 和银行主体 z' 间的相关系数 $r(z,z') \geqslant R_0$ 时,二者间的相关性才会被考虑,银行主体 z 和银行主体 z' 间才会建立一条边,且 $0 \leqslant R_0 < 1$。显然,不同的阈值大小会导致不同的网络结构。考虑至此,阈值下的银行主体间股票关联网络边 e 的建立可定义为式(5-2),即:

$$e_{zz'} = \begin{cases} 1, & z \neq z' \text{ 且 } r(z,z') \geqslant R_0 \\ 0, & z = z' \text{ 或 } r(z,z') < R_0 \end{cases} \tag{5-2}$$

其中,$e_{zz'} = 1$ 代表银行节点主体 z 和银行节点主体 z' 间建立一条边;

$e_{zz'} = 0$ 代表银行节点主体 z 和银行节点主体 z' 间没有边连接。

5.2.2 数据来源

这里的数据来源于国泰安数据库,样本为 2015—2020 年我国上市银行主体股票收盘价。研究中使用对数收益率来计算银行主体间股票收益率的相关性,即 $R_{it} = \ln(p_{it}) - \ln(p_{it-1})$,其中,$p_{it}$ 为银行主体 i 的股票于第 t 日的收盘价。表 5-2 反映了 2015—2020 年我国上市银行主体的数量及相关性的统计性描述。由表 5-2 中的结果可知,上市银行主体间相关系数平均值在 2015 年达到最大,并在 2016 年与 2017 年显著降低,在 2018 年以后相关系数平均值有所回升。由标准差的时间变动趋势可知,在 2015 年相关系数的标准差最小,并在 2016 年和 2017 年显著上升,在 2018 年以后又有所下降。由最大值和最小值的分布情况可知,除 2017 年外,其余年份的相关系数最大值均超过了 0.9;而相关系数的最小值在 2018 年和 2020 年均超过了 0.3,而在 2015 年超过了 0.6,并在 2016 年、2017 年及 2019 年出现负的相关性。总体来看,2015 年,上市银行主体间整体关联较为密切,平均关联水平较高且相关系数的大小分布较为集中;而在 2016 年与 2017 年,银行主体间关联程度下降,并在 2018 年后出现关联程度回升。

表 5-2 上市银行主体相关系数的统计量描述

类　　别	2015 年	2016 年	2017 年	2018 年	2019 年	2020 年
银行数量/家	16	24	25	28	36	37
平均值	0.791 2	0.406 7	0.397 7	0.660 0	0.578 4	0.707 9
中位数	0.805 4	0.371 0	0.421 5	0.674 4	0.629 4	0.712 8
标准差	0.066 8	0.313 4	0.222 8	0.119 8	0.197 8	0.100 1
最小值	0.610 3	−0.221 8	−0.054 9	0.358 6	−0.120 7	0.307 6
最大值	0.934 8	0.900 2	0.825 5	0.944 8	0.934 8	0.919 0

5.2.3 股票关联网络的结构特征与演化

由 5.2.1 可知,我国上市银行主体间股票关联网络的构建取决于阈值 $R_0(0 \leqslant R_0 < 1)$ 的大小。当 $R_0 = 0$ 时,所构建的银行主体间股票关联网络为全网络,即每两个上市银行节点主体间均存在一条边;而当 $0 < R_0 < 1$ 时,将有一部分银行节点主体由于彼此间的股票关联性较弱而被取消节点主体间边的建立。可见,不同的阈值选取会影响上市银行主体间关联关系

的建立,进而影响股票关联网络的拓扑结构。为此,研究过程中引入不同的阈值,研究不同阈值下银行主体间股票关联网络的建立及其对关联网络结构特征的影响。为了更直观地反映阈值的选取对上市银行主体间股票关联网络结构的影响,此处可视化了 2015 年我国上市银行主体在不同阈值下(0.60、0.70、0.80 及 0.85)的股票关联网络,如图 5-6 所示。图 5-6(a) 至图 5-6(d) 分别对应阈值为 0.60、0.70、0.80、0.85 时的银行主体间股票关联网络。网络可视化时,网络节点的大小代表度的大小,节点越大,代表与该银行节点主体建立关联关系的银行主体就越多,该节点主体对于该网络结构也就越重要。

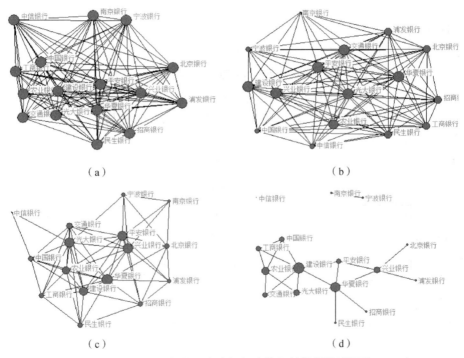

（a）　　　　　　　　　　　　（b）

（c）　　　　　　　　　　　　（d）

图 5-6　不同阈值下上市银行主体间的股票关联网络

由图 5-6 可知,随着阈值选取的不同,2015 年的银行主体间股票关联网络发生了较大的变化。随着阈值取值的不断增大,网络逐渐变得稀疏。具体而言,在阈值为 0.60 时,网络最为稠密,且为包含 2015 年所有上市银行主体(16 家)的一个全连接网络,这与表 5-2 中的相关系数大小密切相关。由表 5-2 可知,2015 年,我国上市银行主体间股票相关系数的最小值为 0.610 3。因此,在阈值为 0.60 时,我国上市银行主体间的股票关联网络表现为全网络。在阈值为 0.85 时,网络变得最为稀疏,并出现了一个孤立节点主体(中信银行)和一个孤立节点对(南京银行与宁波银行)。这也表明中信银行、南京银行及宁波银行与其他上市银行主体间的股票关联性相对较弱,在发生基于股票关联网络的风险溢出时,所受影响也相对较小。由图5-6也可以看出,在不同的阈值下均具有较大的度的银行节点主体有建设银行、华夏银行、农业银行和兴业银行,这些银行主体在股票关联网络中的位置较为重要。其他银行主体的股价波动有较大可能性向这些中心节点主体传播,并通过此类系统重要性节点主体向外扩散。与此同时,当这些系统重要性中心节点主体股价发生波动时,其导致的基于股票关联网络的波动传播范围会更广。

5.2.3.1　可视化网络的时间演变

上文研究并可视化了2015年不同阈值下的银行主体间股票关联网络,表明阈值的变动对银行主体间股票关联网络的构建影响较大。而在同一阈值下,时间维度是影响银行主体间股票关联网络的另一个重要因素。从时间维度来看,同一阈值下,银行主体间股票关联网络的结构会呈现出时变特性,正如图5-7所揭示的。图5-7可视化了同一阈值下(阈值为0.5)银行主体间股票关联网络的时间演变情况。图5-7(a)至图5-7(f)分别对应2015—2020年的可视化银行主体间股票关联网络。由图5-7可知,在阈值为0.50的情况下,2015年的股票关联网络中共有16个银行节点主体,且任意两个银行节点主体间均存在一条边,说明16家银行主体间的股票关联性较高,相关系数均高于0.50。而在2016年度,如图5-7(b)所示,24家银行主体构成的股票关联网络中出现4个孤立的银行节点主体(江苏银行、上海银行、贵阳银行和苏农银行),而其余银行节点主体被分割为两部分,出现了一个较大的社团和一个较小的社团,这表明24家银行主体的股票关联性程度差异较大。从图5-7(c)中可以发现,相比于2016年,股票关联网络的孤立点仅剩下两个银行节点主体(江阴银行和张家港银行),且其余银行节点主体构成了一个连通的网络。但不难发现,图5-7(c)中明显存在两个银行团体,即由无锡银行、苏农银行、常熟银行、杭州银行、上海银行、江苏银行和贵阳银行等7家银行组成的较小的团体网络和由其余银行节点主体构成的较大的团体网络。较小的团体网络通过贵阳银行和江苏银行与较大的团体网络维持着联系。图5-7(d)至图5-7(f)则揭示了从2018年开始,银行主体间股票关联网络的密度明显变大,银行主体间的关联性相对较高。其中,2018年和2020年的银行主体间股票关联网络包含当年所有上市的银行节点主体,而2019年的银行主体间股票关联网络则存在一个孤立的银行节点主体——苏州银行。综上所述,图5-7揭示了银行主体间股票关联网络结构具有较强的时变特征,不同年份呈现出相异的关联网络形式。

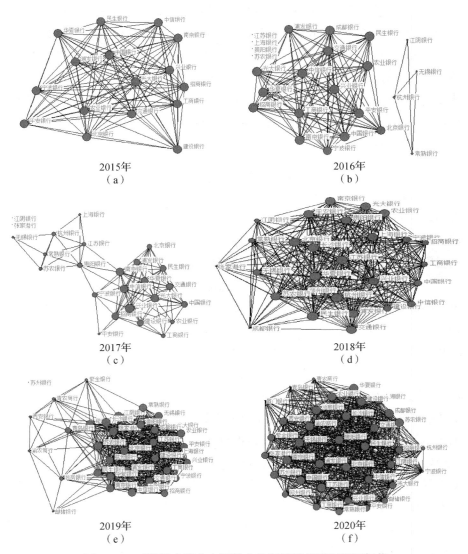

图5-7　时间维度下上市银行主体间股票关联网络可视化

5.2.3.2　网络结构特征的时间演变

平均聚类系数、平均度及平均路径长度是较为重要的网络拓扑结构测度指标。图5-8至图5-10反映了2015—2020年我国银行主体间股票关联网络拓扑结构测度指标的时间演化。其中,图5-8至图5-10分别对应我国银行主体间股票关联网络的平均聚类系数、平均度及平均路径长度。

由于阈值的选取影响银行主体间股票关联网络的结构特征,图 5 - 8 至图
5 - 10 也揭示了不同阈值下我国银行主体间股票关联网络的时间演化,反映
了阈值的变化对网络结构特征的影响。

1. 平均聚类系数的时间演化

节点的聚类系数为节点的邻居节点之间存在的边数与可能存在的边数
之比,网络平均聚类系数则为全部节点聚类系数的平均值,是一个介于
0~1 之间的值。平均聚类系数越大,表明网络中节点间的关联性越强。图
5 - 8 揭示了我国银行主体间股票关联网络在 2015—2020 年平均聚类系数
的时间演化路径。由图 5 - 8 可知,平均聚类系数在 2015—2017 年间呈下
降趋势,随后在波动中表现出上升趋势。而这与图 5 - 7 中的可视化网络所
揭示的内容相一致。相比而言,2016 年和 2017 年的可视化网络的密度较
低,也导致了较低的平均聚类系数。从阈值维度来看,不同阈值下我国银行
主体间股票关联网络的平均聚类系数随着时间的变化而表现出相同的演化
路径。这也表明银行主体间股票关联网络的平均聚类系数的演变特征具有
一定的稳定性。从图 5 - 8 中也可知,随着阈值的逐渐增大,网络的平均聚
类系数逐渐变小。这在图 5 - 8 中表现为,当阈值从 0.50 逐渐增大至 0.70
时,相应平均聚类系数的时间演化路径沿 y 轴方向从上向下移动,即平均聚
类系数逐渐变小,这与阈值越大网络越稀疏有关。

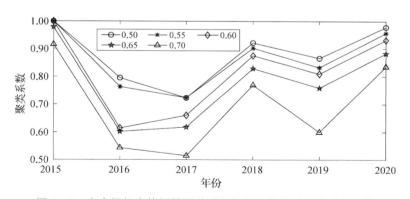

图 5 - 8　上市银行主体间股票关联网络平均聚类系数的时间演化

2. 平均度的时间演化

网络平均度即对网络中各节点的度计算平均值,其数值越大,代表网络
中节点主体间的关联越密切。图 5 - 9 揭示了我国银行主体间股票关联网
络在 2015—2020 年的平均度的时间演化路径。由图 5 - 9 可知,我国银行
主体间股票关联网络的平均度在 2017—2020 年间整体上表现出上升趋势。

由表 5-1 可知,我国上市银行主体每年的数量不同,且 2017—2020 年间我国的上市银行主体数量呈上升趋势。为此,相应的股票关联网络中银行节点主体数量逐年增大,每个银行节点主体可连接的银行主体数量也逐年增多,故呈现出上升趋势的平均度,正如图 5-9 所示。而从图 5-9 中也可以发现,2015—2017 年,我国银行主体间股票关联网络的平均度呈现下降趋势,这与图 5-7 及图 5-8 中所揭示的内容一致。2016 年和 2017 年,我国上市银行主体间股票关联性相对较弱,相应的股票关联网络变得相对稀疏,进而导致了较小的平均度。同样,从阈值维度来看,不同阈值下,我国银行主体间股票关联网络的平均度随着时间的变化而表现出相同的演化路径。这也表明我国银行主体间股票关联网络的平均度的演变特征具有一定的稳定性。从图 5-9 中还可发现,随着阈值的逐渐增大,网络的平均度逐渐变小。这在图 5-9 中表现为,当阈值从 0.50 逐渐增大至 0.70 时,相应平均度的时间演化路径沿 y 轴方向从上向下移动,即网络的平均度逐渐变小,这与阈值越大网络越稀疏有关。

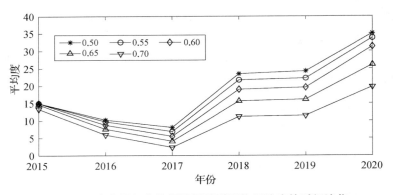

图 5-9 上市银行主体间股票关联网络平均度的时间演化

3. 平均路径长度的时间演化

由第 2 章可知,对于无权无向网络而言,节点 i' 和节点 j' 间的最短路径(shortest path)即测地路径,为连接节点 i' 和节点 j' 间最少边数的路径,此边数称之为测地距离。网络的平均长度则定义为网络中任意节点对间的距离的平均值。本书采用 Floyd 算法计算网络平均路径长度。由于当网络中存在两个互不连通的子网络时,两个网络之间的节点不相通,这些不连通的点会对计算结果产生影响,因此本书在计算平均路径长度时采用网络中的最大连通子图的平均路径长度。图 5-10 揭示了我国银行主体间股票关联网络在 2015—2020 年的平均路径长度的时间演化路径。

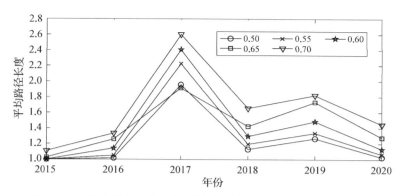

图 5 - 10　上市银行主体间股票关联网络平均路径长度的时间演化

由图 5 - 10 可知,我国银行主体间股票关联网络的平均路径长度整体上呈现出先升后降的趋势。具体而言,我国银行主体间股票关联网络的平均路径长度在 2015—2017 年呈逐年上升趋势,而随后表现出下降趋势,并在 2019 年有所回升,但整体上仍表现出下降趋势。平均路径长度的时间演变路径与图 5 - 7、图 5 - 8 及图 5 - 9 所揭示的内容具有一致性。由前述可知,2016 年和 2017 年,我国上市银行主体间股票关联性相对较弱,相应的股票关联网络变得相对稀疏,进而导致了较大的平均路径长度。同样,从阈值维度来看,不同阈值下,我国银行主体间股票关联网络的平均路径长度随着时间的变化而表现出相同的演化路径。这也表明我国银行主体间股票关联网络的平均路径长度的时间演变特征具有一定的稳定性。从图 5 - 10 中也可知,随着阈值的逐渐增大,网络的平均路径长度逐渐变大。这在图 5 - 10 中表现为,当阈值从 0.50 逐渐增大至 0.70 时(阈值 0.65 除外),相应平均路径长度的时间演化路径沿 y 轴方向从下向上移动,即网络的平均路径长度逐渐变大,这与阈值越大网络越稀疏有关。

此外,由图 5 - 10 可知,当阈值为 0.65 时,2017 年的股票关联网络的平均路径长度并没有介于阈值为 0.60 和阈值为 0.70 时的股票关联网络所对应的平均路径长度之间,而是在所有阈值中取得了最小的平均路径长度。2017 年,我国上市银行主体间股票关联性相对较弱。而当阈值为 0.60 时,存在两个银行社团,如图 5 - 11(a)所示,即由无锡银行、苏农银行、常熟银行、杭州银行、上海银行、江苏银行和贵阳银行等 7 家银行组成的较小的团体网络和由其余银行主体构成的较大的团体网络。较小的团体网络通过贵阳银行与较大的团体网络维持着联系。而当阈值为 0.65 时,由于阈值的提高,两个社团网络间的重要维系节点主体被排除在网络之外,两个社团网络被割裂,如图 5 - 11(b)所示。本节计算最短路径长度使用的是最大连通子图,进而导致了阈值为 0.65 时的我国银行主体间股票关联网络的平均路径长度相对较小。可见,阈值的选取对于银行主体间股票关联网络的构建十分重要。

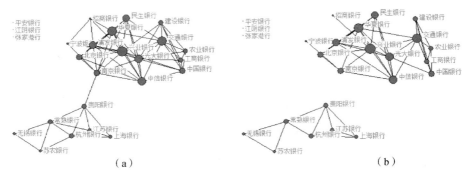

（a）　　　　　　　　　　　　　　　　（b）

图 5 - 11　2017 年我国上市银行主体间的股票关联网络(阈值为 0.60、0.65)

5.3　本章小结

本章使用不同数据,基于不同形式的金融关联,构建了我国银行主体间的关联网络。基于我国银行系统联合贷款数据,构建了 2012—2021 年我国银行主体间联合贷款网络,并对其网络结构特征演化进行了研究。与此同时,本章基于我国上市银行主体间的股票关联性构建了银行主体间股票关联网络,并对其结构特征进行了分析。具体而言:

① 5.1 节基于网络拓扑结构视角,首先,可视化了 2012—2021 年的联合贷款网络,联合贷款网络结构呈现核心—外围结构。其次,研究了我国银行主体间联合贷款网络的度分布特征的时间演变,研究表明,联合贷款网络的度分布呈现双幂律特征,具有一定的稳定性;而网络节点主体的贷款规模分布同样呈现出幂律特性。最后,呈现了联合贷款网络结构测度指标的时间演化路径,研究发现,网络平均度的波动范围较大,而平均聚类系数和平均路径长度的波动范围较小。

② 5.2 节首先分析了我国上市银行主体间的股票关联性,并基于我国上市银行主体间的股票关联性构建了银行主体间股票关联网络。具体而言,基于网络拓扑结构视角,可视化了 2015 年度不同阈值下的我国上市银行主体间股票关联网络,研究发现,阈值的选取对于上市银行主体间股票关联网络的结构影响较大。其次,可视化了 2015—2020 年我国上市银行主体

间的股票关联网络,股票关联网络拓扑结构呈现出较强的时变特征。最后,研究了我国上市银行主体间股票关联网络的结构特征演化,并对比分析了不同阈值下我国上市银行主体间股票关联网络拓扑结构测度指标的时间演变路径。研究表明,我国上市银行主体间股票关联网络拓扑结构测度指标的时间演变路径具有一定的稳定性。

第 6 章　基于 Agent 建模方法的仿真关联网络构建

第 4 章和第 5 章分别基于沪深 300 指数及我国银行主体间的相关数据,研究了关联主体间的实际网络构建,并通过所构建的实际关联网络分析了实际关联网络结构的动态演化。而实际关联网络无法揭示经济主体间关联关系动态的、内生的形成机制,且实际关联网络的构建受实际数据可获得性限制。在此情况下,基于 Agent 建模方法的仿真关联网络构建作为实际网络构建的另一个重要补充,可从微观视角揭示主体间关联关系的动态、内生建立,并突破实际网络构建的数据可获得性限制。为此,本章采用 Agent 建模方法构建关联主体间的仿真关联网络,并对该网络模型的涌现特征进行研究。此外,第 3 章、第 4 章和第 5 章的研究揭示了我国经济系统中也存在幂律现象,而本章将构建人工经济系统,分析微观主体间的交互作用,研究幂律特征的宏观涌现及形成机制,同时为后续章节 Agent 建模研究奠定基础。

6.1　模型构建

同时考虑银企主体间市场及企业主体间市场,本章搭建了人工经济系统。本节将从企业主体行为机制、银行主体行为机制、信贷关联转移机制及违约处理机制等四个方面来搭建人工系统,构建仿真网络模型。

6.1.1　企业主体行为机制

在每一个模拟时刻,企业主体从事生产、投资、分红、商业信贷等活动,一旦资金存在短缺,企业主体就会向银行主体寻求流动性支持,进而建立银企主体间信贷连接。以下将从企业主体的生产行为、分红与投资行为、银行信贷关联建立机制及更新机制等方面展开研究。

6.1.1.1　生产行为

用 $x=i,j$ 代表上下游部门企业主体,借鉴 Gatti 等(2010),则企业主体 x 受限于自身资产净值水平(A_{xt})的产量由式(6-1)表示,即:

$$Y_{xt}^d = \varphi A_{xt}^\beta \qquad (6-1)$$

其中,$\varphi > 1$;$0 < \beta < 1$;Y_{xt}^d 表示企业主体 x 受限于自身资产净值水平的最大生产能力。这是企业主体 x 可以达到的产量,但并非其实际产量。其实际产量取决于另一约束限制。主体 i 使用劳动(N_{it})和主体 j 的产出作为投入并通过里昂惕夫生产函数得到其所需要的相对应的中间投入数量(Q_{it});主体 i 采取商业信贷并支付利率的模式来获取上游部门企业主体的产出;上游部门企业主体的生产要素为劳动(N_{jt})投入;下游部门企业主体生产的最终产品将被完全售卖,不存在剩余,且最终价格是 μ_{it},随机抽取于范围为($\mu_{\min}, \mu_{\max}$)的均匀分布;设置主体 j 的产品销售价格是常数 P。基于此,主体 i 的产出 Y_{it} 与主体 j 的产出 Y_{jt} 的计算公式如式(6-2)及式(6-3)所示:

$$Y_{it} = \min(N_{it}/\delta_d, Q_{it}/\gamma) \qquad (6-2)$$

$$Y_{jt} = N_{jt}/\delta_u \qquad (6-3)$$

其中,$\delta_d > 0$;$\delta_u > 0$;$\gamma > 0$。

接下来将详细阐述上下游部门企业主体的生产及企业主体间商业信贷如何构建的问题。对于每一个模拟时刻,下游部门企业主体计算可以达到的生产水平为 $Y_{it}^d = \varphi A_{it}^\beta$,并依照所计算的生产量通过里昂惕夫生产函数得到其所需要的相对应的中间投入数量,向可为其提供最低商业信贷利率的上游部门企业主体发送产品需求,需求数量为 γY_{it}^d。令 r_{jt}^i 为主体 j 基于商业信贷而向主体 i 收取的利率,如式(6-4)所示(Gatti 等,2010):

$$r_{jt}^i = \alpha A_{jt}^{-\alpha} + \alpha(l_{it})^\alpha \qquad (6-4)$$

其中,$\alpha > 0$;l_{it} 是杠杆率。

主体 i 在寻求中间投入的过程中,当因主体 j 有限的生产能力而无法获得足够的中间投入数量时,其将向其他能够给自己提供较低商业信贷利率的上游部门企业主体寻找中间投入,直至其生产所需要的数量能够得到满足,或上游部门企业主体市场中再无多余生产能力,此时将导致下游部门企业主体 i 因为无法获得足够的中间投入数量而使其实际产量小于其最大产量。主体 j 的实际产出则受限于其最大生产能力及与其建立连接的主体

i 所需要的中间投入数量。当主体 j 的最大生产能力 φA_{jt}^{β} 小于众多与其建立连接的主体 i 所需要的总中间投入数量时,其按照最大生产能力进行生产并将其产出优先分配给具有较大资产净值的主体 i;否则,其将按照与其建立连接的主体 i 所需要的总中间投入数量安排生产,且所有主体 i 都获得了所需要数量的中间投入。

为构建企业主体间商业信贷网络,下游部门企业主体通过商业信贷(信用)方式获得上游部门企业主体的产出,商业信贷期限为 m,每期支付的商业信贷利率为 r_{jt}^i。基于此,在任意时刻 t,下游部门企业主体 i 的实际产量与其所耗用的实际劳动的函数表达式分别如式(6-5)及式(6-6)所示:

$$Y_{it}^r = \sum_{j \in \Psi_{it}} Q_{jt}^i / \gamma \tag{6-5}$$

$$N_{it}^r = \delta_d Y_{it}^r \tag{6-6}$$

其中,Q_{jt}^i 表示主体 j 提供的主体 i 的中间投入数量;Ψ_{it} 表示为主体 i 提供中间投入的上游部门企业主体集合。

上游部门企业主体的实际产量与其耗用的实际劳动的表达式分别如式(6-7)及式(6-8)所示:

$$Y_{jt}^r = \sum_{i \in \Phi_{jt}} Q_{jt}^i \tag{6-7}$$

$$N_{jt}^r = \delta_u Y_{jt}^r \tag{6-8}$$

其中,Φ_{jt} 表示 t 时刻主体 j 的客户主体集合。因此,$TP_{it} = P \times \sum_{s=0}^{m-1} \sum_{j \in \Psi_{it-s}} Q_{jt-s}^i$ 表示主体 i 在 t 时刻应付的总商业信贷额,相应支付的商业信贷利息则表示为 $P \times \sum_{s=1}^{m} \sum_{j \in \Psi_{it-s}} Q_{jt-s}^i r_{jt-s}^i$。与之相对应,主体 j 在 t 时刻应收的总商业信贷额表示为 $TR_{jt} = P \times \sum_{s=0}^{m-1} \sum_{i \in \Phi_{jt-s}} Q_{jt-s}^i$,相应收到的商业信贷利息则表示为 $P \times \sum_{s=1}^{m} \sum_{i \in \Phi_{jt-s}} Q_{jt-s}^i r_{jt-s}^i$。

6.1.1.2 分红与投资行为

接下来,考虑时刻 t 上下游部门企业主体 x 的分红与投资。上下游部门企业主体 x 的分红表示为 hA_{xt-1},其中 h 为分红比率;其新投资的函数表达式如式(6-9)所示:

$$I_{xt} = | V_{xt} + \sigma_1 \eta_t | \tag{6-9}$$

其中，$V_{xt} \sim |N(\mu_f, \sigma_f^2)|$，$\eta_t \sim N(0,1)$（Iori 等，2016）。上下游部门企业主体的投资期限是 τ_f，τ_f 期后获得随机收入 $\rho_{xt+\tau_f}$，且 $\rho_{xt+\tau_f} \sim N(\mu_{fr}, \sigma_{fr}^2)$（Thurner 和 Poledna，2010）。因此，在 t 时刻，可得到上下游部门企业主体 x 的总投资额为 $TI_{xt} = \sum_{s=0}^{\tau_f-1} I_{xt-s}$，相应的投资收益是 $I_{xt-\tau_f} \rho_{xt-\tau_f}$。

6.1.1.3　银行信贷关联建立机制

每一期，上下游部门企业主体预测下一期的收入与支出情况。当预期支出超过预期收入时，若上下游部门企业主体的流动性持有无法弥补该缺口，则上下游部门企业主体将向银行主体寻求流动性支持。主体 i 的预期资金收入所考虑的收入项目有：产品预期销售收入，表示为 $\mu_{fe} Y_{it}^r$，其中，μ_{fe} 为产品预期销售价格；前期投资预期收益 $[I_{it-(\tau_f-1)}\rho$，其中，ρ 代表预期投资回报率]及投资到期所收回的初始投资额。主体 i 的预期资金支出所考虑的支出项目有：商业信贷相关支出；雇佣工人的劳务支出，表示为 wN_{it}^r，其中，w 代表工资率；分红及预计投资支出；银行信贷相关支出。类似地，主体 j 的预期资金收入所考虑的收入项目有：商业信贷相关收入；前期投资预期收益 $[I_{jt-(\tau_f-1)}\rho]$ 及投资到期所收回的初始投资额。主体 j 的预期资金支出所考虑的支出项目有：银行借款相关支出；雇佣工人的劳务支出，表示为 wN_{jt}^r；分红及预计投资支出。上下游部门企业主体根据其预期收入、预期支出及自身的现金持有情况，测算资金缺口 FG_{xt}（$x=i, j$ 代表上下游部门企业主体），等于企业主体 x 预期支出剔除预期收入及自身现金持有后的余额。

令 r_{zt}^x 表示企业主体 x 向银行主体 z 申请银行贷款时银行主体 z 所收取的信贷利率，如式（6-10）所示：

$$r_{zt}^x = \alpha A_{zt}^{-a} + \alpha (l_{xt})^a \tag{6-10}$$

其中，A_{zt} 表示银行主体 z 的净资产。企业主体 x 根据式（6-10）判断其向银行获取信贷所支付的利率，向能够为其提供最低信贷利率的银行主体申请银行贷款。但该银行主体在其自身流动性受限而无法满足企业主体 x 的信贷需求时，企业主体 x 将继续向其他能够为其提供较低信贷利率的银行主体寻求流动性支持，直至其流动性需求得到满足或者银行市场中再无多余的流动性可提供给企业主体 x；在某一时刻 t，银行主体 z 可能同时收到多个上下游部门企业主体的贷款申请，当银行主体 z 的流动性无法满足上下游部门企业主体的流动性需求时，其将按照上下游部门企业主体的资产净值由大至小的顺序分配其流动性。令企业主体 x 的银行贷款期限为

n 期。为了便于表述,令 B_{zt}^x 表示 t 时刻上下游部门企业主体 x 从银行主体 z 处所获得的贷款金额,并用 Ψ_{xt}' 代表为上下游部门企业主体 x 提供银行信贷的银行主体集合。为此,可用 $TB_{xt} = \sum\limits_{s=0}^{n-1} \sum\limits_{z \in \Psi_x'} B_{zt-s}^x$ 表示上下游部门企业主体 x 从银行主体处获取的贷款量,此为上下游部门企业主体 x 在 t 时刻的贷款量;$\sum\limits_{s=1}^{n} \sum\limits_{z \in \Psi_x'} B_{zt-s}^x r_{zt-s}^x$ 表示利息支付额。

6.1.1.4　更新机制

上下游部门企业主体的现金持有及净资产的更新驱动着上下游部门企业主体在人工银企系统中不断演变,乃至被剔除出人工银企系统。上下游部门企业主体具有类似的更新机制。在初始时刻,$L_{x0} = A_{x0}$。系统运行后,下游部门企业主体 i 考虑如下要素更新其现金量:所生产的产品销售收入($\mu_{it} Y_{it}^r$)、前期投资所获得的收益以及到期收回的初始投资额、本期所进行的新的投资支出及分红支付、雇员的工资支付、银行借款与商业信贷的利息支付及相应的到期本金的偿付、本期银行借款导致的现金流入;上游部门企业主体 j 考虑如下要素更新其现金量:前期投资所获得的收益以及到期收回的初始投资额、雇员的工资支付、本期所进行的新的投资支出及分红支付、银行借款的利息支付及相应的到期本金的偿付、本期银行借款导致的现金流入、商业信贷的利息收入及相应的到期信贷的本金收回。在前述要素基础上,上下游部门企业主体进行现金更新。现金更新过程中,若更新后的现金为负值,上下游部门企业主体优先偿付债务,其将缩减本期投资以使得其现金持有为非负。令 L_{xt} 为上下游部门企业主体 x 经前述要素更新后的现金持有量,据此可更新上下游部门企业主体 x 的净资产。当 $x = i$ 时,$A_{it} = TI_{it} + L_{it} - TP_{it} - TB_{it}$;当 $x = j$ 时,$A_{jt} = TI_{jt} + L_{jt} + TR_{jt} - TB_{jt}$。

在计算实验仿真分析过程中,初始时刻设定企业主体具有相同的初始资产负债结构;系统运行后,当上下游部门企业主体的净资产小于等于 0,或上下游部门企业主体因银行主体流动性供给能力有限而不能通过借贷达到非负的流动性持有时,该上下游部门企业主体将被从人工银企系统中移除。为了减少新进入企业主体对系统的影响,新企业主体的净资产随机抽取于区间 $[0, A_{x0}]$(Gatti 等,2010;Thurner 和 Poledna,2013)。

6.1.2　银行主体行为机制

银行主体 z 在每一个模拟时刻 t,都会从事诸如支付存款利息、分红、投资,以及与企业主体建立信贷连接并为其提供相应贷款、更新现金及资产净值等活动。其中,对于银行主体 z 的资产方,由贷款(TFL_z)、投资(TI_z)和现金持有量(L_z)组成;对于银行主体 z 的负债方,由客户存款(D_z)及净资产(A_z)构成。银行主体 z 在任意模拟时刻 t 的贷款存量及投资总额如式(6-11)及(6-12)所示:

$$TFL_{zt} = \sum_{s=0}^{n-1} \sum_{x \in \Phi'_{zt-s}} B^x_{zt-s} \qquad (6-11)$$

$$TI_{zt} = \sum_{s=0}^{\tau_b-1} I_{zt-s} \qquad (6-12)$$

其中,Φ'_z 表示从信贷供给主体 z 处获得信贷支持的信贷需求主体所构成的集合;I_{zt} 表示银行主体 z 在 t 时刻进行的投资,且投资期限为 τ_b;投资 I_{zt} 由风险投资(I^r_{zt})和无风险投资(I^{rl}_{zt})两部分组成,即 $I_{zt} = I^r_{zt} + I^{rl}_{zt}$。风险投资的收益 ρ_{zt} 服从均值为 u_{br}、标准差是 σ_{br} 的正态分布,而无风险投资则获取无风险收益率 r_f。另外,使用随机游走来描述银行主体 z 的储户存款波动,其表达式(Georg,2013)如式(6-13)所示:

$$D_{zt} = (1 - \vartheta + 2\vartheta\theta) D_{zt-1} \qquad (6-13)$$

其中,θ 是随机变量,随机抽取于区间$[0,1]$;$\vartheta > 0$。在 t 时刻,银行主体发生存款利息支付,表示为 $r_{dp}D_{zt-1}$(r_{dp} 为储户存款利息)。

用 $\widetilde{L}_{zt}$、$\hat{L}_{zt}$、L_{zt} 表示银行主体 z 在任意模拟时刻 t 的现金持有量,$\widetilde{A}_{zt}$ 及 A_{zt} 表示 t 时刻的净资产。在每一个模拟时刻 t,基于银行主体 z 上期的现金持有情况 L_{zt-1},考虑如下影响因素对 L_{zt-1} 进行调整更新:存款变动情况(ΔD_{zt})及利息支出、投资收益及到期收回的初始投资额、贷款利息收入及本金的收回、经营成本支出$[c(A_{zt-1} + D_{zt-1}),0 < c < 1]$(Riccetti 等,2013)。考虑以上影响现金流量的要素对 L_{zt-1} 进行调整更新后,计算出银行主体 z 的最新现金持有量 $\widetilde{L}_{zt}$。为此,得到银行主体 z 的期间净资产如式(6-14)所示:

$$\widetilde{A}_{zt} = \widetilde{L}_{zt} + \sum_{s=1}^{\tau_b-1} I_{zt-s} + \sum_{s=1}^{n-1} \sum_{x \in \Phi'_{zt-s}} B^x_{zt-s} - D_{zt} \qquad (6-14)$$

经过上述现金影响因素更新后,若 $\widetilde{L}_{zt} > 0$,银行主体 z 将于 t 模拟时刻付出红利及进行新投资,且按以下原则进行操作:① 仅当 $\widetilde{A}_{zt}/D_{zt} > \chi$ 时,银行主体 z 在 t 时刻进行分红,分红数量为 DD_{zt};② 若银行主体 z 在 t 模拟时刻分红后,仍有剩余的流动性,其可进行新投资,投资数量为 I_{zt}。DD_{zt}、I_{zt} 表达式分别如式(6-15)及式(6-16)所示:

$$DD_{zt} = \max\left[0, \min\left(NetP_{zt}, \widetilde{L}_{zt} - \pi D_{zt}, \widetilde{A}_{zt} - \chi D_{zt}\right)\right] \quad (6-15)$$

$$I_{zt} = \min\left[\omega_{zt}, \max\left(0, \widetilde{L}_{zt} - DD_{zt} - \pi D_{zt}\right)\right] \quad (6-16)$$

其中，π 表示存款准备金率；$NetP_{zt}$ 表示净利润（$NetP = \widetilde{A}_{zt} - A_{zt-1}$）；$\omega_{zt}$ 为投资机会，其表达式如式（6-17）所示（Iori 等，2016）：

$$\omega_{zt} = |V_{zt} + \sigma_2 \eta_t| \quad (6-17)$$

其中，$V_{zt} \sim |N(\mu_b, \sigma_b^2)|$。

银行主体 z 的投资包括风险投资（I_{zt}^r）和无风险投资（I_{zt}^{rl}）两部分，即 $I_{zt} = I_{zt}^r + I_{zt}^{rl}$。其中，风险投资部分的占比表示为式（6-18）（Georg，2013），即：

$$\lambda_{zt} = \min\left(\frac{\mu_r}{\psi_z \sigma_r^2}, 1\right) \in [0, 1] \quad (6-18)$$

其中，μ_r 和 σ_r 分别表示预期收益率和标准差；ψ_z 随机抽取于区间 $[\psi_{\min}, \psi_{\max}]$，用于衡量银行主体 z 的风险厌恶程度。考虑银行主体 z 的分红与投资行为后，其现金流持有量的表达式如式（6-19）所示：

$$\hat{L}_{zt} = \widetilde{L}_{zt} - DD_{zt} - I_{zt} \quad (6-19)$$

当 $\hat{L}_{zt} > 0$ 时，银行主体 z 为信贷供给主体，能够与上下游部门企业主体建立信贷连接，出借相应的款项，$\hat{L}_{zt} - \pi D_{zt}$ 为银行信贷供给主体 z 能够对外提供的最大贷款额度。当上下游部门企业主体所发出的贷款申请总额不超过 $\hat{L}_{zt} - \pi D_{zt}$ 时，银行信贷供给主体 z 将满足所有向其寻求流动性支持的信贷需求主体的资金需求；反之，当信贷供给主体 z 收到的来自上下游部门企业主体的流动性需求总额超过 $\hat{L}_{zt} - \pi D_{zt}$ 时，银行主体 z 达到最大贷款额度界限即 $\hat{L}_{zt} - \pi D_{zt}$。此种情形下，银行主体 z 将按照上下游部门企业主体的资产净值由大至小的顺序分配其流动性。

基于此，银行主体 z 的现金持有及资产净值更新如式（6-20）及式（6-21）所示：

$$L_{zt} = \hat{L}_{zt} - \sum_{x \in \Phi'_{zt}} B_{zt}^x \quad (6-20)$$

$$A_{zt} = TFL_{zt} + TI_{zt} + L_{zt} - D_{zt} \quad (6-21)$$

在计算实验仿真分析过程中，当银行主体的净资产小于等于 0 或其现金流量小于 0 时，其将被从人工银企系统中移除。同前述处理，为减少新进入主体对系统的影响，新银行主体的净资产随机抽取于区间 $[0, A_{z0}]$。

6.1.3　信贷关联转移机制

6.1.1.1 及 6.1.1.3 论述了上下游部门企业主体间的商业信贷关联、上下游部门企业主体与银行主体间的银行信贷关联的建立,但该关联关系的建立需要动态调整。一般情况下,考虑到信息不对称和节约交易成本等因素,各主体与其旧交易对手(熟悉的交易对手)的关系更加稳固。为此,当经济主体间建立信贷关联后,在后续时段彼此仍将优先保持合作;但当新的潜在的信贷供给主体(随机抽取于可贷主体数量的一定比率 M,从中选取可设定最小利率的信贷供给主体)的利率定价更低时,信贷需求主体有可能向新的信贷供给主体寻求信贷支持,从而发生信贷关联关系的转移。信贷关联关系转移概率 P_s 的表达式(Gatti 等,2010)如式 (6-22)所示:

$$P_s = 1 - e^{\lambda(r_{new} - r_{old})/r_{new}} \quad (r_{new} < r_{old}) \qquad (6-22)$$

其中,r_{new}、r_{old} 表示信贷供给主体向信贷需求主体所收取的信贷利率(银行贷款利率或商业信贷利率),前者对应新交易对手,后者对应旧交易对手。

6.1.4　违约处理机制

在人工银企系统动态演化过程中,上下游部门企业主体会不断更新其资产净值。当上下游部门企业主体的净资产小于 0 时,其将发生信贷偿还违约行为,为其提供信贷支持的经济主体的净资产将因无法全额收回相应信贷资产而遭受侵蚀。考虑至此,需在前述上下游部门企业主体行为更新机制基础上,引入上下游部门企业主体的违约行为,考虑其违约行为引发的风险溢出,对相关经济主体的现金及净资产进行相应更新。在每一个模拟时刻 t,令 $LD_{x''|xt}$ 表示当上下游部门企业主体 $x(x=i,j)$ 发生破产违约行为时而给其信贷供给主体 $x''(x''=j,z)$ 造成的不良损失,则 $LD_{x''|xt}$ 的计算公式如式(6-23)所示:

$$LD_{x''|xt} = OL_{x''t}^{x} \times LR_{xt} \qquad (6-23)$$

其中,$LR_{xt} = \min(-A_{xt}/TL_{xt}, 1)$ 为上下游部门企业主体违约时而给其信贷供给主体造成的信贷损失率;TL_{xt} 为上下游部门企业主体在 t 时刻的全部负债;$OL_{x''t}^{x}$ 表示信贷供给主体 x'' 对于信贷需求主体 x 的敞口信贷。至此,可计算任意模拟时刻 t,信贷需求主体 x 因发生破产违约行为而给其信贷供给主体 x'' 造成的坏账 $Bad_{x''t}$，函数表达如式(6-24)所示：

$$Bad_{x''t} = \sum_{x \in \Phi_{x''}^{bad}} LD_{x''|xt} \qquad (6-24)$$

其中，$\Phi_{x''}^{bad}$ 为从信贷供给主体 x'' 处获得信贷支持的上下游部门企业主体 x 中发生破产违约情形的主体集合。

前述小节没有考虑坏账对信贷供给主体净资产及现金持有的影响，此处将考虑上下游部门企业主体由于发生破产违约行为而给信贷供给主体造成的影响。坏账对信贷供给主体产生的影响将从两方面来调整。首先，对信贷供给主体 x'' 的净资产进行调整，直接从信贷供给主体 x'' 的净资产中扣减相应坏账。其次，调整信贷供给主体的现金(或流动性)。信贷供给主体按照前述违约处理机制，测算可收回的债务金额，据此对 L_{jt} 或 $\widetilde{L}_{zt}$ 进行调整。

6.2　仿真分析

所构建的人工银企系统由 200 个下游部门企业主体、100 个上游部门企业主体及 100 个银行主体构成。在仿真系统运行的初始时刻，设定经济主体间关联关系的建立是随机进行的，以便系统可以初始化运行，而在随后时刻经济主体间关联关系的建立将遵循 6.1 节中所述机制内生建立。每次模拟运行 1 000 步长，为实现模型的初始化，将前 200 期的运行用作人工银企系统的初始化，取后 800 期作为研究对象(Riccetti 等，2 013)，且 $A_{x0}=1$，$L_{x0}=1, A_{z0}=2, D_{z0}=8, L_{z0}=10$。借鉴 Iori 等(2006)、Gatti 等(2010)、Georg(2013) 的研究成果，主要参数设置如下：$\alpha=0.01, \varphi=2, \beta=0.95$，$\mu_{fr}=0.3, \sigma_{fr}=1, w=1, \mu_{fe}=1, c=0.009, \vartheta=0.02, \chi=0.3, \mu_{br}=0.06$，$\sigma_{br}=0.5, m=2, \tau_f=\tau_b=10, \lambda=1, M=0.1, \delta_d=0.5, \delta_u=1, \mu_f=0.01$，$\sigma_f=0.02, \sigma_1=0.01, P=1, h=0.005, \rho=0.3, \mu_{\min}=0.4, \mu_{\max}=1.6, \gamma=0.5, \pi=0.2, \mu_b=0.1, \sigma_b=0.5, \sigma_2=0.2, \mu_r=0.1, \sigma_r=0.2, n=12, \psi_{\min}=1.67, \psi_{\max}=5$。

本章所构建的人工银企系统同时引入两大市场，通过引入企业主体间及银企主体间市场搭建内生信贷网络模型，通过数值模拟结果可视化上下游部门企业主体间商业信贷关联及银企主体间的银行信贷关联，绘制企业主体间的商业信贷网络和银企主体间银行信贷网络,如图 6-1 和图 6-2 所示。在图 6-1 和图 6-2 中,用圆圈符号、上三角号和下三角号来表示银行主体、上游部门企业主体和下游部门企业主体。图中节点符号的大小根据该节点的度的大小来绘制。从图 6-1 和图 6-2 中可以发现,图中所示网络的大多数节点的度较小,仅存在少量节点有较高的度。所构建的模型可从微观主体交互视角来分析人工系统中幂律现象的形成机制。在人工银企系统的动态运行中,根据前述经济主体行为机制,具有较高净资产水平的主体更具能力设定较小的利率,可吸引较多交易对手,进而获得较高的销售收入和利润。这将使信贷供给主体达到更高的资本积累和净资产水平,并具备更强的较小利率的设定能力,从而建立较多的信贷关联,引发具有较高的度和较高的净资产水平的节点主体的出现,进而在宏观层面上涌现出幂律现象。

　　图 6-3(a)至图 6-3(d)揭示了人工银企系统所涌现的宏观特征。图 6-3(a)至图 6-3(c)分别揭示了以资产、收入及雇员数为测度指标的企业主体规模分布特征。由图 6-3(a)至图 6-3(c)可知,当企业主体的规模以资产、收入、雇员数进行测度时,均呈现出幂律尾部,分别对应指数为 0.913 8、1.010 7、0.956 1 的幂律分布。此外,第 4 章对我国银企主体规模分布的幂律特征进行了研究,发现了幂律尾部特征的存在。所构建的模型涌现了该特征,且其幂指数波动范围内含于我国企业主体规模幂律分布指数范围。图 6-3(d)揭示了银企主体间信贷网络中银行主体度的累积分布。由图 6-3(d)可知,银行主体度的累积分布存在两个区域,可由两条直线来进行拟合,即度分布呈现双幂律分布。而 Souma 等(2003)对银企主体间信贷网络的度分布进行了研究,发现了银行主体度分布的双幂律特征。此外,由第 4 章和第 5 章的实际网络结构特征可知,基于我国经济主体间关联数据而构建的实际关联网络呈现出度分布的双幂律特性,而本章所构建的内生网络模型也发现了该特征。

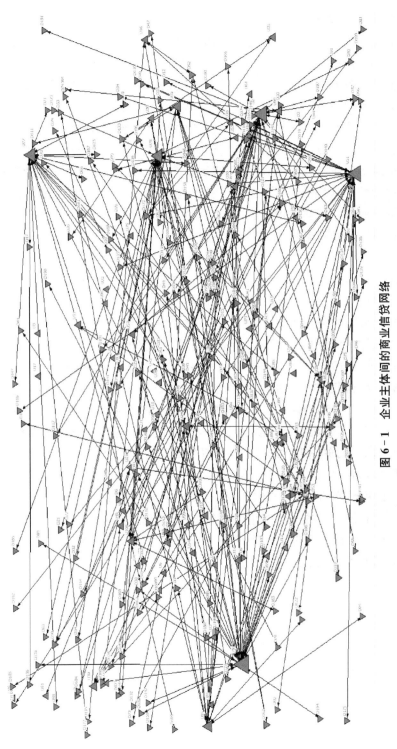

图 6-1　企业主体间的商业信贷网络

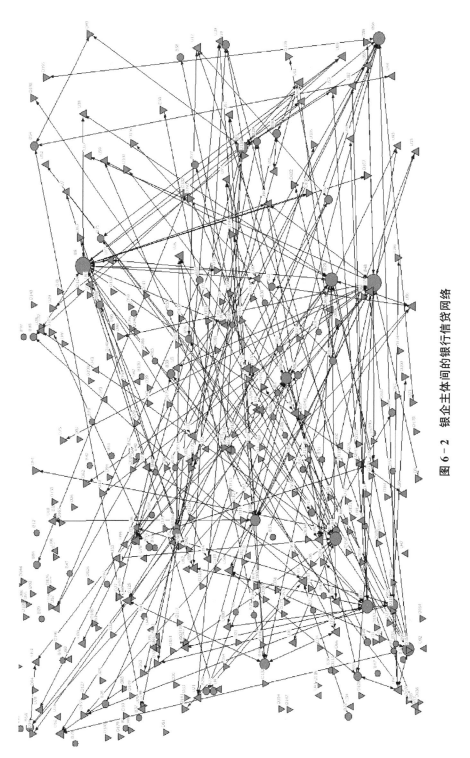

图 6-2　银企主体间的银行信贷网络

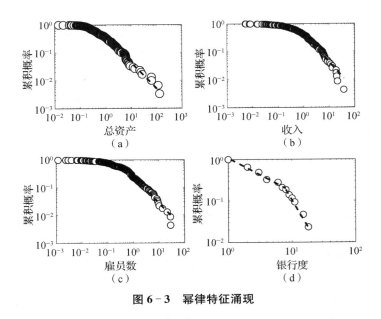

图 6-3　幂律特征涌现

6.3　本章小结

本章构建了同时考虑银企主体间市场和企业主体间市场的内生信贷网络模型,借助计算实验分析了内生模型的涌现特征。研究揭示:① 当企业主体的规模以资产、收入、雇员数进行测度时,均呈现出幂律尾部;② 银行度的累积分布存在两个区域,可由两条直线来进行拟合,即度分布呈现双幂律分布,这与我国经济系统中主体间关联网络所呈现出的幂律特征相符合;③ 所构建的模型可从微观主体交互视角来分析人工系统中幂律现象的形成机制。在人工银企系统的动态运行中,根据经济主体行为机制,具有较高净资产的信贷供给主体能够为信贷需求主体提供相对低的信贷利率,从而引发较多的信贷需求主体与之建立银行信贷或商业信贷连接,使得信贷供给主体形成较高的度。这可使信贷供给主体达到较高的利润积累及净资产水平,从而更有能力降低信贷需求主体的信贷利率,进一步引发更多的信贷需求主体与之建立信贷连接,并引发具有更高的度和更大净值的节点主体的出现,进而在宏观层面上涌现出幂律现象。

第 3 部分

单网络视角下关联主体间
风险溢出效应研究

本部分的单网络含信贷单网络和担保单网络。信贷单网络由经济主体间的信贷关联构建而成,担保单网络则由经济主体间的担保关联构建而成。其中,信贷单网络又分为外生信贷单网络和内生信贷单网络。外生和内生是指主体间连接(网络的边)的建立方式,前者为外生给定,后者则由经济主体根据实际情况自行决定。由第1部分可知,目前网络视角下的风险溢出效应研究多基于信贷网络,但经济主体间具有多种关联方式。对此,本部分在第2部分网络构建研究基础上,进一步研究与信贷关联紧密相关的另一类金融关联——担保关联,分析其对关联主体间风险溢出效应的影响。本部分共由2章组成:第7章首先以外生方式构建银行主体间信贷网络模型,研究外生信贷单网络视角下关联主体间的风险溢出效应问题,并分别在个体冲击和系统冲击情形下,推导降低银行主体间风险溢出效应的网络结构连通性的临界值,提出提升银行系统稳定性的措施。其次,基于主体间的自我决策机制,以内生方式构建了银行主体间信贷网络模型。基于所构建的模型,从网络结构和主体行为两个视角研究信贷单网络视角下的关联主体间风险溢出效应。第8章则基于主体间的担保关联建立担保单网络模型,对模型涌现特征进行研究,并从担保机制及主体行为等方面研究关联主体间风险溢出效应。

第7章 信贷单网络视角下关联主体间风险溢出效应研究

在不断发展的经济全球化背景下，主体间的经济关联越来越紧密，因此，形成了多样且复杂的主体关联网络。在经济发展过程中，虽然主体间的关联网络发挥了重要的作用，但同时也为关联主体间的风险溢出效应提供了传播渠道。为此，本章基于经济主体间的信贷关联，从网络外生和内生两个视角，研究信贷单网络视角下关联主体间风险溢出效应。

7.1 基于外生信贷单网络模型的风险溢出效应研究

由第1章1.2节中的相关研究现状可知，众多学者开始使用网络理论及方法来研究关联主体间的风险溢出效应。但是，由于关联主体间风险溢出效应的相关实际数据可获得性并不是很高，加之实证研究方法不能较好地揭示风险溢出效应的内在机制（Upper，2011），因而涌现了较多文献使用仿真分析方法研究关联主体间的风险溢出效应（许博和刘鲁，2011；欧阳红兵和刘晓东，2014；王晓枫等，2015；王宗尧和隋聪，2016；Zhu等，2018；王超等，2019）。目前基于仿真方法的风险溢出效应研究取得了较好的成果，为本书研究的开展奠定了基础。本节采用理论推导与仿真分析相结合的方式，研究外生信贷单网络视角下关联主体间风险溢出效应问题。

7.1.1 外生信贷单网络模型构建

所构造的人工银行系统含有 $\vec{N} = \{1, \cdots, \vec{n}\}$ 个银行主体。银行主体间因流动性管理需求而通过银行主体间市场进行拆借和拆出，从而形成银行主体间的信贷关联网络。每个银行主体 z 的资产方由两部分组成，即银行贷款（资金出借）$\vec{l}_z$ 和对外投资 $\vec{e}_z$；银行主体 z 的负债方则由银行借款（资金借入)$\vec{b}_z$、储户存款$\vec{d}_z$及资产净值$\vec{w}_z$组成。假设银行主体z的资产负债表结构是相同的,在初始时刻,设定银行主体z的总资产为$\vec{a}_z$,并令$\vec{\theta}$为银行主体间市场资金拆出比率,可得$\vec{l}_z=\vec{\theta}\vec{a}_z$,为此,$\vec{e}_z=(1-\vec{\theta})\vec{a}_z$。为了计算负债方结构,设定$\vec{\lambda}$为银行主体$z$的核心资本充足率,那么,可得到银行主体$z$在初始时刻的资产净值为$\vec{w}_z=\vec{\lambda}(1-\vec{\theta})\vec{a}_z$,进而有$\vec{d}_z=\vec{a}_z-\vec{w}_z-\vec{b}_z=\dfrac{1-\vec{\lambda}(1-\vec{\theta})}{\vec{\theta}}\vec{l}_z-\vec{b}_z$。

为确定人工银行系统中每个银行主体的借入资金和贷出资金的数量及交易对象,引入两个矩阵,即保存银行主体间信贷关联关系的邻接矩阵($B_{\vec{N}\times\vec{N}}$)及存储银行主体间资金借入和贷出明细的资金矩阵($L_{\vec{N}\times\vec{N}}$)。对于$B_{\vec{N}\times\vec{N}}$中的矩阵元素而言,只有0和1两个取值。对任意两个银行主体$\vec{z}$和$\vec{z}'$,满足$\vec{z},\vec{z}'\in\vec{N}$且$\vec{z}\neq\vec{z}'$,则当$B_{\vec{z}\vec{z}'}=1$时,表示银行主体$\vec{z}'$出借资金给银行主体$\vec{z}$,存在信贷关联;而当$B_{\vec{z}\vec{z}'}=0$时,银行主体$\vec{z}'$和银行主体$\vec{z}$间不存在信贷关联。得到银行主体间的邻接矩阵后,可以计算某一银行主体的出度和入度。此处定义银行主体$\vec{z}$的入度是指向银行主体$\vec{z}$提供银行间贷款的银行主体数量之和,而银行主体$\vec{z}$的出度是指从银行主体$\vec{z}$处获得银行间贷款的银行主体数量之和,即$k_{\vec{z}}^{in}=\sum_{\vec{z}'=1}^{\vec{N}}B_{\vec{z}\vec{z}'}$,$k_{\vec{z}}^{out}=\sum_{\vec{z}'=1}^{\vec{N}}B_{\vec{z}'\vec{z}}$。对于资金矩阵$L_{\vec{N}\times\vec{N}}$中的元素,令$l_{\vec{z}\vec{z}'}\in L_{\vec{N}\times\vec{N}}$表示银行主体$\vec{z}$从银行主体$\vec{z}'$处所获得的资金出借数量,则有$\vec{l}_{\vec{z}}=\sum_{\vec{z}'\neq\vec{z}}l_{\vec{z}'\vec{z}}$,$\vec{b}_{\vec{z}}=\sum_{\vec{z}'\neq\vec{z}}l_{\vec{z}\vec{z}'}$。出于简化目的,设定银行主体$\vec{z}$发放贷款时,按与其建立信贷关联关系的资金需求主体的数量均分其银行间市场的总拆出贷款,可得$l_{\vec{z}\vec{z}'}=\dfrac{\vec{\theta}\vec{a}_{\vec{z}'}}{k_{\vec{z}'}^{out}}B_{\vec{z}\vec{z}'}$。

银行主体$\vec{z}$对外进行投资,获取投资收益。设外部投资收益为$\vec{r}$。当$\vec{r}>1$时,表示投资获得正的收益,此时银行主体$\vec{z}$可以偿还所有借款,即其实际偿还的贷款金额为$\vec{x}_{\vec{z}}=\vec{b}_{\vec{z}}$;而当$\vec{r}<1$时,表示投资亏损,此时银行主体$\vec{z}$更新自身现金流量,收回在银行主体间市场发放的贷款,并优先支付储户存款,剩余部分将用于偿还银行主体间市场借款。据此,银行主体$\vec{z}$在上述两种情形下实际偿还的贷款金额可表示为式(7-1),即:

$$\vec{x}_{\vec{z}}=\min\left[\vec{b}_{\vec{z}},\sum_{\vec{z}'=1}^{\vec{N}}\dfrac{l_{\vec{z}'\vec{z}}}{\vec{b}_{\vec{z}'}}\vec{x}_{\vec{z}'}+\vec{e}_{\vec{z}}\vec{r}-\vec{d}_{\vec{z}}\right]^{+} \tag{7-1}$$

待所有银行主体完成投资收益确认及贷款偿付之后,银行主体 $\vec{z}$ 的资产净值更新为 $\vec{w_z} = \sum_{\vec{z}'=1}^{N} \frac{l_{\overrightarrow{z'z}}}{\vec{b_{z'}}} \vec{x_{z'}} + \vec{e_z}\vec{r} - \vec{d_z} - \vec{x_z}$,当 $\vec{w_z} > 0$ 时,银行主体 $\vec{z}$ 为非破产状态;当 $\vec{w_z} \leqslant 0$ 时,银行主体 $\vec{z}$ 为破产状态。

7.1.2 风险溢出机制

研究中设定银行主体为同质的,则满足 $k_{\vec{z}}^{in} = k_{\vec{z}}^{out}$。由于银行主体平均分配其资金给其债务银行主体,根据 $l_{\overrightarrow{zz'}}$ 的计算公式,则银行主体 $\vec{z}$ 的借贷数量将相等,即 $\vec{b_z} = \vec{l_z} = \vec{\theta} \vec{a}$,至此,银行主体 $\vec{z}$ 的真实债务偿还量可以写为:

$$\vec{x_z} = \min\left[\vec{\theta}\vec{a}, \sum_{\vec{z}'=1}^{N} \frac{l_{\overrightarrow{z'z}}}{\vec{b_{z'}}}\vec{x_{z'}} + \vec{e_z}\vec{r} - \vec{d_z}\right]^+ \qquad (7-2)$$

简化后可得:

$$\vec{x_z} = \min\left[\vec{\theta}\vec{a}, (1-\vec{\theta})(\vec{\lambda} + \vec{r} - 1)\vec{a} + \sum_{\overrightarrow{z'\leftarrow z}}^{N} \frac{\vec{x_{z'}}}{k_{\vec{z}'}^{out}}\right]^+ \qquad (7-3)$$

首先,分析单个银行主体遭受冲击时的情形。设银行主体 $\vec{z}$ 受冲击影响,投资回报为 $\vec{r}'$,并设定 $x_{\vec{z}}^{\vec{d}}$ 表示与被冲击银行主体 $\vec{z}$ 建立了信贷连接且贷款距离为 $\vec{d}$ 的所有银行主体对冲击主体的债务偿还量,那么,对于被冲击方,其债务偿还量为:

$$x_{\vec{z}}^0 = \left[(1-\vec{\theta})(\vec{\lambda} + \vec{r}' - 1)\vec{a} + \frac{c_0 x_{\vec{z}}^1 + (k_{\vec{z}}^{out} - c_0)\vec{\theta}\vec{a}}{k_{\vec{z}}^{out}}\right]^+ \qquad (7-4)$$

其中,c_0 为借款者,也是被冲击者的债权方的数量。

设定 $\vec{N}' = (\vec{z}' \mid B_{\overrightarrow{zz'}} = 1)$ 表示与被冲击银行主体 $\vec{z}$ 的贷款距离为 1 的所有银行主体的集合,则对于银行主体 $\vec{z}' \in \vec{N}'$,其债务偿还量为:

$$x_{\vec{z}}^1 = \min\left[\vec{\theta}\vec{a}, (1-\vec{\theta})(\vec{\lambda} + \vec{r} - 1)\vec{a} + \frac{x_{\vec{z}}^0 + c_1 x_{\vec{z}}^1 + (k_{\vec{z}'}^{out} - c_1 - 1)\vec{\theta}\vec{a}}{k_{\vec{z}'}^{out}}\right]$$

$$(7-5)$$

其中,c_1 为属于集合 $\vec{N}'$ 的银行主体 $\vec{z}'$ 的债务银行主体数量。

令 $\vec{k}$ 表示仅被冲击银行主体恰好破产时每个银行主体的交易对手数量,并且此时其他银行主体均可完全偿还债务,那么 $k^{in} = k^{out} = \vec{k}$,且有 $x_{\vec{z}}^1 =$

$\vec{\theta}\,\vec{a}$,则式(7-4)可化简为:

$$
x_{\vec{z}}^{0}=\begin{cases}(1-\vec{\theta})(\vec{\lambda}+\vec{r}'-1)\vec{a}+\vec{\theta}\,\vec{a}, & \vec{r}'\geqslant 1-\vec{\lambda}-\dfrac{\vec{\theta}}{1-\vec{\theta}}\\[3mm] 0, & \vec{r}'<1-\vec{\lambda}-\dfrac{\vec{\theta}}{1-\vec{\theta}}\end{cases} \tag{7-6}
$$

根据式(7-5)可进一步得:

$$
(1-\vec{\theta})(\vec{\lambda}+\vec{r}-1)\vec{a}+\frac{x_{\vec{z}}^{0}+(\vec{k}-1)\vec{\theta}\,\vec{a}}{\vec{k}}=\vec{\theta}\,\vec{a} \tag{7-7}
$$

根据式(7-6)和式(7-7)可得:

$$
\vec{k}=\begin{cases}\dfrac{\vec{\lambda}+\vec{r}'-1}{\vec{\lambda}+\vec{r}-1}, & \vec{r}'\geqslant 1-\vec{\lambda}-\dfrac{\vec{\theta}}{1-\vec{\theta}}\\[4mm] \dfrac{\vec{\theta}}{(1-\vec{\theta})(\vec{\lambda}+\vec{r}-1)}, & \vec{r}'<1-\vec{\lambda}-\dfrac{\vec{\theta}}{1-\vec{\theta}}\end{cases} \tag{7-8}
$$

其次,分析多个银行主体遭受冲击时的情形。在此种冲击下,多个银行主体的外部投资将失败,设定该类银行主体所占比率为$\vec{a}$,则对于受到冲击的银行主体$\vec{z}$,则有:

$$
x_{\vec{z}}^{0}=\left[(1-\vec{\theta})(\vec{\lambda}+\vec{r}'-1)\vec{a}+\frac{c_{0}x_{\vec{z}}^{0}+c_{1}x_{\vec{z}}^{1}+(k_{\vec{z}}^{out}-c_{0}-c_{1})\vec{\theta}\,\vec{a}}{k_{\vec{z}}^{out}}\right]^{+} \tag{7-9}
$$

其中,c_{0}代表被冲击银行主体同样是银行主体$\vec{z}$的债务银行主体的数量;c_{1}为银行主体$\vec{z}$的债务银行主体同时为其债权银行主体的数量。

同样,设定$\vec{N}'=(\vec{z}'\mid B_{\vec{z}\vec{z}'}=1)$代表与被冲击银行主体$\vec{z}$贷款距离是1的银行主体集合,那么,对于银行主体$\vec{z}'\in\vec{N}'$,其债务偿还量为:

$$
x_{\vec{z}}^{1}=\min\left[\vec{\theta}\,\vec{a},(1-\vec{\theta})(\vec{\lambda}+\vec{r}-1)\vec{a}+\frac{(c_{2}+1)x_{\vec{z}}^{0}+c_{3}x_{\vec{z}}^{1}+(k_{\vec{z}'}^{out}-c_{2}-c_{3}-1)\vec{\theta}\,\vec{a}}{k_{\vec{z}'}^{out}}\right] \tag{7-10}
$$

其中,c_{2}为被冲击银行主体是银行主体$\vec{z}'$的债务银行主体的数量;c_{3}表示属于集合$\vec{N}'$的银行主体$\vec{z}'$的债务银行主体数量。

定义$\vec{k}$为仅被冲击银行主体刚好破产时,每个银行主体的交易对手数量,那么,$x_{\vec{z}}^{1} = \vec{\theta}\vec{a}$。此种情形下,被冲击银行的债务偿还量可整理为:

$$
x_{\vec{z}}^{0} = \begin{cases} \dfrac{(1-\vec{\theta})(\vec{\lambda}+\vec{r}'-1)}{\vec{k}-c_0}\vec{a}\vec{k} + \vec{\theta}\vec{a}, & \vec{r}' \geqslant 1-\vec{\lambda}-\dfrac{\vec{\theta}(\vec{k}-c_0)}{(1-\vec{\theta})\vec{k}} \\ 0, & \vec{r}' < 1-\vec{\lambda}-\dfrac{\vec{\theta}(\vec{k}-c_0)}{(1-\vec{\theta})\vec{k}} \end{cases}
$$

$$(7-11)$$

同时:

$$
(1-\vec{\theta})(\vec{\lambda}+\vec{r}-1)\vec{a} + \dfrac{(c_2+1)x_{\vec{z}}^{0}+(\vec{k}-c_2-1)\vec{\theta}\vec{a}}{\vec{k}} = \vec{\theta}\vec{a}
$$

$$(7-12)$$

由式(7-11)和式(7-12)可得:

$$
\vec{k} = \begin{cases} c_0 - \dfrac{\vec{\lambda}+\vec{r}'-1}{\vec{\lambda}+\vec{r}-1}(c_2+1), & \vec{r}' \geqslant 1-\vec{\lambda}-\dfrac{\vec{\theta}(\vec{k}-c_0)}{(1-\vec{\theta})\vec{k}} \\ \dfrac{\vec{\theta}(c_2+1)}{(1-\vec{\theta})(\vec{\lambda}+\vec{r}-1)}, & \vec{r}' < 1-\vec{\lambda}-\dfrac{\vec{\theta}(\vec{k}-c_0)}{(1-\vec{\theta})\vec{k}} \end{cases} \quad (7-13)
$$

设定银行主体间的信贷关联网络为外生的随机网络,则 c_0 和 c_2 均服从二项分布,则有:

$$
p(c_0) = C_{\vec{k}}^{c_0}\left(\dfrac{\vec{\alpha}\vec{N}-1}{\vec{N}-1}\right)^{c_0}\left(1-\dfrac{\vec{\alpha}\vec{N}-1}{\vec{N}-1}\right)^{\vec{k}-c_0} \tag{7-14}
$$

$$
p(c_2) = C_{\vec{k}-1}^{c_2}\left(\dfrac{\vec{\alpha}\vec{N}-1}{\vec{N}-2}\right)^{c_2}\left(1-\dfrac{\vec{\alpha}\vec{N}-1}{\vec{N}-2}\right)^{\vec{k}-1-c_2} \tag{7-15}
$$

可得 $E(c_0) = \vec{k}\dfrac{\vec{\alpha}\vec{N}-1}{\vec{N}-1}, E(c_2) = (\vec{k}-1)\dfrac{\vec{\alpha}\vec{N}-1}{\vec{N}-2}$。至此,式(7-13)可

变为:

$$
\vec{k} = \begin{cases} \dfrac{\dfrac{\vec{\alpha}\vec{N}-\vec{N}-1}{\vec{N}-2}\times\dfrac{\vec{\lambda}+\vec{r}'-1}{\vec{\lambda}+\vec{r}-1}}{1-\dfrac{\vec{\alpha}\vec{N}-1}{\vec{N}-1}+\dfrac{\vec{\alpha}\vec{N}-1}{\vec{N}-2}\times\dfrac{\vec{\lambda}+\vec{r}'-1}{\vec{\lambda}+\vec{r}-1}}, & \vec{r}' \geqslant 1-\vec{\lambda}-\dfrac{\vec{\theta}(1-\vec{\alpha})\vec{N}}{(1-\vec{\theta})(\vec{N}-1)} \\ \\ \dfrac{\vec{\theta}(\vec{N}-\vec{\alpha}\vec{N}-1)}{(1-\vec{\theta})(\vec{\lambda}+\vec{r}-1)(\vec{N}-2)-\vec{\theta}(\vec{\alpha}\vec{N}-1)}, & \vec{r}' < 1-\vec{\lambda}-\dfrac{\vec{\theta}(1-\vec{\alpha})\vec{N}}{(1-\vec{\theta})(\vec{N}-1)} \end{cases}
$$

$$(7-16)$$

7.1.3 基于外生信贷单网络的风险溢出效应仿真分析

仿真分析所使用的软件是 Matlab 软件。仿真分析过程中,设置银行主体数量 $\vec{N}=50$,设定银行主体是同质的,仿真初始时,设资产 $\vec{a}=1$。仿真过程中,设定银行主体外部投资种类具有异质性,且投资种类 $\vec{m}=50$,每类外部资产仅被一家银行主体持有。根据我国银行监控指标,银行主体的拆入及拆出占比分别不得大于 0.04 及 0.08。除银行主体间同业拆借外,银行主体间的相互持股同样占比较大。Elliott 等(2014)指出,银行主体间交叉持股比率为 0.5。为此,本章将同时考虑同业拆借比率及交互持股比率,并设置 $\vec{\theta}=0.3$。参考我国实际情况,$\vec{\lambda}=0.7$,$\vec{r}=1.05$,$\vec{a}=0.1$。仿真分析过程中,改变每个银行主体的平均交易对手数量,进而建立不同的银行主体间随机网络,对系统中的银行主体进行单个冲击或一定比率冲击,重复以上过程 1 000 次,并取银行主体破产数量的平均值作为研究对象。

图 7-1 揭示了不同冲击类型下的平均交易对手数量对系统中银行主体破产数量的影响,图中每个银行主体的平均交易对手数衡量了网络结构的连通性水平。其中,图 7-1(a)为个体冲击下的交易对手数量对银行主体破产数量的影响,而图 7-1(b)则为一定比率冲击下交易对手数量对银行主体破产数量的影响。由图 7-1(a)及图 7-1(b)可知,随着平均交易对手数量的增加,系统中银行主体破产数量呈现先上升而后下降的趋势。这说明存在一个阈值,当交易对手数量小于该阈值时,网络结构连通性的风险溢出效应起主要作用;而当交易对手数量大于该阈值时,网络结构连通性的风险分散效应起主要作用。

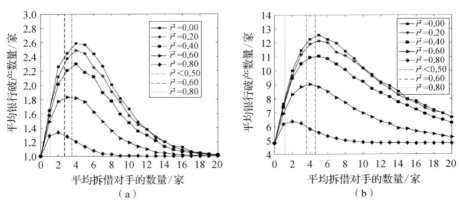

图 7-1 不同冲击下拆借对手的数量与破产银行的数量

需要注意的是,网络结构连通性临界值的大小与系统受到的冲击范围及大小有关。由前述推导过程可知,无论是单个银行主体遭受冲击的情形还是一定比率的银行主体遭受冲击的情形,在冲击风险位于低水平时,临界值与风险正相关;而当风险大于一定水平时,临界值则保持稳定,图 7-1(a)及图 7-1(b)对此进行了揭示。从图 7-1(a)中可以发现,在单个银行主体遭受冲击的情形下,当冲击风险水平较高使得 $\vec{r}' < 0.50$ 时,交易对手数量的临界值均为 4,这与前述理论模型所推导的结果 $\bar{k} = 3.5$ 较为接近;随着风险的减小,如当 $\vec{r}' = 0.60$ 和 $\vec{r}' = 0.80$ 时,临界值等于 3 和 2,这与前述理论模型所推导的结果 $\bar{k} = 2.7$ 和 $\bar{k} = 1.1$ 相近。同时,图 7-1(b)则揭示,当 $\vec{r}' < 0.50$ 时,临界值均等于 5,这与前述理论模型所推导的结果 $\bar{k} = 4.6$ 相近;而对于 $\vec{r}' = 0.60$ 及 $\vec{r}' = 0.80$ 的情况,临界值分别等于 4 和 2,这与前述理论模型所推导的结果 $\bar{k} = 3.6$ 和 $\bar{k} = 1.2$ 相近。可见,在不同的冲击情形下,银行网络结构的连通性影响银行主体间的风险溢出效应。

图 7-1 说明了当网络的连通性大于某一阈值时,主体间关联网络的风险分散作用占据主要地位,这对于控制银行主体间风险溢出效应有重要作用。但在冲击多个银行主体时,随着冲击比率的变化,该结论并不总是有效,如图 7-2 所示。图 7-2 揭示了不同冲击比率 $\vec{\alpha}$ 下,银行主体间关联网络结构连通性对银行主体破产数量的影响。$\vec{\alpha}$ 越大代表受到冲击的银行主体数量越大。图 7-2 揭示,当 $\vec{\alpha}$ 处于低位时,提高网络的连通性可以降低系统中银行主体的破产数量,凸显风险分散效应;但当 $\vec{\alpha}$ 变大时,该种效应会逐渐下降。从图 7-2 中可知,当 $\vec{\alpha} = 0.16$ 时,提升连通性并不能抑制银行主体间的风险溢出,从而不能有效减少系统中的银行主体破产数量。当 $\vec{\alpha} = 0.20$ 时,连通性的提升加剧了银行主体间的风险溢出效应,进而导致系统中的银行主体破产数量变多。

前文所述连通性临界值由多个影响因子联合决定,取决于冲击的类型与冲击比例、拆借比例、核心资本充足率以及投资回报等因素。为此,接下来将研究不同拆借比例、投资回报以及核心资本充足率对银行主体间风险溢出效应的影响,如图 7-3 至图 7-5 所示。研究过程中设定平均交易对手数量为 4。图 7-3 揭示了不同冲击情形下,银行主体拆借比例 $\vec{\theta}$ 对系统中银行主体破产数量的影响。由图 7-3 可知,随着 $\vec{\theta}$ 不断增加,无论是单个银行主体遭受冲击还是一定比率的银行主体遭受冲击,银行主体破产数量均呈现出非单调特性,即随着 $\vec{\theta}$ 不断增加,银行主体破产数量呈现出先升后降的趋势。由于模型构建中,银行主体的资产方由同业拆出资金和外部投资组成。而从图7-3中可发现,系统中银行主体破产数量在 $\bar{\partial} = 0.5$ 左右时最多。当 ∂ 低于此数值时,随着 ∂ 的增加,交易对手的还款违约损失将提升,此可引发系统中银行主体破产数量的增加。而当 ∂ 高于此数值时,银行主体的对外投资比例将变小,而由此引发的投资损失会变小,这可引发系统中银行主体破产数量的减少。图7-4和图7-5揭示了不同冲击情形下,投资收益和核心资本充足率对系统中银行主体破产数量的影响。其中,图7-4揭示了不同的银行主体投资收益的影响,而图7-5则揭示了不同的银行主体核心资本充足率的影响。由图7-4和图7-5可知,随着投资收益和核心资本充足率的不断增加,系统中主体破产数量呈现递减趋势。

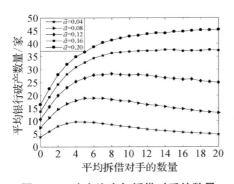

图7-2　冲击比率与拆借对手的数量

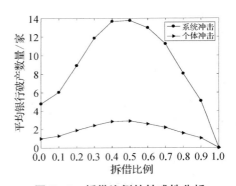

图7-3　拆借比例的敏感性分析

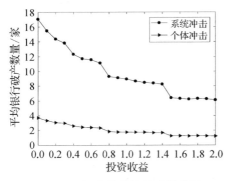

图7-4　投资收益的敏感性分析

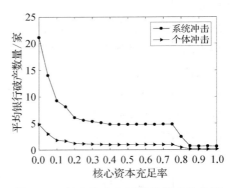

图7-5　核心资本充足率的敏感性分析

以上研究表明,可通过调整银行主体拆借比例、投资收益以及核心资本充足率来控制银行主体间的风险溢出效应,进而保持系统稳定性。立足于监管主体的角度,为提升银行系统的稳定性,可以在保证银行主体基本需求的情况下,适当要求银行主体减小拆借比例,提升核心资本充足率,并要求银行主体投资应该更加安全。

7.2　基于内生信贷单网络模型的风险溢出效应研究

7.1 节基于外生信贷单网络模型,研究了关联主体间的风险溢出效应。虽然众多学者认为关联主体间的信贷网络具有无标度特性(Boss 和 Elsinger,2004;Santos 和 Cont,2010;Soramäki 等,2007;Iori 等,2008;Cajueiro 和 Tabak,2008;Miranda 和 Tabak,2013),但其他文献对此进行研究得出了不一样的结论(Stumpf 和 Porter,2012;Fricke 和 Lux,2013)。可见,从外生给定视角来研究关联主体网络中的风险溢出效应具有局限性。由 1.2.1 的相关研究可知,基于内生网络的银行主体间风险溢出效应研究方面,更多的是关注网络中节点主体间边的建立。相比而言,节点主体的其他行为研究并不充足,这也使得节点主体行为演化或资产负债表更新缺乏自主性。例如,仅考虑节点主体间的拆借行为,缺少多样化的主体行为考量;设定某些资产负债表项目为常数或按照固定比率更新,进而缺少相应的自主动态演化。然而,现实中的经济主体具有智能性,进而表现出自主决策机制及行为类型的多样性。提升对节点主体行为的刻画使之与现实更加贴近具有重要的意义。考虑至此,基于所构建的内生信贷网络,本节将从更多方面来研究节点主体的自主决策行为,并进一步从主体行为与网络结构视角研究内生信贷单网络中的关联主体间风险溢出效应问题。

7.2.1　内生信贷单网络模型构建

下面将构建一个含有 $\vec{Z}$ 个银行主体的银行间内生信贷网络模型。在研究中,银行主体用下标 z 或 z' 表示。t 时刻,银行主体 z 的总资产(TA_{zt})含流动性资产(L_{zt})、总投资和总银行间贷款;银行主体 z 的总负债(TL_{zt})由净资产(A_{zt})、总银行间借款及银行存款构成(D_{zt})。设定 I_{zt} 为投资,持续 $\vec{\tau}$ 期,银行主体间拆借期限为 $\vec{q}$ 期。用 $B_{zt}^{z'}$ 表示银行主体 z' 从银行主体 z 处所获得的贷款量。据此,可得式(7-17):

$$L_{zt} + \sum_{k=0}^{\vec{\tau}-1} I_{zt-k} + \sum_{k=0}^{\vec{q}-1} \sum_{z' \in \Phi'_{zt-k}} B_{zt-k}^{z'} = \sum_{k=0}^{\vec{q}-1} \sum_{z' \in \Psi'_{zt-k}} B_{z't-k}^{z} + D_{zt} + A_{zt}$$

$$(7-17)$$

其中,Φ'_{zt} 为从银行主体 z 处获得流动性支持的借款银行主体集合;Ψ'_{zt} 为银行主体 z 的债权主体集合。借鉴 Lux(2015)的研究成果,银行主体总资产服从幂指数为 $\vec{\varepsilon}$ 的范围为 $[\vec{W}_{\min},\vec{W}_{\max}]$ 的帕累托分布,且在初始时刻, $I_{z0}=\vec{\xi}TA_{z0},L_{z0}=(1-\vec{\xi})TA_{z0}$; $D_{z0}=\vec{\phi}TA_{z0},A_{z0}=(1-\vec{\phi})TA_{z0}$ 。在每一个模拟时刻,银行主体 z 支付红利,进行新投资,并从银行主体间市场寻求流动性。一旦银行主体违约,由银行主体 z 违约所引发的负面效应将在银行主体间的网络中进行传播直至其被银行主体间网络所吸收。银行主体间信贷网络为风险溢出提供了传播渠道。在接下来的内容中,将从银行主体行为演化及银行主体间的相互作用等两方面来研究银行主体间内生信贷网络的构建。

7.2.1.1　银行主体行为演化

在每一个模拟时刻,银行主体行为演化由流动性资产更新、分红行为、投资行为、银行主体间同业拆借行为等所驱动。对于流动性资产更新,银行主体 z 应该考虑如下可引发流动性资产变动的影响因素:投资回报、银行主体间借款本金及利息支付、银行主体间贷款本金及利息收入、存款波动等。基于以上影响因素的变动,银行主体 z 的流动性资产($\hat{L}_{zt}$)更新可由式(7-18)来表示,即:

$$\hat{L}_{zt}=L_{zt-1}+\sum_{k=1}^{\vec{\tau}}I_{zt-k}\vec{\rho}_{zt-k}+I_{zt-\vec{\tau}}+\sum_{z'\in\Phi'_{zt-\vec{q}}}B^{z'}_{zt-\vec{q}}+\sum_{k=1}^{\vec{q}}\sum_{z'\in\Phi'_{zt-k}}B^{z'}_{zt-k}r^{z'}_{zt-k}-$$

$$\sum_{k=1}^{\vec{q}}\sum_{z'\in\Psi'_{zt-k}}B^{z}_{z't-k}r^{z}_{z't-k}-\sum_{z'\in\Psi'_{zt-\vec{q}}}B^{z}_{z't-\vec{q}}+D_{zt}-D_{zt-1}-\vec{r}_{dp}D_{zt-1}$$

$$(7-18)$$

其中, $\vec{\rho}_{zt}$ 为投资回报,且 $\vec{\rho}_{zt}$ 服从正态分布 $N(\vec{\mu}_b,\vec{\sigma}_b^2)$; $\vec{r}_{dp}$ 为存款利率; $D_{zt}=(1-\vartheta+2\vartheta\bar{\vartheta})D_{zt-1}$,且 $\vartheta>0,\bar{\vartheta}$ 为随机抽取于 $[0,1]$ 的随机变量(Georg,2013)。

流动性资产更新后,银行主体 z 在 t 时刻的资产净值如式(7-19)所示:

$$A_{zt}=\hat{L}_{zt}+\sum_{k=1}^{\vec{\tau}-1}I_{zt-k}+\sum_{k=1}^{\vec{q}-1}\sum_{z'\in\Phi'_{zt-k}}B^{z'}_{zt-k}-\sum_{k=1}^{\vec{q}-1}\sum_{z'\in\Psi'_{zt-k}}B^{z}_{z't-k}-D_{zt}$$

$$(7-19)$$

借鉴 Lux(2015)的研究成果,银行主体 z 需要持有一定水平的流动性资产以防流动性困境。令 L'_{zt} 表示银行主体 z 的流动性资产下限,为了便于计算,令 $L'_{zt}=\vec{\varphi}TA_{zt-1}$,其中, A_{zt-1} 为 t 时刻期初总资产,也为上期期末总资产。因此,银行主体 z 可用于分红、新投资及为其他银行主体提供贷款的流动性(L_{zt}^{av})可表示为式(7-20):

$$L_{zt}^{av} = \hat{L}_{zt} - L_{zt}' \qquad (7-20)$$

在每一个模拟时刻,如果 $L_{zt}^{av} > 0$ 且 $A_{zt} > 0$,银行主体 z 可派发红利。银行主体 z 可支付的红利数量(Iori 等,2006)如式(7-21)所示:

$$DD_{zt} = \max[0, \min(\vec{S} \times NetP_{zt}, L_{zt}^{av}, A_{zt} - \vec{\chi}D_{zt})] \qquad (7-21)$$

其中,$\vec{S}$ 为随机变量,且 $\vec{S} \in [\vec{\gamma}, 1]$;$\vec{\gamma}$ 为分红比率下限;$NetP_{zt}$ 为银行主体 z 的利润,且 $NetP_{zt} = A_{zt} - A_{zt-1}$;$\vec{\chi}$ 为资本-存款比率(Iori 等,2006)。红利支付后,银行主体 z 可在 t 时刻进行新的投资(I_{zt})(Iori 等,2006),如式(7-22)所示:

$$I_{zt} = \min[\vec{\omega}_{zt}, \max(0, L_{zt}^{av} - DD_{zt})] \qquad (7-22)$$

其中,$\vec{\omega}_{zt}$ 为银行主体 z 的投资机会,且 $\vec{\omega}_{zt} = |\vec{e}_{zt} + \vec{\sigma}_2 \eta_t|$,$e_{zt} = \vec{\omega}D_{z0}$,$\eta_t \in N(0,1)$。

红利支付及投资后,银行主体 z 的资产净值需要进行相应扣减,以反映分红现金的流出。至此,可更新银行主体 z 在 t 时刻末的总资产 TA_{zt}。更新后,仿真系统中的银行主体可被分为两大类,即 $L_{zt}^{av} < 0$ 的银行及 $L_{zt}^{av} - DD_{zt} - I_{zt} > 0$ 的银行主体(潜在的贷款主体)。$L_{zt}^{av} < 0$ 的银行主体为潜在的信贷需求主体,其将在银行主体间的市场上寻求流动性,数量为 $-L_{zt}^{av}$;$L_{zt}^{av} - DD_{zt} - I_{zt} > 0$ 的银行主体为潜在的信贷供给主体(资金出借主体),其有能力为其他流动性短缺的银行主体提供流动性。对于潜在的信贷供给(银行)主体 z,其所能发放的最大贷款量为 $L_{zt}^{av} - DD_{zt} - I_{zt}$。经过银行主体间同业拆借后,银行主体 z 的流动性资产(L_{zt})可表示为式(7-23),即:

$$L_{zt} = \hat{L}_{zt} - DD_{zt} - I_{zt} - \sum_{z' \in \Phi_{zt}'} B_{zt}^{z'} + \sum_{z' \in \Psi_{zt}} B_{z't}^{z} \qquad (7-23)$$

在计算实验实施过程中,当如下情况发生时,银行主体 z 将被移出模拟系统,并将被新的银行主体所替代:① $A_{zt} \leq 0$;② $A_{zt} > 0$,但其因银行主体流动性供给能力有限而不能通过借贷达到非负的流动性持有。此时,银行主体 z 将被具有相同初始资产负债表结构的新的银行主体所替代。

7.2.1.2 银行主体间的相互作用

银行主体间的相互作用起始于潜在的信贷供给主体与潜在的信贷需求主

体间信贷连接的建立。参考 Gatti 等（2010），出于信息不对称等因素考虑，$L_{zt}^{av} < 0$ 的银行主体 z 倾向于和旧的交易对手建立信贷连接，但当新的信贷供给主体（随机抽取于可贷银行主体的一定比率 $\vec{M}$）可提供更低利率时，银行主体 z 则具有一定的概率 $\vec{P}_s$，与新的资金出借主体建立信贷连接，并向其寻求流动性。交易对手转移概率 $\vec{P}_s$ 如6.1.3所述，即 $\vec{P}_s = 1 - e^{\vec{\lambda}_b (r_{new} - r_{old})/r_{new}}$（$r_{new} < r_{old}$），其中 r_{old}、r_{new} 分别为由旧的和新的潜在的交易对手所设定的利率；银行主体 z' 所设定的银行主体 z 的借款利率如式（7-24）所示：

$$r_{z't}^z = \vec{\alpha}_r A_{z't}^{-\vec{\alpha}_r} + \vec{\alpha}(l_{zt})^{\vec{\alpha}_r} \qquad (7-24)$$

其中，$\vec{\alpha}_r > 0$；l_{zt} 为主体 z 的杠杆率。如果主体 z 不能从银行主体 z' 处获得足够的流动性，其将根据前述的交易对手选择机制向其他可能的信贷供给主体寻求流动性直至银行主体 z 获得足够的流动性或银行主体间市场中再无多余流动性可提供。如果信贷供给主体具有充足的流动性，则向其寻求流动性的所有的潜在的信贷需求主体均可获得足够的流动性，并成为银行主体 z' 的真实借款者；反之，若银行主体 z' 的流动性不足以满足所有银行主体的流动性需求，其将根据信贷需求主体的资产净值由大至小依次分配其流动性，直至其再无多余流动性可供分配。经历信贷分配过程之后，银行主体间的信贷连接被建立。银行主体以及银行主体间的信贷连接形成了银行主体间的信贷网络。

在系统运行中，若 $A_{zt} < 0$，银行主体 z 违约。在网络视角下，银行主体 z 违约的负面效应将通过银行主体间直接或间接的信贷连接而传递给其他银行主体，直至该违约所引发的负面效应被银行主体间信贷网络所吸收（即不再有新的银行主体发生违约）。用 $\zeta_{z't}^z$ 表示由银行主体 z 违约所引发的与银行主体借款 $B_{z't}^z$ 相关的坏账，如式（7-25）所示：

$$\zeta_{z't}^z = B_{z't}^z (1 + r_{z't}^z) \times \upsilon_z \qquad (7-25)$$

其中，υ_z 为由银行主体 z 违约所引发的损失率，且 $\upsilon_z = \min(-A_{zt}/TL_{zt}', 1)$；$TL_{zt}'$ 为银行主体 z 在 t 时刻的包含应付利息的总负债。为此，银行主体 z' 的坏账可表示为式（7-26）：

$$\zeta_{z't} = \sum_{z \in \Psi_{z't}^{d}} \sum_{k=1}^{\vec{q}} \zeta_{z't-k}^z \qquad (7-26)$$

其中，$\Psi_{z't}^{d}$ 是指从银行主体 z' 处获得流动性的违约银行主体集合，考

虑到银行主体 z 的违约,需根据 $\zeta_{z,t}^z$ 来调整银行主体相应的资产负债表项目。因此,基于网络视角,银行主体 z 违约的负面效应将通过直接或间接的信贷关联而传递给其他银行主体,并有可能导致更多的银行主体违约,违约风险溢出一直持续直至再无银行主体违约。

7.2.2　基于内生信贷单网络的风险溢出效应仿真分析

基于所构建的网络模型,下面将研究银行主体间的风险溢出效应。模型刻画了一个由 $\vec{Z} = 200$ 个银行主体所构成的人工系统。每次模拟进行 1 000 期。研究中,前 200 期被用于模型的初始化而被略去,使用后 800 期数据作为研究对象。为了便于表述,银行主体破产数量为累积破产数除以研究期数 800,银行主体破产数量为 100 次模拟的平均值。参考 Iori 等(2006)、Gatti 等(2010)、Georg(2013)及 Lux(2015)等的研究成果,主要参数设置如下: $\vec{\alpha}_r = 0.01, \vec{\lambda}_b = 1,$ $\vec{\phi} = 0.92, \vec{\zeta} = 0.9, \vec{M} = 0.1, \vec{q} = 7, \vec{\vartheta} = 0.02, \vec{\sigma}_2 = 0.5, \vec{\varphi} = 0.08, \vec{W}_{\min} = 2,$ $\vec{W}_{\max} = 500, \vec{\gamma} = 1, \vec{\chi} = 0.3, \vec{\omega} = 0.5, \vec{\tau} = 10, \vec{\sigma}_b = 0.2, \vec{\mu}_b = 0.01, \vec{\varepsilon} = 1.2。$

7.2.2.1　银行主体行为与风险溢出效应

在前述银行主体行为建模中,分红支付和投资是银行主体的重要行为。资本—存款比率 $\vec{\chi}$ 和分红比率下限 $\vec{\gamma}$ 与银行主体分红行为有关。而参数 $\vec{\omega}$ 及参数 $\vec{\sigma}_2$ 影响银行主体的投资水平。因此,本部分将聚焦前述参数对银行主体间风险溢出效应的影响,如图 7-6 及图 7-7 所示。

图 7-6 揭示了分红行为参数对风险溢出效应的影响。图 7-6(a)和图 7-6(b)分别反映了资本—存款比率 $\vec{\chi}$ 和分红比率下限 $\vec{\gamma}$ 对风险溢出效应的影响。由图 7-6(a)可知,银行主体破产数量随着 $\vec{\chi}$ 的增大而减少;而图 7-6(b)则揭示了银行主体破产数量随着分红比率下限 $\vec{\gamma}$ 的增加而呈上升趋势。分红行为参数 $\vec{\chi}$ 和 $\vec{\gamma}$ 影响着分红水平。随着资本—存款比率 $\vec{\chi}$ 的不断增加,分红条件越来越严格。银行主体的分红水平随着 $\vec{\chi}$ 的增加而减少。分红的减少将增加银行主体资产净值的累积,进而提升了对风险的抗冲击能力。因此,随着资本—存款比率 $\vec{\chi}$ 的增加,银行主体间风险溢出效应逐渐减少,如图 7-6(a)所示。而分红比率下限 $\vec{\gamma}$ 对银行主体间风险溢出效应的影响与资本—存款比率 $\vec{\chi}$ 正好相反。随着分红比率下限 $\vec{\gamma}$ 的不断增加,银行主体分红水平将增加,进而导致了与资本—存款比率 $\vec{\chi}$ 相反的风险溢出效应,如图 7-6(b)所示。

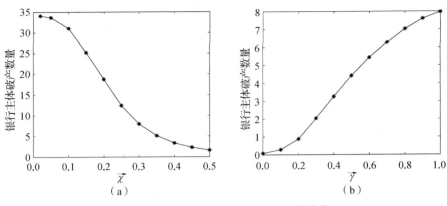

图 7 - 6　分红行为参数与风险溢出效应

图 7 - 7 揭示了投资行为参数对银行主体间风险溢出效应的影响。图 7 - 7(a) 显示了随着投资参数 $\vec{\omega}$ 的不断增加,银行主体破产数量呈现上升趋势。较大的投资行为参数 $\vec{\omega}$ 将导致较高水平的银行风险投资水平。考虑到风险投资水平的不确定性,较高的风险投资水平影响银行利润,从而影响银行主体资产净值的积累,进而引发更加严重的风险溢出效应。而对于投资行为参数 $\vec{\sigma}_2$,如图 7 - 7(b) 所示,银行主体破产数量随着 $\vec{\sigma}_2$ 的增大而表现出先降后升的趋势。较高的 $\vec{\sigma}_2$ 对应较高的破产数量,这与参数 $\vec{\omega}$ 的效应相印证。以上研究表明,银行主体应控制其风险投资水平以便降低风险溢出效应。

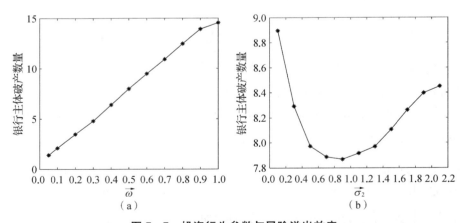

图 7 - 7　投资行为参数与风险溢出效应

7.2.2.2　网络结构与风险溢出效应

交易对手选择概率参数 $\vec{\lambda}_b$ 影响着某一银行主体选择新的其他银行主体建立信贷连接的概率,而交易对手选择范围参数 $\vec{M}$ 影响着交易对手的选择范围,进而影响银行主体间信贷连接的建立。参数 $\vec{\lambda}_b$ 和 $\vec{M}$ 均影响银行主体间信贷连接的建立,即影响银行主体间信贷网络中边的建立,进而对银行主体间信贷网络的结构产生影响。为此,本部分将分析网络结构参数 $\vec{\lambda}_b$ 和 $\vec{M}$ 对银行主体间风险溢出效应的影响,如图 7-8 所示。

图 7-8(a)揭示了交易对手选择概率参数 $\vec{\lambda}_b$ 对风险溢出效应的影响。由图 7-8(a)可知,随着交易对手选择概率参数 $\vec{\lambda}_b$ 的逐渐增大,银行主体破产数量呈现先下降而后上升的趋势。根据交易对手选择概率公式 $P_s = 1 - e^{\vec{\lambda}_b(r_{new} - r_{old})/r_{new}}$,在其他条件不变的情况下,交易对手选择概率将随着 $\vec{\lambda}_b$ 的增大而变大。这意味着潜在的借款主体有较大的概率和能够提供较低信贷利率的资金出借主体建立信贷连接。较低的利率减轻了借款主体的财务负担,进而有利于借款主体的资产净值积累,提升了其风险承受能力。因此,随着交易对手选择概率参数 $\vec{\lambda}_b$ 不断增加,银行主体破产数量呈现下降趋势。然而,随着交易对手选择概率参数 $\vec{\lambda}_b$ 的进一步增加,根据式(7-24),仅有资产净值较大的银行主体才可提供更低的利率,这将导致资产净值较大的银行主体具有更多的信贷需求主体与之建立信贷连接,从而导致较高的金融脆弱性,引发较高水平的银行主体破产数,也即引发向上趋势的银行主体破产数量演变路径。

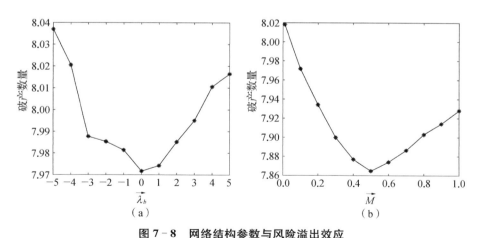

图 7-8　网络结构参数与风险溢出效应

交易对手选择范围参数对银行主体间风险溢出效应的影响如图 7-8(b)所示。由图 7-8(b)可知,对于较低水平的交易对手选择范围参数 $\vec{M}$,随着参数 $\vec{M}$ 的不断增加,银行主体破产数量呈现下降趋势;而对于较高水平的交易对手选择范围参数 $\vec{M}$，随着参数 $\vec{M}$ 的不断增加，银行主体破产数量呈上升趋势。较大交易对手选择范围参数 $\vec{M}$ 允许潜在的信贷需求主体可以从更大范围选择潜在的信贷供给主体，从而有更大概率与资产净值较大的信贷供给主体建立信贷连接，进而获得较低的利率。此种情况下，较低借款利率利于资产净值的累积和风险抵抗能力的改善，从而导致向下趋势的银行主体破产数量。但当交易对手选择范围参数 $\vec{M}$ 进一步增加时，具有较大资产净值的银行主体将会有更多的信贷需求主体与之建立信贷连接。如前所述，银行系统金融脆弱性增加，导致银行主体破产数量呈现上升趋势。

如前所述，较大的网络结构参数 $\vec{\lambda}_b$ 和 $\vec{M}$ 将导致资产净值较大的银行主体具有较多的银行主体连接。此种情形可从图 7-9 中直观地表现出来。图 7-9 可视化了不同网络结构参数 $\vec{\lambda}_b$ 和 $\vec{M}$ 所对应的银行主体间的信贷网络，图中节点的大小意味着节点度的大小。图 7-9(a) 至图 7-9(d) 分别对应 $Ln(\vec{\lambda}_b)=-5$、$Ln(\vec{\lambda}_b)=5$、$\vec{M}=0.05$ 和 $\vec{M}=1.00$ 时的银行主体间信贷网络。由图 7-9 可知，相比于高水平的网络结构参数 $\vec{\lambda}_b$ 和 $\vec{M}$ [如图 7-9(b) 和图 7-9(d) 所示]，较低水平的网络结构参数 $\vec{\lambda}_b$ 和 $\vec{M}$ [图 7-9(a) 和图 7-9(c) 所示] 所对应的银行主体间网络中有更多的点具有较大的度。而随着网络结构参数 $\vec{\lambda}_b$ 和 $\vec{M}$ 的增大，较少的点将会有更多的连接，导致系统呈现较高水平的金融脆弱性。

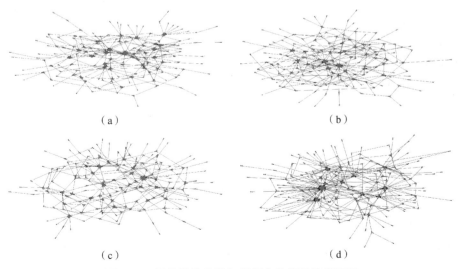

（a）　　　　　　　　　　　（b）

（c）　　　　　　　　　　　（d）

图 7-9　网络结构参数与银行主体间的信贷网络

7.3 本章小结

本章首先采用理论推导与仿真分析相结合的方式,研究了外生信贷单网络视角下关联主体间的风险溢出效应问题。其次,基于银行主体间自主动态交互作用,研究银行主体间信贷关联网络的内生形成,并基于内生信贷单网络模型研究关联主体间的风险溢出效应问题。具体而言:

首先,基于外生信贷单网络模型的关联主体间风险溢出效应研究。采用理论推导与仿真分析相结合的方式,研究了外生信贷单网络视角下关联主体间的风险溢出效应问题。分别在不同冲击情形下,推导了网络结构连通性临界值。研究发现,冲击的大小影响着临界值的水平。当冲击水平处于低位时,随着冲击水平的逐渐增加,临界值也随之增加;但当冲击水平超过一定阈值时,临界值开始保持稳定。而基于随机网络结构的仿真分析结果也表明,在临界值处,系统中的银行主体破产数量达到最大值;而高于或低于临界值时,均可使得系统中银行主体破产数量显著降低。但以上结论也与冲击比率相关。当受到冲击的银行主体数量超过一定比率时,提升连通性并不能有效抑制银行主体间的风险溢出效应。这种情形下,高水平的网络结构连通性甚至会加剧银行主体间的风险溢出效应,导致系统中银行主体破产数量增加。

此外,还发现银行主体间的同业拆借比率对银行主体破产数量具有非单调性的影响,随着拆借比率不断增加,银行主体破产数量呈现出先升后降的趋势;而随着核心资本充足率及投资收益的不断增加,破产数量则呈现出递减趋势。仿真分析显示,可通过调整银行主体拆借比例、核心资本充足率以及投资收益来控制银行主体间的风险溢出效应,进而保持系统稳定性。立足于监管主体角度,为提升银行系统的稳定性,可在保证银行主体基本需求的情况下,适当要求银行主体减小拆借比例,提升核心资本充足率,并要求银行主体投资应该更加安全。

其次,基于内生信贷单网络模型的关联主体间风险溢出效应研究。构建了一个内生的银行主体间信贷网络模型,并通过所构建的银行主体间信贷网络模型,研究了银行主体行为和网络结构对银行主体间风险溢出效应的影响,研究发现:① 对于银行主体分红参数,随着资本—存款比率 $\bar{\chi}$ 的增加,银行主体破产数量不断下降;而对于分红比率下限参数 $\bar{\gamma}$,则发生相反的情形,随着 $\vec{\gamma}$ 的增加,银行主体破产数量逐渐增加;对于投资行为参数 $\vec{\omega}$,随着 $\vec{\omega}$ 的增加,银行主体破产数量呈现出上升趋势;对于投资行为参数 $\vec{\sigma}_2$,银行主体破产数量随着 $\vec{\sigma}_2$ 的增大而表现出先降后升的趋势,较高的 $\vec{\sigma}_2$ 对应较高的破产数量,这与参数 $\vec{\omega}$ 的效应相印证。② 对于网络结构参数,随着网络结构参数 $\vec{\lambda}_0$ 和 $\vec{M}$ 的增加,银行主体破产数量呈现出先降后升的趋势。研究表明,银行主体行为和网络结构均会对银行主体间风险溢出效应产生影响。在风险溢出效应控制过程中,不仅应关注银行主体自身的财务状况,还应关注银行主体间的关联网络结构特征。

第8章　担保单网络视角下关联主体间风险溢出效应研究

第7章分别从外生和内生视角构建了信贷单网络模型,研究了关联主体间的风险溢出效应。然而,由第1部分的研究基础可知,现实经济中,主体间具有多种关联方式,而现有研究多基于信贷网络。考虑至此,本章基于与信贷关联紧密相关的另一种主体间关联方式——担保关联,构建担保单网络模型,并基于担保单网络模型研究关联主体间风险溢出效应。

8.1　引　　言

由第1章1.2节相关研究现状可知,由于信贷关联的普遍存在性及数据的较易获得性,信贷网络引发了学者的研究兴趣。从信贷网络视角研究风险溢出效应的文献不断涌现。相比而言,与信贷关联紧密相关的担保关联方面的研究并不多。实践中,出于风险控制目的,银行主体在发放贷款时通常要求企业主体提供相应的担保。考虑到担保机制,某个企业主体违约所引发的冲击,一方面通过银企主体间信贷网络而传递给相应银行主体;另一方面,会通过担保网络而给相应企业主体带来冲击。如果企业主体(担保主体)不能承受传递过来的冲击,其也会违约。以上过程不断发生直至冲击被网络所吸收。担保网络提供了风险溢出效应的另一类溢出渠道。Zhang等(2012)及Xu和Zhou(2014)的研究表明,担保关联确实为风险溢出效应提供了溢出渠道。另一类关于联合贷款的研究也十分有必要提及(Milgo,2013;Flatnes等,2016)。联合贷款机制是银行主体减少坏账的一种方式。在联合贷款中,成员间彼此进行担保。在此情形下,某些成员违约可能导致其他成员的非自愿违约,这揭示了基于担保关联网络的风险溢出效应的存在。

实际上,基于担保关联网络的风险溢出效应在我国也广泛存在。以天煜建设为核心企业的基于担保关联的风险溢出事件造成了较大的经济损失,引发了社会的强烈关注。2011年年底,天煜建设因江苏分公司非法集资而被法院立案调查,最终以天煜建设向法院申请破产而告终。天煜建设的破产使得以天煜建设为核心的担保网络浮现出来。以天煜建设为核心的复杂的担保网络(链)涉及600多家的企业主体,关联债务达100多亿元,涉及包括建设银行在内的23家金融机构,影响范围较广。限于数据的可获得性,图8-1给出了由该担保事件中较为重要的企业组成的担保网络。由图8-1可知,由于担保关联的存在,天煜建设除与华洲集团等企业发生直接关联外,还通过担保网络与众多其他企业发生间接关联。在这个具有网络特性的经济格局中,天煜建设破产的影响不再局限于其自身,而极易通过担保关联网络将其破产的负向效应传递给与其存在直接或间接关联的众多企业。天煜建设爆雷后所引发的较大的负向连锁反应对此进行了印证,同时也进一步反映了经济世界的网络特性。天煜建设于2011年年底爆雷后,直接影响为其提供担保的华洲集团,且华洲集团为嘉逸集团的旗下企业。两大集团卷入危机后,引发银行抽贷或收紧信贷,就此引发第一轮的风险溢出。

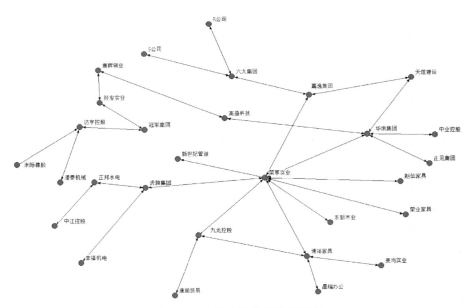

图 8-1 天煜建设担保关联网络

此后,由于存在担保关联,以华洲集团和嘉逸集团为核心的第二轮风险溢出开始在中业控股、正见集团、高盛科技、荣事实业、六大集团等企业内爆发。进一步地,以荣事实业、六大集团、高盛科技为核心的第三轮风险溢出在与之存在担保关联的新世纪管道、虎牌集团、九龙控股、博洋家具、东新木业、荣业家具、郎华家具、康辉铜业等企业内引发连锁反应。在经历第三轮风险溢出后,风险溢出效应并没有停止,以虎牌集团、九龙控股、博洋家具、康辉铜业为核心企业引发了第四轮风险溢出,陷入第四轮风险溢出的企业为正邦水电、幸福机电、康顺贸易、晶瑞办公、麦尚实业、经发实业等企业。随着担保网络的不断拓展,第五轮乃至更多轮风险溢出使得众多企业陷入因担保关联而引发的危机。

天煜建设破产所引发的基于担保关联的风险溢出效应影响范围较广。这说明,在具有网络特征的经济格局中,某一企业破产所引发的负向效应不再局限于其自身,而会通过关联主体间的担保关联对与其具有直接关联的邻居主体或邻居主体的邻居主体产生影响。从天煜建设破产案例中也可以看出,某些企业自身财务状况良好,但仍由于与其他企业主体存在金融担保关联而陷入财务危机乃至破产。这类受影响的企业中,不乏民营百强企业,如虎牌集团、经发实业等。可见,在经济世界的网络格局中,某一企业违约与否不仅取决于其自身资产负债状况,还取决于其所处的网络格局,受网络拓扑结构特征的影响。

可见,担保网络的存在为关联主体间的风险溢出效应提供了溢出渠道,有必要对基于担保网络的风险溢出效应进行研究。而基于实际数据的担保网络,从静态视角可视化了关联主体间的担保关联情况,但无法动态揭示微观担保主体间的交互作用及引发的风险溢出效应。因此,8.2 节将基于关联主体间的担保关联构建担保单网络模型,研究基于担保单网络的风险溢出效应。具体而言,本章首先构建一个动态的担保单网络模型。基于所构建的模型,可视化不同时刻的企业担保网络,研究企业主体规模分布的涌现特征。同时,本章研究了不同的相关参数下,基于多指标测度(企业总资产、收入及产量)的企业主体规模分布的幂律特征,并从担保机制与企业主体行为等方面对基于担保单网络的关联主体间风险溢出效应进行研究。

8.2　担保单网络模型构建

本章将构建一个嵌入担保机制的人工企业系统。该系统由 $\tilde{N}$ 个企业主体构成。为了便于表述,每个企业主体用 a、$\hat{a}$ 或 $a'(a, \hat{a}, a' = 1, 2, \cdots, \tilde{N})$ 来表示。企业主体的生产行为借鉴 Gatti 等(2010)的研究。在每一个模拟仿真时刻,企业主体组织生产并且进行投资。当其具有资金需求时,其将进入银行市场寻求流动性支持。为减少信用风险,银行主体要求企业主体

a 提供相应数量的担保来覆盖其银行借款量。实践中,担保有多种类型。考虑研究目的,为从网络视角来研究风险溢出效应,本书中担保被定义为保证人和债权人约定,当债务人不履行债务时,保证人按照约定履行债务或者承担责任的行为。在这种情形下,如果企业主体 a 违约,其担保主体的资产净值将受到侵蚀甚至会导致其担保主体违约,而这可引发新一轮的企业主体破产连锁。在以下内容中,将构建一个基于担保机制的风险溢出效应模型,借助计算实验仿真分析,研究模型的涌现特征。

8.2.1 主体行为描述

此处企业主体 a 的生产及投资行为与 6.1 节中的类似。在每一个模拟时刻,企业主体 a 根据资产净值(A_{at})计算其金融约束产量,即 $Y_{at} = \widetilde{\varphi} A_{at}^{\beta}$,其中,$\widetilde{\varphi} > 1, 0 < \widetilde{\beta} < 1$(Gatti 等,2010)。借鉴 Gatti 等(2010)的研究成果,企业主体 a 使用劳动作为唯一投入,且生产函数采用里昂惕夫生产函数,即 $Y_{at} = N_{at}/\widetilde{\delta}$,其中,$N_{at}$ 代表劳动投入,并且 $\widetilde{\delta} > 0$。因此,与企业主体 a 金融约束产量相对应的劳动投入量可表示为 $N_{at} = \widetilde{\delta} Y_{at} = \widetilde{\delta} \widetilde{\varphi} A_{at}^{\widetilde{\beta}}$。

在 t 时刻,企业主体 a 进行新的投资(I_{at})。新的投资 I_{at} 决定如下:$I_{at} = |\widetilde{V}_{at} + \widetilde{\sigma}_1 \eta_t|$,其中,$\widetilde{V}_{at} \sim |N(\widetilde{\mu}_f, \widetilde{\sigma}_f^2)|$ 且 $\eta_t \sim N(0,1)$(Iori 等,2006)。新的投资持续 $\widetilde{\tau}$ 期,且在 $\widetilde{\tau}$ 期后将获得随机收入 $\widetilde{\rho}_{at+\widetilde{\tau}} [\widetilde{\rho}_{at+\widetilde{\tau}} \sim N(\widetilde{\mu}_{fr}, \widetilde{\sigma}_{fr}^2)]$。

企业主体 a 组织生产和进行投资。当企业主体 a 有资金缺口时,其向银行主体寻求流动性。企业主体 a 根据式(8-1)来计算资金缺口,即:

$$FG_{at} = \widetilde{\omega} N_{at} + \sum_{s=1}^{\widetilde{n}-1} B_{at-s} \widetilde{r} + B_{at-(\widetilde{n}-1)} + I_{at+1} + I_{f[\widetilde{L}_{at}]} \widetilde{L}_{at} - \widetilde{\mu}_{at}^e Y_{at} -$$
$$I_{at-(\widetilde{\tau}-1)}(1+\widetilde{\rho}) - (1 + I_{f[\widetilde{L}_{at}]})\widetilde{L}_{at} \qquad (8-1)$$

其中,$\widetilde{\omega}$ 为劳动力的价格;B_{at} 为 t 时刻企业主体 a 的银行借款;$\widetilde{r}$ 为相应的银行借款利率;$\widetilde{L}_{at}$ 代表企业主体 a 的期间现金;$\widetilde{n}$ 为企业主体的银行借款期限;$I_{f[.]}$ 是示性函数,且当 $\widetilde{L}_{at} < 0$ 时,$I_{f[.]} = -1$,否则,$I_{f[.]} = 0$;$\widetilde{\rho}$ 为预期投资收益;$\widetilde{\mu}_{at}^e$ 为企业主体 a 的最终产品预期价格,且等于其历史平均价格。

当 $FG_{at} > 0$ 时,企业主体 a 进入银行主体间市场寻求流动性,其所需要的银行借款 B_{at} 等于 FG_{at}。在这种情形下,出于减少银行主体坏账率的考量,银行主体通常会要求企业主体 a 对其借款 B_{at} 提供相应的担保,且担保金额应覆盖其银行借款 B_{at}。因此,企业主体 a 将向其他企业主体寻求担保。企业主体 a 向其他企业主体寻求担保时,遵循如下规则:企业主体 a 首先向企业主体 a 提供担保的企业主体寻求担保。在这种情形下,如果存在多个可选择企业主体,则企业主体 a 优先选择从企业主体 a 处获得较大担保额度的企业主体来寻求担保直至其担保需求得到满足;如果企业主体 a 从上述企业主体中无法获得足够的担保额度,其将随机选择其他企业主体寻求担保直至其担保需求得到满足,或者无企业主体可向其提供担保。为避免风险过于集中,企业主体 $\hat{a}$ 仅能对外提供一定数量的担保额度。该担保额度($G_{\hat{a}t}^{\max}$)与企业主体 $\hat{a}$ 的资产净值成比例,可由式(8-2)表示:

$$G_{\hat{a}t}^{\max} = \bar{\omega} A_{\hat{a}t} - \sum_{s=1}^{\tilde{n}-1} \sum_{a \in \tilde{\Phi}_{\hat{a}t-s}^{c}} C_{a\hat{a}}^{B_{at-s}} \qquad (8-2)$$

其中,$\bar{\omega}$ 为担保因子;$\tilde{\Phi}_{\hat{a}t}^{c}$ 为 t 时刻从企业主体 $\hat{a}$ 处获得担保的企业主体集合;$C_{a\hat{a}}^{B_{at}}$ 为对于银行借款 B_{at},企业主体 a 从企业主体 $\hat{a}$ 所获的担保额度。用 $R_{\hat{a}t}^{eq}$ 代表企业主体 $\hat{a}$ 所收到的担保需求,如式(8-3)所示:

$$R_{\hat{a}t}^{eq} = \sum_{a \in \hat{\Phi}_{\hat{a}t}^{c}} \bar{C}_{a\hat{a}}^{B_{at}} \qquad (8-3)$$

其中,$\hat{\Phi}_{\hat{a}t}^{c}$ 为 t 时刻向企业主体 $\hat{a}$ 寻求担保的企业主体的集合;$\bar{C}_{a\hat{a}}^{B_{at}}$ 表示基于银行借款 B_{at},企业主体 a 向企业主体 $\hat{a}$ 发出的担保需求;当 $G_{\hat{a}t}^{\max}$ 足够大时($G_{\hat{a}t}^{\max} \geqslant R_{\hat{a}t}^{eq}$),向企业主体 $\hat{a}$ 寻求担保的所有企业主体的担保需求都将被满足,反之,将会有部分企业主体无法从企业主体 $\hat{a}$ 处获得足够的担保。此时,企业主体 $\hat{a}$ 将根据如下的分配顺序来依次满足企业主体的担保需求:首先,满足为企业主体 $\hat{a}$ 提供较大担保量的企业主体;其次,满足具有较大资产净值的企业主体。考虑至此,t 时刻企业主体 a 从企业主体 $\hat{a}$ 处所获得的担保量可由式(8-4)表示:

$$C_{a\hat{a}}^{B_{at}} = \begin{cases} \bar{C}_{a\hat{a}}^{B_{at}}, & \text{当 } G_{\hat{a}t}^{\max} \geqslant R_{\hat{a}t}^{eq} \\[2mm] \bar{C}_{a\hat{a}}^{B_{at}}, & \sum_{\theta_a=1}^{\tilde{n}} \bar{C}_{\theta_a \hat{a}}^{B_{\theta_a t}} \leqslant G_{\hat{a}t}^{\max} < \sum_{\theta_a=1}^{\tilde{n}+1} \bar{C}_{\theta_a \hat{a}}^{B_{\theta_a t}} \text{ 且 } \bar{\theta}_a(a) \leqslant \tilde{n} \\[2mm] G_{\hat{a}t}^{\max} - \sum_{\theta_a=1}^{\tilde{n}} \bar{C}_{\theta_a \hat{a}}^{B_{\theta_a t}}, & \sum_{\theta_a=1}^{\tilde{n}} \bar{C}_{\theta_a \hat{a}}^{B_{\theta_a t}} \leqslant G_{\hat{a}t}^{\max} < \sum_{\theta_a=1}^{\tilde{n}+1} \bar{C}_{\theta_a \hat{a}}^{B_{\theta_a t}} \text{ 且 } \bar{\theta}_a(a) = \tilde{n}+1, \\[2mm] & \qquad\qquad\qquad\qquad\qquad \text{当 } G_{\hat{a}t}^{\max} < R_{\hat{a}t}^{eq} \\[2mm] 0, & \sum_{\theta_a=1}^{\tilde{n}} \bar{C}_{\theta_a \hat{a}}^{B_{\theta_a t}} \leqslant G_{\hat{a}t}^{\max} < \sum_{\theta_a=1}^{\tilde{n}+1} \bar{C}_{\theta_a \hat{a}}^{B_{\theta_a t}} \text{ 且 } \bar{\theta}_a(a) > \tilde{n}+1 \end{cases}$$

$$(8-4)$$

其中，$\tilde{n} = 1, 2, 3 \cdots$；$\theta_a (\theta_a = 1, 2, 3 \cdots)$ 为基于银行借款 $B_{\theta_a t}$ 而向企业主体 $\hat{a}$ 寻求担保的所有企业主体，根据前述分配顺序进行排序后的第 θ_a 个企业主体，而 $\bar{\theta}_a(a)$ 则代表企业主体 a 被排序后的新序号；$\dot{\theta}_a$ 表示与 θ_a 相对应的原始序号。$\sum_{\theta_a=1}^{\tilde{n}} \bar{C}_{\dot{\theta}_a \hat{a}}^{B_{\dot{\theta}_a t}} \leqslant G_{\hat{a}t}^{\max} < \sum_{\theta_a=1}^{\tilde{n}+1} \bar{C}_{\dot{\theta}_a \hat{a}}^{B_{\dot{\theta}_a t}}$ 表明企业主体 $\hat{a}$ 所能提供的担保量仅能满足前 $\tilde{n}$ 个企业的担保需求，但无法提供足够的担保额度来满足第 $(\tilde{n}+1)$ 个企业主体。由于有限的担保额度供给，企业主体 a 或许并不能够获得足够多的担保而覆盖其预期的银行借款。在这种情形下，企业主体 a 的银行借款需要满足如下约束：$B_{at} = \sum_{\hat{a} \in \Phi_{at}^c} C_{a\hat{a}}^{B_{at}}$，其中，$\Phi_{at}^c$ 代表 t 时刻向企业主体 a 提供担保的企业主体的集合。与此同时，企业主体 a 将减少其在 t 时刻的投资数量以便使其现金为非负。

从银行市场获得流动性后，企业主体 a 的现金 L_{at} 和资产净值 A_{at} 分别如式（8-5）及式（8-6）所示：

$$L_{at} = \tilde{L}_{at} + B_{at} \tag{8-5}$$

$$A_{at} = \sum_{s=0}^{\tilde{\tau}-1} I_{at-s} + L_{at} - \sum_{s=0}^{\tilde{n}-1} B_{at-s} \tag{8-6}$$

其中，$\tilde{L}_{at} = L_{at-1} + \tilde{\mu}_{at-1} Y_{at-1} + I_{at-\tilde{\tau}}(1 + \tilde{\rho}_{at-\tilde{\tau}}) - \tilde{w} N_{at-1} - I_{at} - \sum_{s=1}^{\tilde{n}} B_{at-s} \tilde{r} - B_{at-\tilde{n}}$，且有 $L_{a0} = A_{a0}$；$\tilde{\mu}_{at}$ 为最终产品价格，随机抽取于均匀分布 $(\tilde{u}_{\min}, \tilde{u}_{\max})$。

计算实验过程中，在如下情形下，企业主体 a 将被新的企业主体所代替，即 $A_{at} \leqslant 0$；或者 $A_{at} > 0$，但企业主体 a 因银行主体流动性供给能力有限而不能通过借贷达到非负的流动性持有。同前述章节处理，为减少新进入主体对系统的影响，新主体的净资产随机抽取于区间 $[0, A_{a0}]$。

8.2.2 违约处理机制

系统运行过程中，如果 $A_{at} < 0$，企业主体 a 违约，而这将导致银行主体信贷损失。用 BS_{at} 代表银行借款 B_{at} 的损失，决定如下：$BS_{at} = LR_{at} \times B_{at}(1 + \tilde{r})$，其中 $LR_{at} = \min\{-A_{at}/TL'_{at}, 1\}$，而 TL'_{at} 则为 t 时刻企业主体 a 的总负债。由于担保机制的存在，银行主体有权利向企业主体 a 的担保主体们进行追偿以弥补相应的损失。如果对于一笔特定的银行借款存在多个担保主体，则担保主体们将平均分配担保责任。在银行主体追索过程中，如

果某个担保主体因此而破产,则其所应承担的未履行的担保责任将由其他担保主体平均分配。以上追索过程一直进行,直至银行主体收回所有的贷款或者企业主体 a 的担保主体们均无能力承担银行主体的追偿。在这种情形下,由于银行主体的追偿而导致的新的违约企业主体或将引发新一轮的连锁反应直至再无新的企业主体违约。与此同时, $\widetilde{L}_{at}$ 应进行调整,如式(8-7)所示:

$$\widetilde{L}_{at} \triangleq \widetilde{L}_{at} - \sum_{a' \in \widetilde{\Phi}_{at-s}^{cd}} \sum_{s=1}^{\widetilde{n}} C_{a'a}^{B_{a't-s}} \tag{8-7}$$

其中, $\widetilde{\Phi}_{at}^{cd}$ 表示 t 时刻从企业主体 a 处获得担保的违约企业主体集合; $C_{a'a}^{B_{a't}}$ 为 t 时刻,由于银行主体对违约企业主体 a' 的银行借款 $B_{a't}$ 的追偿而导致的现金流出。

8.3　仿真分析

在仿真分析过程中,设置 $\widetilde{N}=300$ 个企业主体和一个特定的银行主体。每次模拟运行 $1\,000$ 期($t=1,2,\cdots,1\,000$)。基于 Gatti 等(2010)的研究,参数设置如下: $A_{a0}=1,L_{a0}=1,\widetilde{\varphi}=2,\widetilde{\beta}=0.95,\widetilde{\delta}=1,\widetilde{\mu}_{fr}=0.15,\widetilde{\sigma}_{fr}=0.05,$ $\widetilde{\mu}_f=0.01,\widetilde{\sigma}_f=0.05,\widetilde{\sigma}_1=0.1,\widetilde{\omega}=1,\widetilde{\rho}=0.15,\widetilde{\mu}_{\min}=0.4,\widetilde{\mu}_{\max}=1.6,\widetilde{n}=2,\widetilde{\tau}=4,\widetilde{r}=0.01,\overline{\omega}=2。$

借助计算实验,可得到 $t=800$ 时刻的担保网络,如图 8-2 所示。在图 8-2 中,圆圈节点代表企业主体,圆圈大小则反映了相应企业主体的度的大小。两个圆圈节点间的连线代表相应的两个企业主体间的担保关联。如果某个企业主体违约,向该企业主体提供担保的企业主体的资产净值将受到侵蚀,而这或将导致新一轮的企业主体破产。以上过程将一直持续下去,在担保网络中进行扩散,直至担保网络中再无新的企业主体违约。担保网络的存在为风险的溢出提供了渠道。在附图 8-1(a) 至附图 8-1(c) 中,分别给出了 $t=400$ 、 $t=600$ 及 $t=1\,000$ 时刻的担保网络。

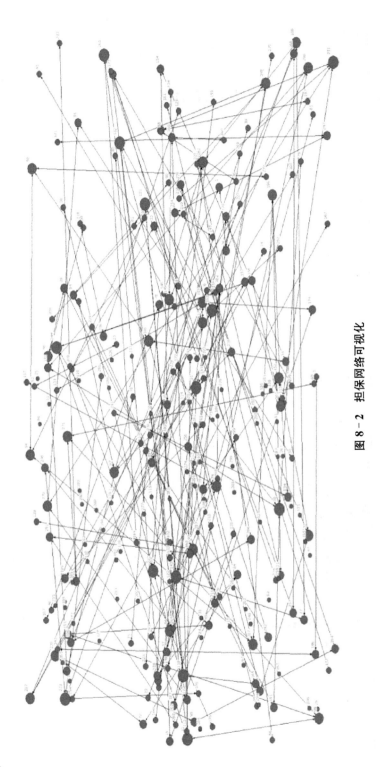

图 8 - 2 担保网络可视化

8.3.1　企业主体规模分布

8.3.1.1　基准情形下的主体规模分布

借助计算实验仿真平台,图 8-3 揭示了人工系统中涌现的企业主体多指标测度下的规模分布情况。图 8-3(a)至图 8-3(c)、图 8-3(d)至图 8-3(f)、图 8-3(g)至图 8-3(i)、图 8-3(j)至图 8-3(l)分别对应以总资产、收入及产量来进行测度的企业主体规模分布于 $t=400$、$t=600$、$t=800$ 及 $t=1\,000$ 时的涌现情况。由图 8-3 可知,基于多指标测度的企业主体规模分布均呈现了幂律尾部特征。而第 3 章对我国银企主体规模分布的幂律特征进行了研究,并发现了幂律尾部特征的存在。所构建的模型涌现了该特征,且其幂指数波动范围内含于我国企业主体规模幂律分布指数的范围。

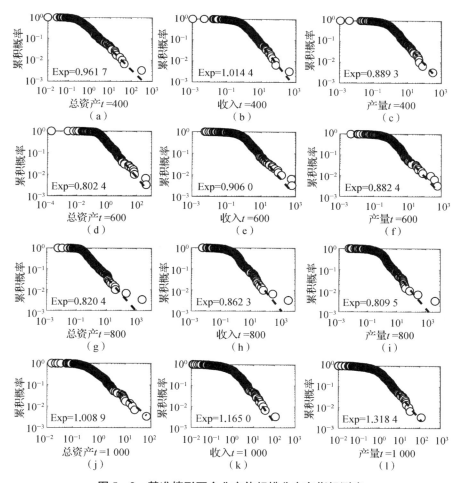

图 8-3　基准情形下企业主体规模分布多指标测度

根据 $Y_{at} = \widetilde{\varphi} A_{at}^{\bar{\beta}}$，企业主体 a 的资产净值越大，其所生产的产量越多，则将获得越多的收入，进而取得越大的利润。而这将导致企业主体 a 较大的资本积累和较大的资产净值。再次，前述情形发生。这将导致分布不均匀的企业主体规模。企业主体规模分布的幂律尾部是现实世界中普遍存在的一种现象，而本章所构建的模型通过微观主体间的相互作用，涌现出这种特征。

8.3.1.2 企业主体规模分布的敏感性分析

8.3.1.1 的研究结果表明，所构建的担保网络模型涌现出现实世界中所存在的幂律特征。下面将进一步研究当相关主要参数发生变化时，模型所涌现的幂律分布特征是否会发生改变，进而分析模型的稳定性。

1. 担保因子与企业主体规模分布

企业担保因子 $\bar{\omega}$ 决定了一个企业主体可为其他企业主体提供担保的能力的大小，在其他条件不变的情况下，会影响其他企业主体的担保获得性，从而影响所能获得的担保资金，进而影响企业主体的生产、收入、利润及资本累积。因此，本部分基于企业主体规模多指标测度视角，研究担保因子 $\bar{\omega}$ 对企业主体规模幂律分布的影响，如图 8 - 4 所示。图 8 - 4(a) 至图 8 - 4(c)、图 8 - 4(d) 至图 8 - 4(f)、图 8 - 4(g) 至图 8 - 4(i)、图 8 - 4(j) 至图 8 - 4(l) 分别对应 $\bar{\omega} = 1$、$\bar{\omega} = 1.5$、$\bar{\omega} = 2.5$、$\bar{\omega} = 3$ 时以总资产、收入及产量来进行测度的企业主体规模分布于 $t = 1\ 000$ 时的涌现情况。由图 8 - 4 可知，尽管担保因子发生了变化，但基于多指标（总资产、收入及产量）测度的企业主体规模分布仍呈现出幂律尾部特征。其中图 8 - 4(a) 至图 8 - 4(c) 分别对应指数为 0.786 4、0.809 6、0.858 8 的幂律分布；图 8 - 4(d) 至图 8 - 4(l) 所对应的幂指数已在图 8 - 4 中的相应子图中标出。企业主体总资产的幂指数分布于 0.70 ~ 0.95 区间内，企业主体收入的幂指数分布于 0.76 ~ 1.07 区间内，企业主体产量的幂指数分布于 0.73 ~ 1.06 区间内。可见，当参数 $\bar{\omega}$ 发生变动时，多指标测度下的企业主体规模分布的幂律特征没有发生改变。

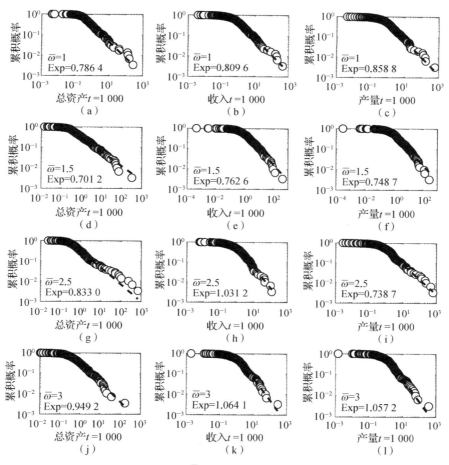

图8-4 不同担保因子$\bar{\omega}$下企业主体规模分布的多指标测度

2. 生产参数$\tilde{\varphi}$与企业主体规模分布

生产参数$\tilde{\varphi}$的值影响着企业主体产量,从而影响企业主体的收入、利润及资产的累积。考虑至此,下面将研究企业主体生产参数$\tilde{\varphi}$对企业主体规模幂律分布敏感性的影响,如图8-5所示。图8-5(a)至图8-5(c)、图8-5(d)至图8-5(f)、图8-5(g)至图8-5(i)、图8-5(j)至图8-5(l)分别对应$\tilde{\varphi}=1.5$、$\tilde{\varphi}=1.75$、$\tilde{\varphi}=2.25$、$\tilde{\varphi}=2.5$时以总资产、收入及产量来进行测度的企业主体规模分布于$t=1\,000$时的涌现情况。由图8-5可知,尽管生产参数$\tilde{\varphi}$发生了变化,但基于多指标(总资产、收入及产量)测度的企业主体规模分布仍呈现出幂律尾部特征。其中,图8-5(a)至图8-5(c)分别对应指数为0.771 3、0.812 5、0.783 1的幂律分布;图8-5(d)至图8-5(l)所对应的幂指数已经在图8-5中的相应子图中标出。企业主体总资产的幂指数分布于 0.77 ~ 0.86 区间内,企业主体收入的幂指数分布于 0.81 ~ 0.98 区间内,企业主体产量的幂指数分布于 0.78 ~ 1.03 区间内。可见,当参数 $\tilde{\varphi}$ 发生变动时,多指标测度下的企业主体规模分布的幂律特征没有发生改变。

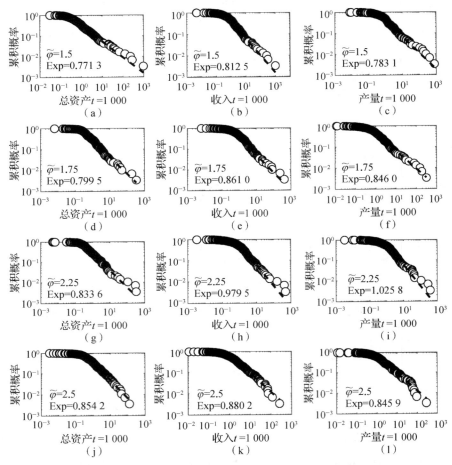

图 8 - 5 不同生产参数 $\tilde{\varphi}$ 下企业主体规模分布的多指标测度

3. 生产参数 $\tilde{\beta}$ 与企业主体规模分布

生产参数 $\tilde{\beta}$ 影响着企业主体产量,从而影响企业主体收入、利润及资本的累积。为此,下面将研究企业主体生产参数 $\tilde{\beta}$ 对企业主体规模幂律分布敏感性的影响,如图 8 - 6 所示。图 8 - 6(a) 至图 8 - 6(c)、图 8 - 6(d) 至图 8 - 6(f)、图 8 - 6(g) 至图 8 - 6(i)、图 8 - 6(j) 至图 8 - 6(l) 分别对应 $\tilde{\beta}$ = 0.75、$\tilde{\beta}$ = 0.80、$\tilde{\beta}$ = 0.85、$\tilde{\beta}$ = 0.90 时以总资产、收入及产量来进行测度的企业主体规模分布于 t = 1 000 时的涌现情况。由图 8 - 6 可知,尽管生产参数 $\tilde{\beta}$ 发生了变化,但基于多指标(总资产、收入及产量)测度的企业主体规模分布仍呈现出幂律尾部特征。其中,图 8-6(a)、图 8-6(b)、图 8-6(c) 分别对应指数为 0.434 3、0.575 4、0.587 0 的幂律分布;图 8-6(d) 至图 8-6(l) 所对应的幂指数已经在图 8-6 中的相应子图中标出。企业主体总资产的幂指数分布于 0.43 ~ 0.74 区间内,企业主体收入的幂指数分布于 0.57 ~ 0.88 区间内,企业主体产量的幂指数分布于 0.58 ~ 0.82 区间内。可见,当参数 $\tilde{\beta}$ 发生变动时,多指标测度下的企业主体规模分布的幂律特征没有发生改变。

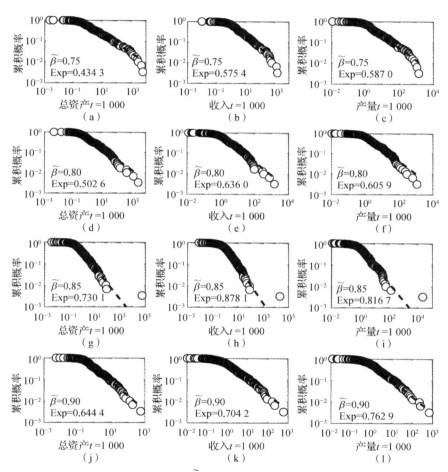

图 8-6　不同生产参数 $\tilde{\beta}$ 下企业主体规模分布的多指标测度

8.3.2　企业主体相关变量的演化情况

8.3.1 研究了人工经济系统在宏观层面的企业主体规模分布涌现的特征。下面将进一步对基准情形下的企业主体相关变量演化情况进行分析。出于模型初始化需要,前 200 期被略去,取后 800 期为研究对象。研究过程中,结果为 100 次模拟的平均值。所选取的研究变量为企业主体每期破产数量、产量、信贷及投资,如图 8-7 所示。图 8-7(a)至图 8-7(d)分别为企业主体每期破产数量、产量、信贷及投资的时间演化。图 8-7 中的虚线为相应变量的平均值。图 8-7(a)至图 8-7(d)中相应变量均值(标准差)分别为 23.710 5(0.482 2)、7.993 1(0.210 0)、2.883 9(0.010 7)、4.306 2(0.003 1)。由图 8-7 可进一步看出,相关变量围绕均值呈现周期性波动。在经济扩张期间,企业主体扩大生产,银行主体信贷量增加,产量增加,收入增加,现金量增加,企业主体更有能力进行更多的投资;随着企业利润增加,企业主体的净值累积增加,风险抵抗能力增加,破产数量减少。然而,随着企业主体生产和信贷的不断扩张,其杠杆率也不断增加,经济体系的金融脆弱性不断提高,从而导致经济体系中的企业主体破产数量不断增加。经济由上升阶段而转为下降,企业主体的各相关变量也开始减小。可见,由于微观经济主体间的相互作用,导致了体系中的相关变量呈现周期性波动。

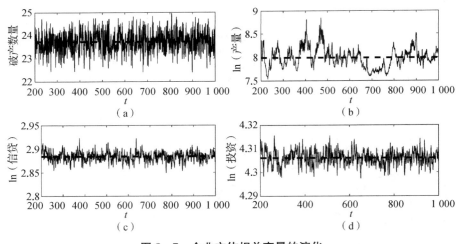

图 8-7　企业主体相关变量的演化

8.3.3　关联主体间风险溢出效应分析

由第 1 章中的 1.2.1.2 可知,担保机制的存在为企业主体间的风险溢出提供了溢出渠道。而相关主体行为也对关联主体间的风险溢出效应有重要影响。为此,下面将从担保机制及企业主体行为两个方面来对基于担保单网络的关联主体间的风险溢出效应进行研究。在风险溢出效应研究中,取后 800 期为研究对象,研究结果为 100 次模拟的平均值。为了便于研究,企业主体的破产数量为企业主体累计破产数除以研究总期数。

8.3.3.1　担保机制与风险溢出效应

担保机制的存在使得企业主体间产生了金融关联性,根据 8.2 节中所构建的关联主体间担保单网络模型可知,企业主体间的担保关联形成了担保关联网络。正常情形下,担保关联网络为企业主体的资金获取提供了便利。然而,当企业主体违约时,担保关联网络则为违约风险提供了溢出路径。在网络视角下,该违约风险将在担保关联网络中进行扩散,直至该企业主体违约所产生的负面效应被担保关联网络所吸收。所以,下面将重点研究担保机制对风险溢出效应的影响。

首先研究引入担保机制和不引入担保机制情形下,企业主体相关变量的时间演化情况,如图 8-8 所示。其中,图 8-8(a)至图 8-8(d)分别对应企业主体的累计破产数量、每期产量、信贷和投资的时间演变路径。图 8-8 中,星线代表担保机制引入的情形,而圈线为未引入担保机制的情形。二者区别在于,担保机制引入后,当企业主体向银行主体借款时,需要提供一定数量的担保。

从图 8-8(a)中可以看出,在引入担保机制后,企业主体的破产数量高于未引入担保机制的情形,即担保机制的引入加大了企业主体间的风险溢出效应。如前所述,担保机制引入后,担保网络为风险溢出效应提供了传播渠道。在担保机制引入后,一旦某企业主体的银行贷款违约,则其担保主体们将承担连带责任,从而承担相应的负债,担保主体们的资产净值也将受到侵蚀。如果担保主体无法承受经由担保关联而传来的冲击,则其也将违约。此外,以上过程将发生并将重复下去,直至担保网络中再无企业主体违约。而在未引入担保机制的情形下,将不存在上述企业主体的破产连锁反应。故而,引入担保机制加大了企业主体间的风险溢出效应。

图 8-8(b)和图 8-8(c)分别揭示了引入担保机制和未引入担保机制两种情形下的企业主体每期产量和信贷的时间演变路径。由图 8-8(b)和图 8-8(c)可以发现,引入担保机制和未引入担保机制两种情形下,企业主体每期产量与信贷时间演变路径相互纠缠,未发现明显的区别。也就是说,引入担保机制和未引入担保机制对以上变量并未产生显著差别的影响。

然而,与图 8-8(b)及图 8-8(c)不同的是,图 8-8(d)则显示出引入担保机制和未引入担保机制对企业主体每期投资的时间演变路径有显著影响。由图 8-8(d)可知,引入担保机制情形下的企业主体每期投资的时间演化路径明显低于未引入担保机制情形下的时间演化路径,即引入担保机制降低了企业主体的投资水平。由 8.2 节可知,企业主体每期投资水平与企业主体自身的现金持有量及银行信贷获取能力有关。而在引入担保机制的情形下,企业主体的银行信贷获取需要提供相应的担保。而当企业主体无法从其他企业主体处获得足够的担保额度时,其投资水平将受到影响。而在未引入担保机制的情形下,此类情况不会发生。这也就导致了图8-8(d)中所示情况的发生。

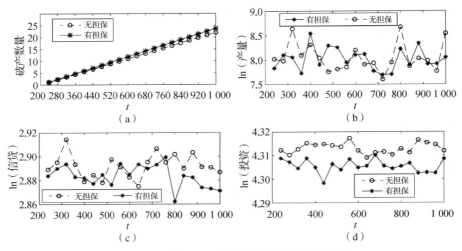

图 8-8　基于担保机制比较的时间演变路径

由以上分析可知,担保机制的存在加大了企业主体间的风险溢出。企业主体间为建立担保关联而设定的交易对手选择机制影响网络结构的形成。相关研究表明,网络结构对风险溢出效应有较大的影响(Thurner 和 Poledna,2013;Catullo 等,2018)。为此,下面将进一步研究不同的交易对手选择机制对关联主体间风险溢出效应的影响。

在8.2节中,具有资金缺口的企业主体根据特定的顺序向其他企业主体寻求担保。此处将引入另一种交易对手选择机制。在这种情形下,具有资金缺口的企业主体仍首先向从其处获得担保的企业主体寻求担保。如果该企业主体仍不能获得足够的担保额度,其将从其他具有担保额度的企业主体中随机选择 $\widetilde{M}$ 比例的企业主体作为潜在担保主体,并选择其中资产较大的企业主体寻求担保,直至其担保需求得到满足或者担保市场中再无企业主体可提供额外的担保额度。为了便于表述,分别使用无偏连接机制和优先连接机制来代表上述交易对手选择机制,并令 $\widetilde{M}=0.1$。

图8-9揭示了两种不同交易对手选择机制下的企业主体相关变量的时间演变情况。图8-9(a)至图8-9(f)分别为企业主体累计破产数量、企业主体累积破产数差值及企业主体每期产量、信贷、现金和投资的时间演变路径。

其中,星线代表无偏连接机制下的情形,而方形线为优先连接机制下的情形。从图 8-9(a)中可以发现,由于图片显示比例问题,两种交易对手选择机制下的企业主体累计破产数量的时间演化路径彼此纠缠。实际上,优先连接机制下的企业主体累计破产数量的时间演化路径高于无偏连接机制下的时间演化路径,图 8-9(b)对此进行了揭示。图 8-9(b)揭示了优先连接机制与无偏连接机制下的企业主体破产数量的正差值,即在优先连接机制下,风险溢出效应更加严重。在优先连接机制下,具有资金缺口的企业主体有很大的机会选择资产较大的企业主体作为潜在的担保主体。为此,相比于无偏连接机制,优先连接机制将导致具有较大资产净值的企业主体具有较大的度。担保网络中具有较大的度的企业主体具有较高的金融脆弱性,因而更容易破产。如果一旦破产,则破产冲击将通过担保关联而在担保网络中扩散。因此,优先连接机制下的风险溢出效应更严重。图 8-9(c)至图 8-9(f)分别揭示了优先连接机制及无偏连接机制两种情形下的企业主体每期产量、信贷、现金及投资的时间演变路径。由图 8-9(c)至图 8-9(f)可知,无偏连接机制和优先连接机制两种情形下,上述变量的时间演变路径相互纠缠,未发现明显区别。优先连接机制和无偏连接机制对上述变量的影响未表现出明显区别。

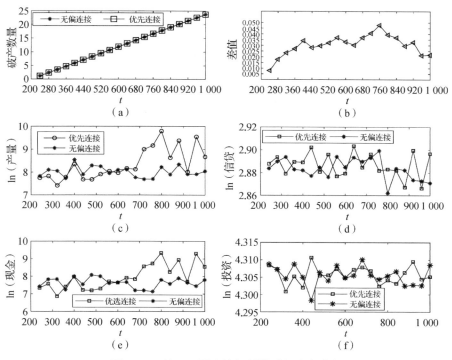

图 8-9　基于不同连接机制的时间演变路径

综上，相比无担保机制引入的情形，担保机制的引入使得企业主体累积破产数量增加，加大了企业主体间风险溢出效应。同时，在引入担保机制的情形下，企业主体每期投资的时间演化路径明显低于未引入担保机制情形下的时间演变路径，而其他研究变量的时间演变路径在两种情形下并未表现出明显区别。相比无偏连接机制，在优先连接机制下，风险溢出效应更加严重，而其他研究变量并未表现出明显区别。

8.3.3.2　企业主体行为参数与风险溢出效应

企业主体行为毫无疑问对关联主体间的风险溢出效应具有较大的影响。下面将研究企业主体行为相关参数对企业主体间风险溢出效应的影响。由 8.2 节可知，企业主体的生产和担保行为是较为重要的两类主体行为。而参数 $\tilde{\varphi}$ 和参数 $\tilde{\beta}$ 是较为重要的生产行为参数，参数 $\tilde{\varphi}$ 和参数 $\tilde{\beta}$ 的变化将影响企业主体的产量的大小，从而影响其预期资金需求、收入、利润等要素；担保因子 $\bar{\omega}$ 影响企业主体的对外担保额度，从而影响企业主体的担保行为。为此，本部分将重点研究企业主体生产行为参数 $\tilde{\varphi}$ 和参数 $\tilde{\beta}$、担保因子 $\bar{\omega}$ 对关联主体间风险溢出效应的影响，如图 8－10 所示。其中，图 8－10(a)至图 8－10(e)、图 8－10(f)至图 8－10(j)、图 8－10(k)至图 8－10(o)分别为生产行为参数 $\tilde{\varphi}$、生产行为参数 $\tilde{\beta}$ 及担保因子 $\bar{\omega}$ 的变化对企业主体间风险溢出效应的影响。

由图 8－10(a)和图 8－10(b)可知，随着生产行为参数 $\tilde{\varphi}$ 的不断增加，企业主体的破产数量及产量均呈现上升趋势。图 8－10(a)揭示了较大的生产行为参数 $\tilde{\varphi}$ 意味着较大规模的破产数，以及较严重的风险溢出效应。根据 $Y_{at} = \tilde{\varphi} A_{at}^{\tilde{\beta}}$，较大的生产行为参数 $\tilde{\varphi}$ 对应较高的产量。而较高的产量需要较大的银行信贷来支撑，如图 8－10(c)所示，从而引发较高的杠杆率。较高的杠杆率导致较高的金融脆弱性，随之有更多的企业主体破产。而由图 8－10(c)及图 8－10(d)可发现，随着生产行为参数 $\tilde{\varphi}$ 的不断增加，企业主体信贷均值呈现先升后降的趋势，而现金均值则呈现先降后升的趋势。图 8－10(e)则说明，随着生产行为参数 $\tilde{\varphi}$ 的增大，企业主体投资均值表现出下降趋势。图 8－10(e)的形成主要是由于在其他条件不变时，企业主体的较大的生产行为参数 $\tilde{\varphi}$ 导致较大的产量，因而需要较大的资金支持，使得投资水平下降。

图 8－10(f)至图 8－10(j)揭示了生产行为参数 $\tilde{\beta}$ 的变化对企业主体间风险溢出效应的影响。由图 8－10(f)和图 8－10(g)可知，随着生产行为参数 $\tilde{\beta}$ 的不断增加，企业主体破产数量及产量均值经历了先增后减的态势。

图 8 - 10(h)和图 8 - 10(i)则说明,随着生产行为参数 $\tilde{\beta}$ 的不断变大,银行信贷均值呈上升态势,而企业主体现金持有均值则随着生产行为参数 $\tilde{\beta}$ 的不断变大而表现出先升后降的态势。即存在一个阈值,当 $\tilde{\beta}$ 小于该阈值时,企业主体现金均值呈现上升趋势;而当 $\tilde{\beta}$ 大于该阈值时,企业主体现金均值则表现出不断变小的态势。图 8 - 10(j)则揭示了企业主体投资水平随着生产行为参数 $\tilde{\beta}$ 的不断增加而表现出下降态势。虽然 $\tilde{\beta}$ 和 $\tilde{\varphi}$ 均为生产行为参数,但对企业主体间的风险溢出效应影响并不相同。根据企业主体产量计算公式 $Y_{at} = \tilde{\varphi} A_{at}^{\tilde{\beta}}$,在其他条件不变的情况下,$\tilde{\varphi}$ 的增大会导致较大的产量;而对于生产行为参数 $\tilde{\beta}$ 而言,当其发生变化时,Y_{at} 的变化还取决于 A_{at} 的大小。故同为生产行为参数的 $\tilde{\beta}$ 和 $\tilde{\varphi}$,对企业主体间的风险溢出效应影响并不相同。

企业主体的担保行为是较为重要的主体行为。由 8.2 节可知,在银行主体授信的担保机制引入后,具有资金需求的企业主体必须向其他企业主体寻求足够的担保才可向银行主体申请贷款。而担保因子 $\bar{\omega}$ 影响着某一企业主体可对外提供的担保额度,同时也决定了资金需求主体所能获取的担保额度,从而影响企业主体的信贷资金可获取量,进而影响企业主体的生产、投资、工资支付、债务偿付等。担保因子 $\bar{\omega}$ 也影响担保主体对外的担保责任大小,从而影响企业主体间风险溢出效应,图 8 - 10(k)至图 8 - 10(o)对此进行了揭示。由图 8 - 10(k)可知,随着企业主体担保因子 $\bar{\omega}$ 的不断变大,企业主体累积破产数总量体上呈现出上升趋势。

根据式(8 - 2),在其他条件不变的情况下,随着担保因子 $\bar{\omega}$ 的不断变大,企业主体对外担保能力增加。这会导致债务担保主体具有较高的或有负债,表现出较高的金融脆弱性,故而随着担保因子 $\bar{\omega}$ 的不断增加,企业主体累积破产数量表现出上升趋势。图 8 - 10(l)说明,随着担保因子 $\bar{\omega}$ 的不断变化,企业主体产量均值未呈现明显的演变规律。由图 8 - 10(m)可知,随着担保因子 $\bar{\omega}$ 的不断增大,企业主体信贷均值在波动中呈现下降态势。由前述可知,随着担保量因子 $\bar{\omega}$ 的不断增大,虽然担保主体的对外担保能力提升,但系统内企业主体累积破产数量呈上升趋势,使得系统内企业主体的资产质量下降,导致银行信贷获取能力下降。图 8 - 10(n)则揭示了企业主体现金均值随着担保因子 $\bar{\omega}$ 的改变并未表现出明显的演变路径。图 8 - 10(o)揭示了随着担保因子 $\bar{\omega}$ 的不断变大,企业主体投资均值呈现下降态势,并在低位波动。企业主体投资水平的下降态势与企业主体信贷获取能力下降有一定的关联。

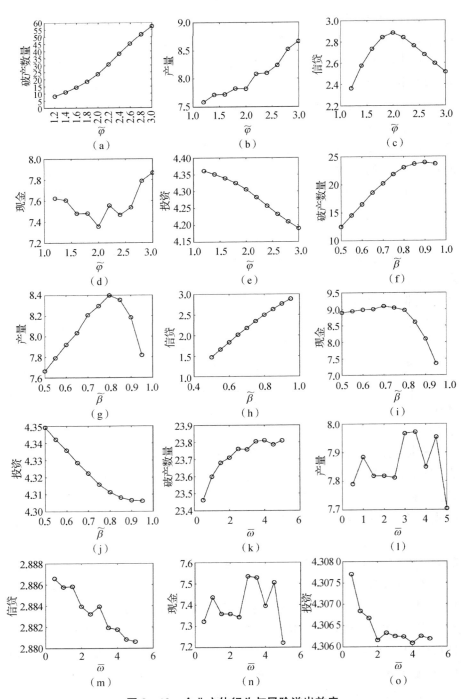

图 8-10　企业主体行为与风险溢出效应

8.4　本章小结

首先,基于企业主体间的担保关联,本章构建了担保单网络模型,研究了企业主体规模(用总资产、销售收入和产量来测度)分布的幂律特征;并通过所构建的模型,对关联主体间的风险溢出效应进行了研究。具体而言,本章可视化了企业主体间担保网络结构图,研究了基准情形下的担保单网络模型涌现特征。研究表明,所构建的担保单网络模型能够涌现出现实世界中所存在的企业主体规模的幂律分布特征,且当改变相关参数时,使用总资产、收入、产量等多指标进行测度的企业主体规模仍呈现出幂律尾部特征。

其次,基于所构建的模型,从担保机制和企业主体行为两个方面对关联主体间的风险溢出效应进行了研究。研究表明,相比无担保机制引入的情形,担保机制的引入使得企业主体累积破产数量增加,加大了企业主体间风险溢出效应。同时,引入担保机制情形下的企业主体每期投资的时间演变路径明显低于未引入担保机制情形下的时间演化路径,而其他研究变量的时间演变路径在两种情形下并未表现出明显区别。相比无偏连接机制,在优先连接机制下,风险溢出效应更加严重,而其他研究变量并未表现出明显区别。对于企业主体生产行为,虽然 $\tilde{\beta}$ 和 $\tilde{\varphi}$ 均为生产行为参数,但其对企业主体间风险溢出效应的影响具有一定的差异。随着生产行为参数 $\tilde{\varphi}$ 和 $\tilde{\beta}$ 的不断变动,前者使得企业主体累积破产数呈上升态势,而后者则引发企业主体累积破产数量表现出先上升而后小幅下降的态势。

总体而言,较高的生产行为参数 $\tilde{\varphi}$ 和 $\tilde{\beta}$ 值,会导致较为严重的风险传染。二者对其他相关变量的影响也不尽相同。而对于企业主体担保行为,当担保因子 $\tilde{\omega}$ 变大时,企业主体累积破产数量呈现上升趋势,企业信贷均值及投资水平呈现下降趋势。从上述研究结论中不难发现,担保机制的引入加剧了关联主体间的风险溢出效应,银行主体在授信实务中应充分挖掘企业主体的担保行为相关信息,收紧对具有较高对外担保额度的企业主体的授信,并严格限制企业主体的对外担保行为;对于企业主体,应限制其过度的生产扩张行为,避免因过度扩张所引发的信贷增加而导致较高的金融脆弱性。

第 4 部分

同质性多网络交互下关联
主体间风险溢出效应研究

由主体间关联而形成的关联网络为风险溢出提供了传播渠道。越来越多的学者开始基于网络视角来研究相互作用的主体间的风险溢出效应。因此，第 3 部分基于单网络视角研究关联主体间的风险溢出效应。然而，由第 1 部分的研究基础可知，银行主体间信贷市场、银企主体间信贷市场、企业主体间信贷市场均存在风险溢出。当某一主体同时在多个市场交易时，主体间的信贷连接（商业信贷连接、银行贷款连接、银行间同业拆借连接）又不可避免地使多个信贷市场发生关联，而每个市场均对应相应的信贷网络，即发生信贷网际风险溢出。鉴于此，本部分立足于同质性信贷多网络交互视角，构建信贷多网络交互下的风险溢出效应模型。基于所构建的模型，从存款准备金率、不同类型节点主体及中央银行主体流动性供给等方面对关联主体间的风险溢出效应进行研究。

第9章 信贷多网络交互下关联主体间风险溢出效应研究

第 7 章和第 8 章立足于单网络视角,分别从信贷单网络和担保单网络两个方面研究了关联主体间的风险溢出效应问题。而实际上,基于单网络视角对关联主体间的风险溢出效应进行研究并不能很好地对现实情况进行反映。正如第 1 章中所述,银行主体间信贷网络、企业主体间信贷网络、银企主体间信贷网络为关联主体间风险溢出提供了溢出渠道。而当某一经济主体同时作用于多个信贷网络时,将会发生不同信贷网络间的风险溢出,即网际间的风险传递。故立足于信贷多网络交互视角对风险溢出效应进行研究更具现实意义。为此,本章将构建同时考虑企业主体间信贷网络、银行主体间信贷网络、银企主体间信贷网络的信贷多网络交互模型,并对关联主体间风险溢出效应进行研究。

9.1 引　　言

经济体系由众多相互关联的经济主体构成,并呈现出复杂网络结构:银行主体与其他银行主体通过同业拆借彼此关联,形成基于银行间市场的银行主体间信贷网络;而企业主体则通过商品的售卖与其他企业主体产生关联,在采用赊销方式售卖的情况下,形成基于企业间市场的企业主体间商业信贷网络;与此同时,企业主体也可以通过银行信贷而与银行主体产生关联,进而形成基于银企间市场的银企主体间信贷网络。由于经济体系的高度关联性,经济主体行为将使得三大信贷网络产生交互作用。为此,立足于信贷多网络交互视角来研究关联主体间的风险溢出效应十分必要。而由第1 章的相关文献及第 7 章和第 8 章的研究可知,自 Allen 和 Gale(2000)及Freixas 等(2000)构建了银行主体间风险溢出的早期模型后,近年来,金融危机使得学者们更加关注此类研究,并涌现出较多的研究成果(Nier 等,

2007；May 和 Arinaminpathy，2010；Gai 等，2010；Li 等，2011；李守伟和何建敏，2012；Lenzua 和 Tedeschi，2012；Mastromatteo 等，2012；Chen 等，2012；Kauê 等，2012；Halaj 和 Kok，2013；Georg，2013；隋聪等，2014；鲍勤等，2014；Grilli 等，2014、2015；Sachs，2014；Kobayashi 和 Hasui，2014；Chen 等，2015；隋聪等，2017；隋新等，2017）。但不难发现，对于网络视角下的关联主体间的风险溢出效应研究多基于单一网络，如银行主体间网络、企业主体间网络、银企主体间网络等。为此，引入多网络模型来研究关联主体间的风险溢出效应引发了学者的研究注意。Gatti 等（2010）构建了一个三部门的网络经济模型，模型中的上下游部门企业主体由商业信贷连接，银企主体间由银行信贷连接，通过模型研究了破产危机的传播；Miranda 和 Tabak（2013）使用巴西经济的相关数据，构建了包含银企主体间关联、银行主体间关联的网络模型，发现源于企业主体部门的危机可被传递到银行主体间网络。基于信贷多网络的风险溢出效应研究更具现实意义。但许多信贷多网络模型都有自身的缺陷。尽管 Gatti 等（2010）的研究包含三类信贷关联，即上下游部门企业主体间的商业信贷关联、银企主体间信贷关联、银行主体间信贷关联，但该网络具有外生性。Miranda 和 Tabak（2013）的研究缺少微观主体间的动态交互作用。鉴于此，本章将在信贷单网络研究基础上，构建同时考虑银行主体间信贷网络、企业主体间信贷网络、银企主体间信贷网络的内生的信贷多网络交互模型，并通过所构建的内生信贷多网络交互模型，研究关联主体间的风险溢出效应。

9.2　信贷多网络交互模型

本章将构建同时考虑企业主体间信贷网络、银行主体间信贷网络、银企主体间信贷网络的信贷多网络交互模型，并对关联主体间的风险溢出效应进行研究。在研究中，考虑以下三种信贷关联：上下游部门企业主体从银行主体处获得银行信贷；银行主体通过银行间市场获得银行信贷；下游部门企业主体通过商业信用方式获得上游部门企业主体的产出。借鉴 Gatti 等（2010）的研究成果，银企主体间的信贷关联的建立方式如 6.1.3 中所述，即在初始时刻（$t=0$），为使得所构建模型能够运行，设定银行主体间、银企主体间、企业主体间的信贷关联的建立为随机形成，亦即 $t=0$ 时刻，系统中的金融网络形成方式为随机；从 $t=1$ 时刻起，金融网络为内生形成。考虑到在信息不对称的情况下，出于信息收集等的成本考量，每一个信贷需求主体更偏好于向自己的旧交易对手寻求贷款,但当新的信贷供给主体可提供更低利率时,该信贷需求主体有一定的转移概率与新的可提供更低利率的信贷供给主体进行交易。为此,从 $t=1$ 时刻起,在每一期,每一个信贷需求主体随机选择一定数量的潜在信贷供给主体(总的潜在信贷供给主体数量的一定比例,设该比例为 $\bar{M}$),并计算该潜在信贷供给主体所设定的信贷利率,并将最低信贷利率与旧交易对手所设定的信贷利率相比较,进而决定新的信贷关联的建立。当该最低信贷利率低于旧交易对手所设定的信贷利率时,信贷需求主体存在一定的转移概率 $\bar{P}_s$ 而与新的潜在的信贷供给主体建立新的信贷连接。转移概率的计算公式为:$\bar{P}_s = 1 - e^{\bar{\lambda}(r_{new}-r_{old})/r_{new}}$ $(r_{new} <$ $r_{old})$,其中,$\bar{\lambda} > 0$,r_{new} 和 r_{old} 分别为新旧银行主体所提供的利率。以一种综合的方式来表述企业主体间的商业信贷利率及银行设定的信贷利率,如式(9-1)所示(Gatti 等,2010):

$$r_{x't}^{x'} = \bar{\alpha}A_{x't}^{-\bar{\alpha}} + \bar{\alpha}(l_{x't})^{\bar{\alpha}} \tag{9-1}$$

其中,$\bar{\alpha} > 0$;$A_{x't}$ 为资产净值;$r_{x't}^{x'}$ 表示信贷供给主体 x'' 设定的信贷需求主体 x' 的信贷利率($x'=i,j,z,x''=j,z,i$ 表示下游部门企业主体,j 表示上游部门企业主体,z 表示银行主体);$l_{x't}$ 表示信贷需求主体 x' 的杠杆率。

9.2.1　企业主体

企业主体的生产、分红与投资分别如 6.1.1 所述,此处做简要概述。在每一个模拟时刻,企业主体根据公式 $Y_{xt}^d = \bar{\varphi}A_{xt}^{\bar{\beta}}$ 测度其最大生产量,其中,A_{xt} 为净资产;$\bar{\varphi} > 1$;$0 < \bar{\beta} < 1$。对于下游部门企业主体,与其最大生产量相对应的中间投入数量为 $\bar{\gamma}Y_{it}^d$($\bar{\gamma} > 0$);而主体 i 的真实产量 Y_{it}^r 和所需要的劳动力 N_{it}^r 可表示为 $Y_{it}^r = \sum_{j \in \Psi_{it}} Q_{jt}^i/\bar{\gamma}$,$N_{it}^r = \bar{\delta}_d Y_{it}^r$,其中,$\Psi_{it}$ 代表 t 时刻向第 i 个下游部门企业主体提供中间投入的上游部门企业主体集合,且 $\bar{\delta}_d > 0$;Q_{jt}^i 为 t 时刻第 i 个下游部门企业主体从第 j 个上游部门企业主体处所获的中间投入的数量。上游部门企业主体的实际产量则取决于其自身最大生产能力和下游部门企业主体对中间投入的需求,其真实产量和所需要的劳动力可表示为 $Y_{jt}^r = \sum_{i \in \Phi_{jt}} Q_{jt}^i$,$N_{jt}^r = \bar{\delta}_u Y_{jt}^r$,其中,$\Phi_j$ 代表主体 j 的客户集合,且 $\bar{\delta}_u > 0$。主体 x 计算自身的资金缺口 FG_{xt},其等于净支出与现金持有量之间的差值。用 B_{zt}^x 表示第 x 个企业主体从第 z 个银行主体处获得的银行贷款。令所有企业主体的银行借款期限为 $\bar{n}$ 期。为此，t 时刻第 x 个企业主体的资金缺口可由式（9-2）表示，即：

$$FG_{xt} = \bar{w}N_{xt}^r + \sum_{s=1}^{\bar{n}-1}\sum_{z\in\Psi'_{xt-s}} B_{zt-s}^x r_{zt-s}^x + \sum_{z\in\Psi_{xt-(\bar{n}-1)}} B_{zt-(\bar{n}-1)}^x +$$

$$I_{[x]}\bar{P}\left(\sum_{s=1}^{\bar{m}-1}\sum_{j\in\Psi_{it-s}} Q_{jt-s}^i r_{jt-s}^i + \sum_{j\in\Psi_{it-(\bar{m}-1)}} Q_{jt-(\bar{m}-1)}^i\right) + I_{xt+1} +$$

$$I_{a[\widetilde{L}_{xt}]}\widetilde{L}_{xt} + \bar{h}A_{xt} - I_{[x]}\bar{\mu}_{fe}Y_{xt}^r - (1-$$

$$I_{[x]})\bar{P}\left(\sum_{s=1}^{\bar{m}-1}\sum_{i\in\Phi_{jt-s}} Q_{jt-s}^i r_{jt-s}^i + \sum_{i\in\Phi_{jt-(m-1)}} Q_{jt-(\bar{m}-1)}^i\right) -$$

$$I_{xt-(\bar{\tau}_f-1)}(1+\bar{\rho}) - (1+I_{a[\widetilde{L}_{xt}]})\widetilde{L}_{xt} \qquad (9-2)$$

其中，$\bar{w}$ 代表雇员的工资；A_{xt} 为第 x 个企业主体的资产净值；$\bar{h}$ 为企业主体的分红率；r_{zt}^x 为第 x 个企业主体向第 z 个银行主体申请银行贷款时所应支付的信贷利率；$\bar{P}$ 为上游部门企业主体产品销售价格；$\bar{\mu}_{fe}$ 为企业主体资金缺口测算时的最终产品预期销售价格；$\bar{\rho}$ 代表企业主体资金缺口测算时的投资的预期回报率；r_{jt}^i 为 t 时刻第 i 个下游部门企业主体向第 j 个上游部门企业主体申请商业信贷时所应支付的商业信贷利率；$\bar{m}$ 代表上下游部门企业主体间的商业信贷期限；I_{xt} 代表第 x 个企业主体于 t 时刻的新投资，且 $I_{xt} = |\bar{V}_{xt} + \bar{\sigma}_1\eta_t|$，其中，$\bar{V}_{xt} \sim |N(\bar{\mu}_f, \bar{\sigma}_f^2)|$，$\eta_t \sim N(0,1)$；$\bar{\tau}_f$ 则为企业主体的投资期限，且 $\bar{\tau}_f$ 期后获得随机收入 $\bar{\rho}_{xt+\bar{\tau}_f}$ $[\bar{\rho}_{xt+\bar{\tau}_f} \sim N(\bar{u}_{fr}, \bar{\sigma}_{fr}^2)]$；$\Psi'_{xt}$ 代表向第 x 个企业主体提供银行信贷的债权银行主体集合；$\widetilde{L}_{xt}$ 为第 x 个企业主体的期间现金；$I_{a[\cdot]}$ 为示性函数，若 $\widetilde{L}_{xt} < 0$，则 $I_{a[\cdot]} = -1$，若 $\widetilde{L}_{xt} \geq 0$，则 $I_{a[\cdot]} = 0$；$I_{[x]}$ 为示性函数，当 $x = i$ 时，$I_{[x]} = 1$，否则，$I_{[x]} = 0$。

如果 $FG_{xt} > 0$，企业主体 x 需要向银行主体申请贷款。向银行主体获取贷款的过程如 6.1.1.3 所述。从银行主体获取贷款后，企业主体 x 的现金如式（9-3）所示：

$$L_{xt} = \widetilde{L}_{xt} + \sum_{z\in\Psi'_{xt}} B_{zt}^x \qquad (9-3)$$

其中：

$$\widetilde{L}_{xt} = L_{xt-1} + I_{[x]}\bar{\mu}_{it-1}Y^{r}_{xt-1} + (1 - I_{[x]})\bar{P}\Big(\sum_{s=1}^{\bar{m}}\sum_{i\in\Phi_{jt-s}}Q^{i}_{jt-s}r^{i}_{jt-s} +$$

$$\sum_{i\in\Phi_{jt-\bar{m}}}Q^{i}_{jt-\bar{m}}\Big) + I_{xt-\bar{\tau}_{f}}(1 + \bar{\rho}_{xt-\bar{\tau}_{f}}) - \bar{w}N^{r}_{xt-1} - I_{xt} - \bar{h}A_{xt-1} -$$

$$\sum_{s=1}^{\bar{n}}\sum_{z\in\Psi'_{xt-s}}B^{x}_{zt-s}r^{x}_{zt-s} - \sum_{z\in\Psi'_{xt-\bar{n}}}B^{x}_{zt-\bar{n}} -$$

$$I_{[x]}\bar{P}\Big(\sum_{s=1}^{\bar{m}}\sum_{j\in\Psi_{it-s}}Q^{i}_{jt-s}r^{i}_{jt-s} + \sum_{j\in\Psi_{it-\bar{m}}}Q^{i}_{jt-\bar{m}}\Big) \qquad (9-4)$$

其中,L_{xt-1} 为上一期现金,且 $L_{x0}=A_{x0}$;$\bar{\mu}_{it}$ 为下游部门企业主体 i 销售最终产品时的价格,且 $\bar{\mu}_{it}$ 随机抽取于范围为 $(\bar{\mu}_{\min},\bar{\mu}_{\max})$ 的均匀分布。此时,如果 $L_{xt}<0$,且 $L_{xt}+I_{xt}\geqslant 0$,则对于无法从银行市场获得足够流动性的企业主体 x 而言,其应调整投资水平,使得现金持有为非负。这说明企业主体 x 的现金优先用于债务支付。

因此,下游部门企业主体 i 和上游部门企业主体 j 的资产净值可分别由式(9-5)和式(9-6)表示:

$$A_{it} = \sum_{s=0}^{\bar{\tau}_{f}-1}I_{it-s} + L_{it} - \bar{P}\times\sum_{s=0}^{\bar{m}-1}\sum_{j\in\Psi_{it-s}}Q^{i}_{jt-s} - \sum_{s=0}^{\bar{n}-1}\sum_{z\in\Psi'_{i}}B^{i}_{zt-s} \qquad (9-5)$$

$$A_{jt} = \sum_{s=0}^{\bar{\tau}_{f}-1}I_{jt-s} + L_{jt} + \bar{P}\times\sum_{s=0}^{\bar{m}-1}\sum_{i\in\Phi_{jt-s}}Q^{i}_{jt-s} - \sum_{s=0}^{\bar{n}-1}\sum_{z\in\Psi'_{j}}B^{j}_{zt-s} \qquad (9-6)$$

在计算实验仿真分析过程中,当 $A_{xt}\leqslant 0$ 或 $A_{xt}>0$ 时,主体 x 将被新的主体所替代,但其因银行主体信贷供给能力有限而不能通过借贷达到非负的流动性持有。同时,为了减少新进入企业主体对系统的影响,新企业主体的净资产随机抽取于区间 $[0,A_{x0}]$(Gatti 等,2010;Thurner 和 Poledna,2013;Riccetti 等,2013)。

9.2.2　银行主体

银行主体 z 的资产包括企业主体贷款、银行主体间贷款、投资和流动性资产,分别用 TFL_{z}、TIL_{z}、TI_{zt} 及 L_{z} 来表示。而银行的负债则由银行主体储户存款、银行主体间借款和资产净值组成,分别用 D_{z}、TB_{z} 及 A_{z} 来表示。为此,在 t 时刻,对于银行主体 z,得到如下会计恒等式:

$$TFL_{zt} + TIL_{zt} + TI_{zt} + L_{zt} = D_{zt} + TB_{zt} + A_{zt} \qquad (9-7)$$

其中，$TFL_{zt} = \sum_{s=0}^{\bar{n}-1} \sum_{x \in \Phi'_{zt-s}} B^x_{zt-s}$，$TIL_{zt} = \sum_{s=0}^{\bar{q}-1} \sum_{z' \in \Phi'_{zt-s}} B^{z'}_{zt-s}$，$TI_{zt} = \sum_{s=0}^{\bar{\tau}_b-1} I_{zt-s}$，

$TB_{zt} = \sum_{s=0}^{\bar{q}-1} \sum_{z' \in \Psi'_{zt-s}} B^z_{z't-s}$；$\Phi'_z$ 为从银行主体 z 处获得银行信贷的借款主体集

合；Ψ'_z 为向银行主体 z 提供银行信贷的债权银行主体集合；$B^{z'}_{zt}$ 为 t 时刻第 z'

个银行主体从第 z 个银行主体处获得的银行信贷；I_{zt} 为 t 时刻银行主体 z 的投

资规模；$\bar{q}$ 和 $\bar{\tau}_b$ 分别为银行主体间信贷借款期限及银行主体投资期限。

银行主体 z 在此处的流动性更新与 6.1.2 中类似，但有不同之处。此

处需要考虑银行主体间拆借行为所引发的流动性变化。每一期的流动性更

新过程中，引发银行主体 z 流动性发生变化的影响因素有投资回报收入与

投资回收、银行储户存款波动、企业主体贷款利息收入与贷款本金回收、银

行主体间信贷利息与本金的收支及银行主体运营成本支出等。考虑以上影

响要素，银行主体 z 初始更新流动性，获得 $\widetilde{L}_{zt}$ 可表示为式（9-8）：

$$\widetilde{L}_{zt} = L_{zt-1} + \sum_{s=1}^{\bar{\tau}_b} I_{zt-s}[\bar{\lambda}_z \rho_{zt-s} + (1-\bar{\lambda}_z)\bar{r}_f] + I_{zt-\bar{\tau}_b} + \sum_{s=1}^{\bar{n}} \sum_{x \in \Phi'_{zt-s}} B^x_{zt-s} r^x_{zt-s} +$$

$$\sum_{s=1}^{\bar{q}} \sum_{z' \in \Phi'_{zt-s}} B^{z'}_{zt-s} r^{z'}_{zt-s} + \sum_{x \in \Phi'_{zt-\bar{n}}} B^x_{zt-\bar{n}} + \sum_{z' \in \Phi'_{zt-\bar{q}}} B^{z'}_{zt-\bar{q}} + D_{zt} - D_{zt-1} -$$

$$\bar{r}_{dp} D_{zt-1} - \sum_{s=1}^{\bar{q}} \sum_{z' \in \Psi'_{zt-s}} B^{z'}_{z't-s} r^{z'}_{z't-s} - \sum_{z' \in \Psi'_{zt-\bar{q}}} B^z_{z't-\bar{q}} - CoS_{zt} \qquad (9-8)$$

其中，$\bar{\lambda}_z$ 是主体 z 的投资中风险投资份额，如 6.1.2 中所述，即 $\bar{\lambda}_z =$

$\min\left\{\dfrac{\bar{\mu}}{\bar{\psi}_z \bar{\sigma}^2}, 1\right\} \in [0,1]$；$\bar{\mu}$ 表示投资的预期回报；$\bar{\sigma}$ 则为投资回报的标准差；

$\bar{\psi}_z$ 为第 z 个银行主体的风险厌恶系数，并随机抽取于 $[\bar{\psi}_{\min}, \bar{\psi}_{\max}]$；$\rho_{zt}$ 代表

银行主体 z 的风险投资回报率，其服从均值为 $\bar{u}_{br}$、标准差为 $\bar{\sigma}_{br}$ 的正态分布；

$\bar{r}_f$ 表示无风险利率；$r^{z'}_{zt}$ 为第 z' 个银行主体向第 z 个银行主体申请贷款时所

应支付的信贷利率；$CoS_{zt} = \bar{c}(A_{zt-1} + D_{zt-1} + TB_{zt-1})$ 为银行主体 z 的运营

成本，$\bar{c}$ 代表成本份额（Riccetti 等，2013）。

D_{zt} 的确定如下：$D_{zt} \sim N(\bar{u}_{dpt}, \bar{\sigma}^2_{dp})$，且满足 $\bar{u}_{dpt} = Y_{remt}/Z$，$\sum_z D_{zt} =$

Y_{remt}。其中，$Y_{remt} = \bar{\upsilon} Y_{wealth}$；$Z$ 代表系统中银行主体数量；$\bar{\upsilon}$ 表示住户主体获

得的财富用于银行储蓄的比例系数，该比例系数随机取自 $[\bar{\upsilon}_{\min}, \bar{\upsilon}_{\max}]$；$Y_{wealth}$

代表住户主体的总财富。t 时刻，住户主体的总财富可用式（9-9）来表示：

$$Y_{wealth} = \bar{w}\left(\sum_x N_{xt-1}^{real}\right) + \sum_z CoS_{zt} \times \bar{\zeta} + \sum_z D_{zt-1}(1 + \bar{r}_{dp})$$

$$(9-9)$$

其中,$\bar{\zeta}$ 为比例系数。

主体 z 更新其净资产,如式(9-10)来表示:

$$A_{zt} = \tilde{L}_{zt} + \sum_{s=1}^{\bar{\tau}_b - 1} I_{zt-s} + \sum_{s=1}^{\bar{n}-1} \sum_{x \in \Phi'_{zt-s}} B_{zt-s}^x + \sum_{s=1}^{\bar{q}-1} \sum_{z' \in \Phi'_{zt-s}} B_{zt-s}^{z'} - \sum_{s=1}^{\bar{q}-1} \sum_{z' \in \Psi'_{zt-s}} B_{z't-s}^z - D_{zt}$$

$$(9-10)$$

在模拟时刻 t,当 $\tilde{L}_{zt} > 0$ 且 $A_{zt}/D_{zt} > \bar{\chi}$ 时,银行主体进行分红与投资,且分红先于投资。分红数量表示为 $DD_{zt} = \max[0, \min(NP_{zt} \times \bar{S}, \tilde{L}_{zt} - \pi D_{zt}, A_{zt} - \bar{\chi} D_{zt})]$,其中,$NP_{zt}$ 代表利润;$\bar{S} \in [0, \bar{d}]$ 代表利润的分配比率;$\bar{d}$ 为比率上限。投资数量 I_{zt} 如 6.1.2 中所述,即 $I_{zt} = \min[\bar{\omega}_{zt}, \max(0, \tilde{L}_{zt} - DD_{zt} - \pi D_{zt})]$,其中,$\bar{\omega}_{zt} = |\bar{V}_{zt} + \bar{\sigma}_2 \eta_t|$,且 $\bar{V}_{zt} \sim |N(\bar{\mu}_b, \bar{\sigma}_b^2)|$。至此,银行主体 z 进一步更新流动性,获得 $\hat{L}_{zt}$,且 $\hat{L}_{zt} = \tilde{L}_{zt} - DD_{zt} - I_{zt}$。并且,分红需从银行主体 z 的资产净值中扣除。

流动性更新完成后,可根据银行主体的流动性持有情况,将银行主体划分为两大类型,即具有充足流动性的银行主体与流动性短缺的银行主体。具有充足流动性的银行主体为潜在的银行信贷供给主体,流动性短缺的银行主体和具有资金缺口的企业主体为潜在的银行信贷需求主体。潜在的银行信贷需求主体基于前述交易对手选择机制寻找银行信贷供给主体。若该银行信贷需求主体不能从第一个接触的银行信贷供给主体获得足够的流动性,其仍将按照前述交易对手选择机制继续向其他潜在的银行信贷供给主体寻求流动性,直至其流动性需求得到满足或者银行系统内再无多余流动性可提供。因此,如果该银行信贷需求主体为企业主体,且仍不能获取足够的流动性,其将调整其投资水平,以实现非负的流动性持有。在银行信贷寻求过程中,仅当信贷需求主体获得足够的资金以实现非负的流动持有时,信贷资金才会从银行信贷供给主体转移至银行信贷需求主体。以下将对上述过程进行公式化描述。对于银行信贷供给主体 z,其所能对外提供的最大的流动性为 $\hat{L}_{zt} - \pi D_{zt}$。为此,银行主体 z 可接受的总借款申请可用式(9-11)来表示:

$$\bar{B}_{appt}^z = \begin{cases} 0, & \hat{L}_{zt} - \pi D_{zt} < 0 \\ \bar{B}_{sumt}^z, & \hat{L}_{zt} - \pi D_{zt} > \bar{B}_{sumt}^z \\ \hat{L}_{zt} - \pi D_{zt}, & \text{其他} \end{cases} \quad (9-11)$$

其中，$\bar{B}_{sumt}^{z} = \sum\limits_{x' \in \widetilde{\Phi}_{zt}''} \bar{B}_{zt}^{x'}$ 表示银行主体 z 收到的源于信贷需求主体 x' 提交的信贷总需求量；$\widetilde{\Phi}_{zt}''$ 代表向银行主体 z 发出借款申请的信贷需求主体集合；$\bar{B}_{zt}^{x'}$ 为信贷需求主体 x' 向银行主体 z 申请的贷款量。

如果银行信贷供给主体 z 具有较为充足的流动性，则向银行主体 z 寻求流动性的所有的信贷需求主体的借款申请均能得到完全满足，并且信贷需求主体成为银行主体 z 的真实借款主体；若银行信贷供给主体 z 的流动性不足以满足所有的向其申请贷款的信贷需求主体的借款申请，在这种情况下，设定银行主体 z 优先满足企业主体的借款需求；而对于同一类型的信贷需求主体（如同为银行主体、同为企业主体等），在信息不对称的情况下，银行主体 z 出于信贷风险控制考虑，优先分配其自身流动性给资产净值较大的信贷需求主体，直至银行主体 z 再无多余流动性可供分配。考虑至此，银行信贷需求主体 x' 从银行主体 z 处所获得的实际贷款量如式(9-12)所示：

$$
B_{zt}^{x'} = \begin{cases}
\bar{B}_{zt}^{x'} & \bar{B}_{appt}^{z} = \bar{B}_{sumt}^{z} \\
\bar{B}_{zt}^{x'} & \sum\limits_{\theta=1}^{\bar{n}'} \bar{B}_{zt}^{\dot{\theta}} \leqslant \bar{B}_{appt}^{z} < \sum\limits_{\theta=1}^{\bar{n}'+1} \bar{B}_{zt}^{\dot{\theta}} \text{ 且 } \bar{\theta}(x') \leqslant \bar{n}' \\
\hat{L}_{zt} - \pi D_{zt} - \sum\limits_{\theta=1}^{\bar{n}'} \bar{B}_{zt}^{\dot{\theta}} & \sum\limits_{\theta=1}^{\bar{n}'} \bar{B}_{zt}^{\dot{\theta}} \leqslant \bar{B}_{appt}^{z} < \sum\limits_{\theta=1}^{\bar{n}'+1} \bar{B}_{zt}^{\dot{\theta}} \text{ 且 } \bar{\theta}(x') = \bar{n}'+1 \\
& \bar{B}_{appt}^{z} = \hat{L}_{zt} - \pi D_{zt} \\
0 & \sum\limits_{\theta=1}^{\bar{n}'} \bar{B}_{zt}^{\dot{\theta}} \leqslant \bar{B}_{appt}^{z} < \sum\limits_{\theta=1}^{\bar{n}'+1} \bar{B}_{zt}^{\dot{\theta}} \text{ 且 } \bar{\theta}(x') > \bar{n}'+1 \\
0 & \text{其他}
\end{cases}
$$

$$(9-12)$$

其中，$\bar{n}' = 1,2,3\cdots,\theta(\theta=1,2,3\cdots)$ 表示银行主体 z 将其信贷需求主体按一定规则排序后的第 θ 个信贷需求主体；$\bar{\theta}(x')$ 为银行主体 z 按规则排序其信贷需求主体后，信贷需求主体 x' 所对应的序号；$\dot{\theta}$ 为排序后第 θ 个信贷需求主体所对应的该主体原来的序号。排序规则为：① 企业主体位于银行主体之前；② 对于相同类型的银企信贷需求主体，按照资产净值由大到小排序。需要说明的是，$\sum\limits_{\theta=1}^{\bar{n}'} \bar{B}_{zt}^{\dot{\theta}} \leqslant \bar{B}_{appt}^{z} < \sum\limits_{\theta=1}^{\bar{n}'+1} \bar{B}_{zt}^{\dot{\theta}}$ 表示银行主体 z 的流动性持

有可满足排序后的前 $\bar{n}'$ 个信贷需求主体的借款需求,但不具有充足的流动性来完全满足第 $\bar{n}'+1$ 个信贷需求主体的借款申请。

此时,银行主体 z 进行流动性更新,获得 L_{zt},如式(9-13)所示:

$$L_{zt} = \hat{L}_{zt} - \sum_{x \in \Phi'_{zt}} B^x_{zt} - \sum_{z' \in \Phi'_{zt}} B^{z'}_{zt} + \sum_{z' \in \Psi'_{zt}} B^z_{z't} \qquad (9-13)$$

在计算实验过程中,在计算实验过程中,当发生以下情形时,银行主体 z 将被新的银行主体所替代:当 $A_{zt} \leqslant 0$ 或银行主体 z 的净资产为非负,但其因银行主体流动性供给能力有限而不能通过借贷达到非负的流动性持有。新银行主体的净资产随机抽取于区间 $[0, A_{z0}]$。

9.2.3　风险溢出机制

6.1.4 阐述了经济主体违约时的处理机制,但 6.1.4 中未考虑银行主体间的同业拆借行为,而本部分的风险溢出机制将银行主体间的同业拆借行为纳入其中,考虑银行主体违约对其信贷供给主体的影响。在每一个模拟时刻,当某一经济主体的净资产小于 0 时,其将发生信贷偿还违约行为,为其提供信贷支持的经济主体的净资产将因无法全额收回相应信贷资产而遭受侵蚀。为了便于表述,t 时刻,令 $LD_{x''|x't}$ 表示 t 时刻由主体 x' 违约而给债权主体 x'' 带来的损失,且 $LD_{x''|x't} = OL^{x'}_{x''t} \times LR_{x't}$,其中,$OL^{x'}_{x''t}$ 代表债权主体 x'' 对于主体 x' 的信贷暴露;$LR_{x't}$ 为主体 x' 的信贷损失率,表示为 $LR_{x't} = \min(-A_{x't}/TL'_{x't}, 1)$,而 $TL'_{x't}$ 为上下游部门企业主体于 t 时刻的全部负债。

令 $Bad_{x''t}$ 表示债权主体 x'' 的由其借款主体 x' 违约所引发的坏账,且 $Bad_{x''t} = \sum_{x' \in \Phi^{bad}_{x''}} LD_{x''|x't}$,其中,$\Phi^{bad}_{x''}$ 为从债权主体 x'' 处获得信贷的违约主体集合。计算债权主体的坏账后,需对银企主体的资产负债表相关项目进行调整。首先,需要调整债权主体 x'' 的资产净值,从债权主体 x'' 的资产净值中剔除相应坏账。其次,债权主体 x'' 测算可回收债权,据此调整其流动性。

9.3　信贷多网络交互下关联主体间
风险溢出效应的形成过程

上述模型涉及三大类型主体,即银行主体、上游部门企业主体及下游部门企业主体。企业主体进行生产、销售、分红与投资;上游部门企业主体使用劳动作为唯一投入并为下游部门企业主体的生产提供中间投入；下游部门企业主体使用上游部门企业主体生产的产品及劳动作为要素投入生产最终产品；下游部门企业主体通过商业信贷形式获取中间投入，进而上下游部门企业主体间建立商业信贷连接；当企业主体具有资金需求时，其向银行主体寻求流动性；银行主体进行企业贷款发放、分红、投资等活动，并根据自身流动性情况在银行主体间市场进行操作。具有较多流动性的银行主体向企业主体发放贷款，并与之建立信贷连接，并向具有流动性需求的银行主体发放银行间贷款，进而建立银行间信贷连接。某一经济主体违约的负面影响将通过信贷关联网络而传递给债权主体；如果该债权主体能够承受传递过来的负面冲击，其资产净值仍将受到侵蚀；面对恶化的财务状况，出于风险防范考虑，该债权主体将提升新生贷款利率，而这将增加借款主体财务负担，也可能引发新一轮的主体破产。若该债权主体的资产净值并不足够大以至于无法抵抗传递过来的负面冲击，其将违约破产。而这也将引发上述过程的发生。从以上分析不难发现，较高的破产率可导致较高利率的发生，同时较高利率也将引发较高的破产率(Stiglitz 和 Greenwald，2003)。

相互关联主体间的风险溢出过程分析如图 9-1 所示。由 9.2.3 可知，主体 x' 违约的负面效应将通过相应的信贷网络而传递给相应的债权主体 x''。若 $\sum_{x'} LD_{x''|x't} \geqslant A_{x''t}$，则债权主体 x'' 违约；而债权主体 x'' 违约负面效应将通过相应的信贷网络而传递给相应的债权主体，传递将一直持续，直至系统中再无新的违约主体出现，即主体 x' 违约的负面效应被三大信贷网络所吸收。如果 $\sum_{x'} LD_{x''|x't} < A_{x''t}$，即债权主体 x'' 承受住了由债务主体传递过来的负面冲击，但债权主体 x'' 的资产净值受到了侵蚀，这将导致债权主体 x'' 的资产净值减小和杠杆率的提升。根据信贷利率决定公式(9-1)，在其他条件不变时，当债权主体 x'' 的资产净值减小时，其对于新增的信贷的利率将提升，而这将引发相关主体的财务负担加重，进而有可能引发新一轮的破产连锁；同时根据信贷利率决定公式(9-1)也可知，在其他条件不变时，债权主体 x'' 杠杆率的提升，将引发主体 x'' 的新申请贷款利率提升，而这将引发主体 x'' 的财务负担加重，甚至引发其破产，进而导致新一轮的破产连锁，如图 9-1 所示。

由上述分析可知，某一经济主体的违约不仅可以通过主体间的直接信贷关联而对交易对手产生直接影响，即关联主体间的直接风险溢出，也可以通过信贷关联网络对和其存在间接信贷关联的主体产生影响，即关联主体间的间接风险溢出。这种间接的风险溢出可导致网络中与之不存在直接信

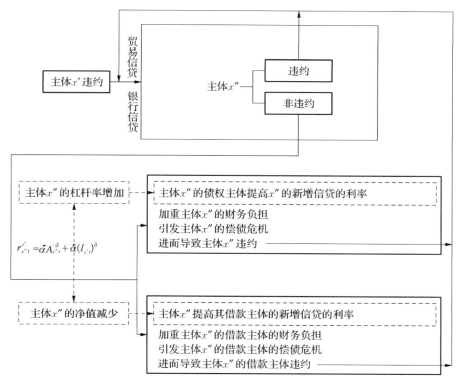

图 9 - 1　相互关联主体间的风险溢出效应过程

贷关联的主体发生违约。可见,某一主体违约的负面影响不再局限于其自身,而极易通过主体间的关联网络而对与之存在直接或间接关联的主体产生影响,说明了经济世界的网络格局。

9.4　信贷多网络交互下风险溢出效应仿真分析

基于所构建的信贷多网络交互模型,本部分将借助计算实验仿真分析,研究多网络交互视角下的关联主体间风险溢出效应。人工银企系统设定 200 个下游部门企业主体、100 个上游部门企业主体及 100 个银行主体,且 $A_{x0}=1,A_{z0}=5,D_{z0}=10,L_{z0}=15$。在 $t=0$ 时刻,相关经济主体间的信贷连接随机生成。从 $t=1$ 时刻起,则按照内生的交易对手选择机制来建立信贷连接;在仿真分析过程中,前 200 期被用于模型初始化而被舍去,选取后 800 期作为研究对象。因此,本章的研究结果是关于后 800 期的仿真输出结果。计算实验分析过程中,每次模拟运行 1 000 期,共运行 100 次。出于结果稳定性考量,相关研究结果为 100 次模拟的平均值。参考 Iori 等 (2006)、Gatti 等(2010)及 Georg(2013)的研究,仿真分析过程中所使用的主要参数设置如下: $\bar{\alpha}=0.01, \bar{\varphi}=2, \bar{\beta}=0.95, \bar{\mu}_{fr}=0.3, \bar{\sigma}_{fr}=1, \bar{w}=1.01, \bar{\mu}_{fe}=1, \bar{c}=0.009, \bar{\sigma}_{dp}=20, \bar{\chi}=0.3, \bar{\mu}_{br}=0.06, \bar{q}=9, \bar{\sigma}_{br}=0.5, \bar{m}=2, \bar{\tau}_f=\bar{\tau}_b=10, \bar{\lambda}=1.5, \bar{M}=0.1, \bar{\delta}_d=0.5, \bar{\delta}_u=1, \bar{\mu}_f=0.01, \bar{\sigma}_f=0.02, \bar{\sigma}_1=0.01, \bar{P}=1.02, \bar{h}=0.005, \bar{d}=1, \bar{\rho}=0.3, \bar{\zeta}=0.35, \bar{\mu}_{\min}=0.4, \bar{\mu}_{\max}=1.6, \bar{\gamma}=0.5, \pi=0.2, \bar{\mu}_b=0.1, \bar{\sigma}_b=0.5, \bar{\sigma}_2=0.2, \bar{\mu}=0.1, \bar{\sigma}=0.2, \bar{v}_{\min}=0.1, \bar{v}_{\max}=0.3, \bar{n}=12, \bar{\psi}_{\min}=0.55, \bar{\psi}_{\max}=0.7$。在仿真分析过程中,研究了系统中相关部门主体的破产数量,分别使用 BD、DD、UD 来表示银行部门、下游部门、上游部门的破产主体数量。研究中,相关部门破产主体的总数量被除以研究步长 800。同时,也研究了系统中银行部门的信贷均值、社会的总产出水平均值及其标准差等变量,分别使用 BCM、AOM 及 AOS 来表示。以下将从存款准备金率、不同类型节点主体及中央银行主体流动性供给等视角来研究信贷多网络交互下的关联主体(银企)间的风险溢出效应问题。

9.4.1 存款准备金率与风险溢出效应

存款准备金政策是中央银行的货币政策工具之一,其对银行主体的影响可谓立竿见影。存款准备金的变动直接影响银行主体的流动资金持有,进而影响银行主体对经济体系的信贷供给。当中央银行主体提高银行主体存款准备金率时,会导致某些银行主体的流动性出现短缺,同时也会减少银行主体对实体经济的信贷供给,导致某些企业主体因无法获得流动性融通而破产,抑制了经济的发展。也正如此,存款准备金的使用备受争议。许多国家甚至将存款准备金制度取消(施兵超,2008)。从我国存款准备金的实践操作来看,2010—2011 年上半年,我国频繁使用存款准备金制度,共调升存款准备金率 12 次(高谦和何蓉,2012);而 2015 年 2 月至 10 月,存款准备金率又被多次接连下调。那么,存款准备金率的使用对经济体系有怎样的影响? 是否会对关联主体间的风险溢出效应产生影响? 下面将借助计算机仿真,利用计算实验参数可控且可反复实验的特点,研究存款准备金率的变化对关联主体间风险溢出效应的影响及对相关经济变量的影响,如图 9-2 所示。

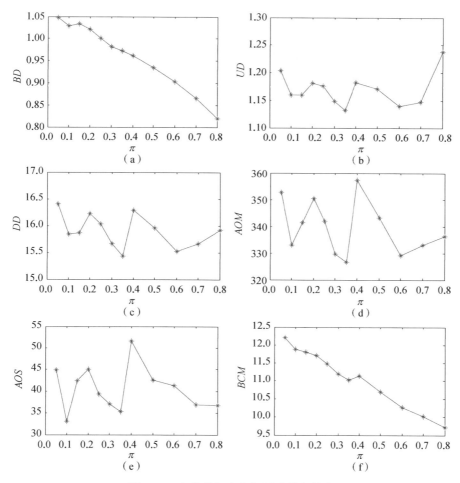

图 9-2　存款准备金率与风险溢出效应

　　图 9-2 揭示了存款准备金变化对关联主体相关变量的影响。图 9-2
(a)至图 9-2(f)分别为银行部门、上游部门、下游部门的破产主体数量及企
业部门产量均值、企业部门产量标准差、银行部门信贷均值。从图 9-2 中
可知,随着银行主体存款准备金率的不断提升,银行部门破产主体数量呈现
下降趋势,而上游及下游部门破产主体数量、企业部门产量均值及标准差均
未表现出明显的有规律的趋势。而随着存款准备金率的不断提升,银行信
贷水平逐渐下降。存款准备金率的提升,使得银行主体的可贷资金减少[如
图 9-2(f)所示],这使得银行主体坏账水平下降,在一定程度上使得银行部
门破产主体数量下降[如图 9-2(a)所示]。然而,存款准备金率的提升导致
银行系统的可贷资金的减少,也会使得某些流动性短缺的资金需求主体无

法获得充足的流动性而出现破产,这将对体系内的银企主体的破产、产出等产生影响。以上说明,存款准备金对经济体系表现出双向作用。从图9-2中也可以发现,存款准备金率在不同的区间范围内对相关经济变量的影响不尽相同。以上游部门破产主体数量为例,当存款准备金率处于[0.05,0.1]、[0.2,0.35]、[0.4,0.6]区间时,上游部门破产主体数量表现为下降态势;而当存款准金率位于(0.1,0.2)、(0.35,0.4)、(0.6,0.8]时,上游部门破产主体数量则表现为上升态势;对于企业主体产量均值,在不同的存款准备金率区间范围,也表现出不同变化趋势,即存款准备金率变动并未对经济体系产出产生明显正面效应。

以上基于计算实验研究了存款准备金率的调整对关联主体间风险溢出效应的影响,并进行了分析。与此同时,为了对上述研究进行印证,下面将对我国存款准备金率的实际调整与银行业的不良贷款情况进行对比分析,进一步分析存款准备金率对银行主体坏账的影响。图9-3揭示了我国存款准备金率的调整情况以及不同统计口径下的银行不良贷款占比情况。其中,图9-3(a)为2007年1月至2020年1月,我国存款准备金率的调整情况。由图9-3(a)可知,从2007年1月至2020年1月,我国存款准备金率(包括大型金融机构和中小金融机构)的调整经历了先上升而后下降的大体趋势,并且中间有部分时点的调整发生趋势偏离。具体而言,我国存款准备金率由2007年1月的9.5%开始向上调整,并在上调至21.5%后,于2012年2月开始走向下调阶段。

图9-3(b)至图9-3(f)分别揭示了商业银行总体、大型商业银行、股份制商业银行、城市商业银行及农村商业银行等不同统计口径下2007—2020年不良贷款占比情况,图中数据的统计间隔为季度。从对图9-3进行对比分析来看,随着存款准备金率的先上升而后下降,不同统计口径下的银行不良贷款占比均出现了一个快速下降态势,而这可能与存款准备金的提升使得银行主体信贷收紧进而导致不良贷款占比下降有关,这与前述计算实验仿真分析中银行破产数下降相一致,此处对此进行了印证。从商业银行总体情况来看[如图9-3(b)所示],不良贷款占比的下降趋势并没有维持到2012年2月之后,而是在2011年第四季度出现了上升,并从2012年第一季度开始随着存款准备金率的下调而呈现小幅上升。然而,该小幅上升趋势并没有随着存款准备金率的进一步下调而保持不变,而是于2016年第四季度至2017年第四季度保持不变,而后又出现上升和下降交替变化的情况。对于大型商业银行,随着存款准备金率的不断下调,不良贷款占比自2013年第三季度才表现出上升态势直至2016年第一季度,而随后则呈现上升和

下降交替态势。从中可发现,近年来,存款准备金率的提升对于银行业总体及大型商业银行不良贷款占比的影响不大,且未表现出明确的影响趋势。由图9-3(d)至图9-3(f)可知,随着我国存款准备金率的不断上调,股份制商业银行、城市商业银行和农村商业银行的不良贷款占比并没有因可贷资金的不断收紧而表现出单调下降趋势,也没有随着存款准备金率的下调而表现出单调上升趋势。图9-3中,不良贷款占比的不明确的变动趋势与前述仿真分析中上下游企业主体破产数的不确定趋势相一致,此与存款准备金的双向作用有关,正如前文所述。

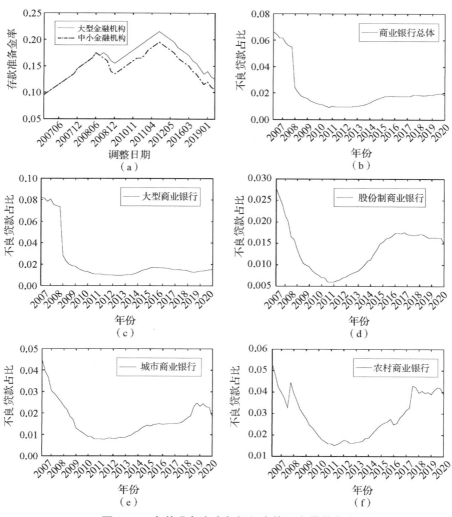

图9-3　存款准备金率与银行主体不良贷款占比

本节分析了存款准备金制度的使用对风险溢出效应的影响。分析揭示了存款准备金率的调高对银行部门主体的流动性资金产生了影响,缩紧了其在风险投资及贷款投放等方面的资金运用,在一定程度上使得银行部门破产主体数量变少,但削弱了银行系统的流动性供给能力,使得某些流动性短缺的资金需求主体无法获得足够的流动性以维持自身的正常运行,生产不能扩大,甚至出现违约破产。同时,存款准备金率的提升并未提升社会产量水平。因此,存款准备金率的使用不仅应关注其对银行系统自身流动性的影响,同时也应关注其对资金需求主体及社会产出的影响。

9.4.2　不同类型节点主体与风险溢出效应

不同类型的节点主体在银企主体关联网络中所处的地位并不相同。有的节点主体具有较大的资产净值,具有较好的风险抵抗能力,同时能为其他节点主体提供更为优惠的贷款利率;而有的节点主体具有较大的连接,一旦其违约将产生较大的负面影响。不同类型节点主体破产所导致的风险溢出效应并不相同。研究不同类型主体破产所导致的风险溢出规律,对于风险溢出效应控制中重点监控和干预对象的选择具有重要的参考作用,同时可为风险溢出效应发生时的优先救助对象的选取提供指导。Miranda 和 Tabak(2013)利用巴西的银企主体信贷相关数据,构建了银企主体间信贷网络、银行主体间信贷网络,进而研究了不同类型节点主体破产所导致的负面效应于银企关联网络中的传播演化规律。但研究中,节点主体为静态。下面将借助计算机仿真实验,从节点主体动态自主决策视角,研究具有最大资产净值的银行部门主体以及具有最大入度的银行部门主体遭受破产冲击而破产所导致的风险溢出。研究过程中,设定银行部门主体的破产冲击发生在 $t=500$ 时刻,且冲击发生时债权主体将损失所有债权。

9.4.2.1　具有最大资产净值的银行主体

金融创新、经济全球化加之银行管制放松的较好金融环境,导致了越来越多和越来越复杂的金融机构的出现(Gasparetto,2015)。这类金融机构通常被称为系统重要性金融机构。一旦这类较大和较复杂金融机构破产,其将会对其他金融机构、其他部门乃至整个经济社会产生重要影响(Stern 和 Feldman,2004;Gauthier 等,2012)。较大和较复杂金融机构能否破产问题的研究,也被称为"TBTF"问题("too big to fail")。"TBTF"问题支持者认为,应防止该类金融机构破产,因其破产将引发较大的风险溢出效应;而也有专家学者认为,"TBTF"问题会导致金融机构自身的"道德风险"的发生,由于存在政府"兜底"的防护底线,该类金融机构可能为获得较高的利润而从事高风险活动。但毫无疑问,该类较大和较复杂金融结构的破产对市场的冲击将是巨大的。2008 年,雷曼兄弟破产几周后,"七国集团"财政部部长和中央银行行长一致同意采取措施,支持系统重要性金融机构,并预防其破产。随后,欧盟理事会也宣布,将采取必要措施维系金融市场稳定,支持重要金融机构,并保护储蓄者的利益(Goldstein 和 Véron,2011)。可见,考虑到较大、较复杂金融机构破产所引发的较大的负向连锁反应,此类较大、较复杂金融机构的破产是各国政府所不愿看到的,也是其尽力阻止的。下面将借助计算机仿真实验,从微观主体自主动态交互视角,研究具有最大资产净值的银行主体破产所引发的风险溢出效应。

图 9-4 揭示了具有最大资产净值的银行主体破产所引发的关联主体间风险溢出效应。其中,虚线为具有最大资产净值的银行主体破产所导致的风险溢出效应;而实线代表基准情形下的风险溢出效应。图 9-4(a)至图 9-4(c)分别为具有最大资产净值的银行主体遭受破产冲击后银行部门、上游部门、下游部门破产主体数量的变动情况,研究时段为冲击后的 200 期。从图 9-4(a)中可以发现,具有最大资产净值的银行主体遭受破产冲击后,银行部门破产主体数量大于未遭受冲击的情形。图 9-4(b)则说明,具有最大资产净值的银行主体遭受破产冲击后,除个别演化时点外,上游部门的破产主体数量大于未遭受冲击的情形。由图 9-4(c)可知,具有最大资产净值的银行主体遭受破产冲击后,下游部门的破产主体数量也大于未冲击下的情形。

根据银行信贷利率决定公式(9-1)可知,信贷供给主体具有更高净资产,会更有能力提供更为优惠的信贷利率。为此,当其破产时,一方面,将导致其债权主体发生信贷损失,并由此导致网络上的风险扩散;另一方面,与其进行交易的信贷需求主体需转向其他资产净值较小的信贷供给主体,从而使得信贷利率上升,财务负担加重,由此可引发其破产,进而产生新一轮的破产连锁。以上两个方面可导致具有最大资产净值的银行主体破产产生较高的风险溢出效应,如图 9-4 所示。可见,具有最大资产净值的银行主体破产将导致较大的风险溢出效应,监管主体应对该类银行主体进行重点监控,预防由其破产而引发的较高风险溢出效应。然而,仅仅做到资产较大银行主体"不倒"并不足够。资产较大银行主体"不倒"的政策,由于政府"兜底"的防护存在,使得该类银行主体能够快速发展,且具有较大的道德风险并从事较高的风险业务(Brewer 和 Jagtiani,2013)。为此,除对该类金融机构进行支持外,应设置相应的规则来缩紧该类银行主体的"赌博机会"(Gasparetto 等,2015),进而规制其行为。

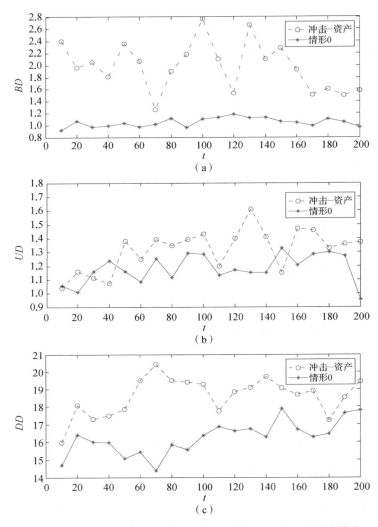

图 9‑4　具有最大资产净值的银行主体破产冲击与风险溢出效应

9.4.2.2　具有最大入度的银行主体

9.4.2.1研究了具有最大资产净值的银行主体破产所导致的风险溢出,研究发现,具有最大资产净值的银行主体破产将导致较高的风险溢出。因此,应加大对该类银行主体的监管。然而,仅对资产较大银行主体进行监管并不足够(Maeno 等,2012;Krause 和 Giansante,2012)。Battiston 等(2012c)利用 2008—2010 年的美联储的贷款数据研究发现,危机发生时,由 22 个金融机构所构成的强连接图中,每一个节点主体都为系统重要性节点主体,即使是一个较小的冲击也有可能引发系统性风险的发生。研究指出,

"太大而不能倒"(too big to fail)机构中,也应当纳入"太中心而不能倒"机构(too central to fail)。Miranda 和 Tabak(2013)研究表明,具有较大入度连接(从其他节点主体处获得信贷)的节点主体,由于其与较多节点主体相连,相比连接较小的主体而言,具有较大连接的主体破产影响范围将更广泛。为此,在风险溢出效应控制中,传统的仅关注资产负债表的监管并不足够,也应关注主体间的关联网络结构。为此,下面将研究具有最大入度的银行主体破产所引发的风险溢出效应,以期为相关监管主体的风险管控及政策制定提供参考。

图 9-5 揭示了具有最大入度的银行部门主体遭受破产冲击后导致的风险溢出效应。图 9-5 中的虚线为具有最大入度的银行部门主体遭受破产后导致的风险溢出效应;而星号标记线为系统未遭受破产冲击时的情形。图 9-5(a)、图 9-5(b)及图 9-5(c)分别为具有最大入度的银行部门主体遭受破产冲击后,银行部门、上游部门及下游部门破产主体数量的变动情况,研究时段为冲击后 200 期。从图 9-5(a)及图 9-5(b)中可以发现,具有最大入度的银行部门主体遭受破产冲击后,银行部门及上游部门破产主体数量均大于未遭受冲击情况下相应部门破产主体的数量。而 9-5(c)则说明,具有最大入度的银行部门主体遭受冲击后,相比基准情形下的变动情况,下游部门破产主体数量并未表现出明显的变化趋势与规律。

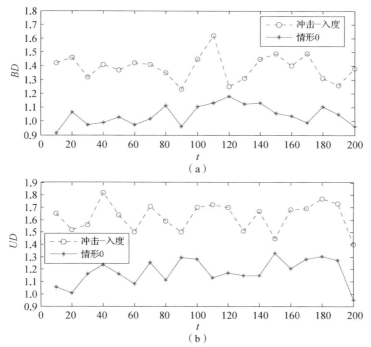

(a)

(b)

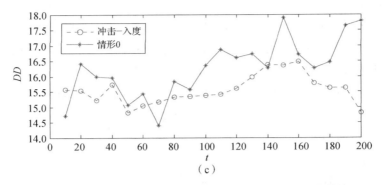

图 9 - 5　具有最大入度的银行主体破产冲击与风险溢出效应

可见,当具有最大入度的银行主体遭受冲击后,其对系统内的经济主体的破产情况产生了较大的影响。具有最大入度的银行节点主体由于与众多节点主体相连接,其破产将使其众多债权主体的资产净值受到侵蚀乃至破产,进而引发新一轮的风险溢出,并在银企关联网络中进行扩散,直至被网络完全吸收。因此,在实际监管中,除应从资产负债表角度关注资产较大银行主体外,也应从网络结构视角,关注具有较大连接的银行主体,充分评估其在关联网络中的重要地位及其破产可能引发的风险溢出效应对经济体系的影响。

9.4.2.3　两类银行主体的比较

9.4.2.1 及 9.4.2.2 中分别研究了两类银行主体破产对关联主体间风险溢出效应的影响。研究表明,总体来看,两类银行主体破产均导致了高于基准情形的风险溢出效应。而本部分则将两类银行主体破产所导致的风险溢出效应进行对比,以便为相关决策者的风险管控及政策制定提供参考。首先,定性分析两类主体破产对经济体系产生的负面影响。一方面,两类银行主体破产均会对其债权主体产生影响,导致其债权主体资产净值受到侵蚀而变小乃至破产;另一方面,如果其债权主体能够承受传递过来的冲击而未破产,则该债权主体资产净值将减小,负债率上升。根据信贷利率决定公式(9 - 1),该债权主体新申请的贷款利率将增加,财务负担加重;与此同时,当该债权主体发放贷款时,其也将提升信贷需求主体的贷款利率,导致信贷需求主体财务负担加重乃至破产,引发新一轮的破产连锁。由两类银行主体破产所产生的负面效应将在主体关联网络中进行扩散,直至被网络完全吸收。其次,相比具有最大入度的银行主体破产,具有最大资产净值的银行主体破产会导致与其进行交易的信贷需求主体被迫转向其他资产净值较小的银行主体申请贷款。而根据信贷利率决定公式（9-1），在其他条件不变的情况下，资产净值较小的银行主体将提供较高利率的银行贷款。因此，信贷需求主体的财务负担加重乃至破产，进而引发新一轮的破产连锁。以上从定性分析的角度论述了两类主体破产对关联主体间风险溢出效应的影响。接下来将从定量的角度来对比分析两类主体破产对关联主体间风险溢出效应的影响，如图9-6所示。

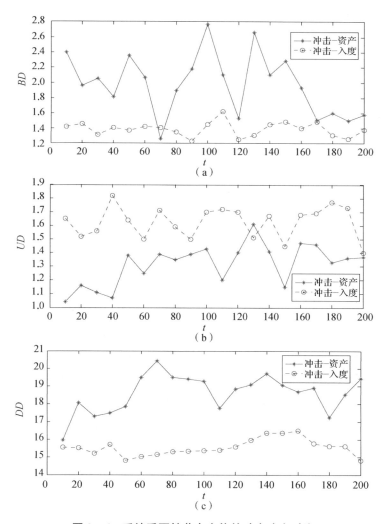

图9-6　系统重要性节点主体的破产冲击对比

　　图9-6揭示了两类银行主体遭受破产冲击后所导致的关联主体间风险溢出对比情况。其中，实线为具有最大资产净值的银行部门主体遭受破产冲击后所导致的风险溢出效应；而虚线代表具有最大入度的银行部门主

体遭受破产冲击后所导致的风险溢出效应。图9-6(a)、图9-6(b)及图9-6(c)分别为两类银行主体遭受破产冲击后银行部门、上游部门、下游部门破产主体数量的变动情况,研究时段为冲击后的200期。基于图9-6(a)及图9-6(c)的对比可以发现,除个别时点外,具有最大资产净值的银行部门主体破产导致了相对大的银行部门及下游部门破产主体数量。而图9-6(b)则说明,除个别时点外,最大入度的银行部门主体破产导致了相对大的上游部门破产主体数量。可见,具有最大资产净值及最大入度连接的银行部门主体的破产给系统造成了较大的负面效应,并通过主体间的关联网络而将该负面效应进行扩散直至被系统网络所吸收。这表明对银行部门主体的重点监控,除资产较大的主体外,度较大的银行部门主体也应被纳入其中。与此同时,对二者兼有的银行部门主体应从严监管。正如Maeno等(2012)及Krause和Giansante(2012)的研究,在风险溢出效应控制过程中,不能仅是基于资产负债表的监管,也应兼顾考虑关联主体间的网络结构特征。

9.4.3 中央银行主体流动供给与风险溢出效应

金融危机的发生,使得关于中央银行主体是否应该干预以及如何维系金融市场稳定的研究变得十分必要,且越来越凸显其重要性。Gauthier等(2012)、Georg(2013)及Bluhm等(2014b)基于所构建的银行主体网络模型,研究了中央银行主体的干预对维持系统稳定性的影响。其中,Georg(2013)和Bluhm等(2014b)则分析了中央银行主体流动性供给对于系统稳定性的影响。Georg(2013)研究表明,中央银行主体的流动性供给可提升金融系统的稳定性,减小风险溢出效应。而Bluhm等(2014b)则借助计算机仿真分析,发现中央银行主体的流动性供给加大了银行主体间的风险溢出效应。其指出,虽然中央银行主体的流动性供给减少了银行主体因流动性不足而引发破产,但中央银行主体的流动性供给使得银行主体有更多的流动性从事高风险业务,提升了银行主体的风险水平,提高了负面冲击传播至银行体系乃至实体经济的概率。在现有研究基础上,下面将在信贷多网络交互视角下,研究中央银行主体流动性供给对关联主体间风险溢出效应的影响。

实际情形中,当流动性不足的银行主体无法从银行主体间市场获得流动性时,其将向中央银行主体寻求流动性。鉴于此,此处将在现有信贷多网络交互模型基础上,引入中央银行主体,刻画其流动性供给行为,进而研究中央银行主体流动性供给对关联主体间风险溢出效应的影响。在9.2中的模型构建中,当流动性不足的银行主体无法从银行主体间市场获得流动性时,其将被移出仿真系统。而当引入中央银行主体后,无法从银行主体间市场获取足够流动性的银行主体,将向中央银行主体寻求流动性。借鉴Georg(2013)的研究,当银行主体向中央银行主体寻求流动性时,其需要提供一定的抵押品以获得相应的流动性。某一银行主体从中央银行主体处所能获得的最大贷款量(CB_{zt}^{Up})取决于其所能提供的抵押品的数量,即:

$$CB_{zt}^{Up} = \nu_c \Big(\sum_{s=1}^{\bar{\tau}_b - 1} I_{zt-s}^r + \sum_{s=1}^{\bar{\tau}_b - 1} I_{zt-s}^{rl} \Big) \tag{9-14}$$

其中,ν_c 为中央银行主体可接受的抵押比率,代表中央银行主体的市场参与程度;ν_c 取值越大,表示中央银行主体市场参与程度越高。仅当流动性短缺银行主体 z 的贷款申请小于 CB_{zt}^{Up} 时,其向中央银行主体的贷款申请才会被批准。引入中央银行主体的流动性供给后,需要对式(9-8)、式(9-13)及 $TL_{x't}$ 进行调整。经中央银行主体流动性供给调整后,式(9-8)及式(9-13)分别修正为式(9-15)及式(9-16)(设定中央银行流动性供给期限为 1 期,即 $p_c = 1$),即:

$$\widetilde{L}_{zt} = L_{zt-1} + \sum_{s=1}^{\bar{\tau}_b} I_{zt-s} [\bar{\lambda}_z \rho_{zt-s} + (1 - \bar{\lambda}_z) \bar{r}_f] + I_{zt-\bar{\tau}_b} + \sum_{s=1}^{\bar{n}} \sum_{x \in \Phi'_{zt-s}} B_{zt-s}^x r_{zt-s}^x +$$

$$\sum_{s=1}^{\bar{q}} \sum_{z' \in \Phi'_{zt-s}} B_{zt-s}^{z'} r_{zt-s}^{z'} + \sum_{x \in \Phi'_{zt-\bar{n}}} B_{zt-\bar{n}}^x - CB_{zt-1}(1 + r_c^l) + \sum_{z' \in \Phi'_{zt-\bar{q}}} B_{zt-\bar{q}}^{z'} +$$

$$D_{zt} - D_{zt-1} - r_{dp} D_{zt-1} - \sum_{s=1}^{\bar{q}} \sum_{z' \in \Psi'_{zt-s}} B_{z't-s}^z r_{z't-s}^z - \sum_{z' \in \Psi'_{zt-\bar{q}}} B_{z't-\bar{q}}^z - CoS_{zt}$$

$$\tag{9-15}$$

$$L_{zt} = \hat{L}_{zt} - \sum_{x \in \Phi'_{zt}} B_{zt}^x - \sum_{z' \in \Phi'_{zt}} B_{zt}^{z'} + \sum_{z' \in \Psi'_{zt}} B_{z't}^z + CB_{zt} \tag{9-16}$$

其中,r_c^l 为银行主体的中央银行借款利率;CB_{zt} 代表银行主体的中央银行借款。

为研究中央银行主体流动性供给对关联主体间风险溢出效应的影响,以具有最大资产净值的银行主体破产情形为对比情形(设定该情形为"情形 1")。在具有最大资产净值的银行主体遭受破产冲击后,在冲击的后一时刻起,注入中央银行主体流动性,并将其后的风险溢出情形与"情形 1"进行对比,如图 9-7 所示。计算实验仿真分析过程中,设定 $\nu_c = 0.8, r_c^l = 0.01$。

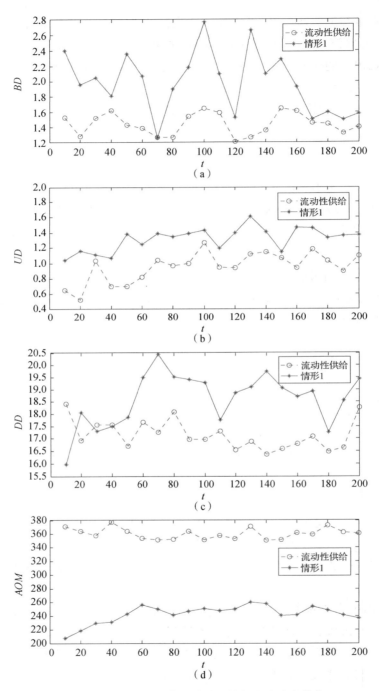

图 9-7 中央银行主体流动性供给与风险溢出效应

图 9-7 揭示了具有最大资产净值的银行主体破产后,引入中央银行主体流动性供给与未引入中央银行主体流动性供给时银企关联主体间风险溢出效应的时间演化对比情况。其中,实线为具有最大资产净值的银行主体破产所导致的风险溢出效应;而虚线代表引入中央银行流动供给后的风险溢出效应。图 9-7(a)至图 9-7(d)分别为两类情形下(引入与未引入中央银行主体流动性供给)银行部门、上游部门、下游部门破产主体数量及社会产量均值的变动情况,研究时段为冲击后的 200 期。从图 9-7(a)至图 9-7(c)中可以发现,除个别演化时点外,引入中央银行主体流动性供给后,银行部门、上游部门、下游部门破产主体数量小于未引入流动性供给时的相应部门破产主体数量。而图 9-7(d)则说明,中央银行主体流动性供给引入后,社会产出水平高于未引入流动性供给时的情形。其主要原因在于,中央银行主体的流动性供给减少了银行主体因流动性问题而引发的破产,增强了银行系统稳定性,提升了银行系统对实体经济的信贷支撑能力,进而促进社会产出的提高。为此,中央银行主体流动性供给的引入,减小了关联主体间的风险溢出效应,同时并没有抑制社会产出水平。当系统危机发生时,中央银行主体应积极介入。

前述分析表明,系统危机发生后,中央银行主体流动性的引入利于减少关联主体间的风险溢出效应,同时提升了社会产出水平。而接下来将重点研究中央银行主体的市场参与程度 ν_c 对流动性供给效果的影响。$\nu_c=1$ 表示中央银行主体对于流动性短缺的银行主体所提供的抵押品等值完全接受,此时,中央银行主体的市场参与程度最高;$\nu_c=0$ 意味着中央银行主体对于流动性短缺的银行主体所提供的抵押品完全不接受,即中央银行主体不向银行主体提供流动性,其市场参与程度最小,为 0;ν_c 从 1 到 0,表示中央银行主体对流动性短缺的银行主体所提供的抵押品的接受程度逐渐降低,其市场参与程度逐渐下降。

图 9-8 揭示了中央银行主体不同市场参与度下关联主体间风险溢出效应演化情况($\nu_c=1$、$\nu_c=0.8$ 及 $\nu_c=0.4$)。其中,三角标志线代表 $\nu_c=1$ 时的风险溢出效应;圆圈标志线代表 $\nu_c=0.8$ 时的风险溢出效应;星号标志线代表 $\nu_c=0.4$ 时的风险溢出效应。图 9-8(a)至图 9-8(d)分别为中央银行主体流动性供给在不同市场参与度下的银行部门、上游部门、下游部门破产主体数量及社会产量均值的变动情况。

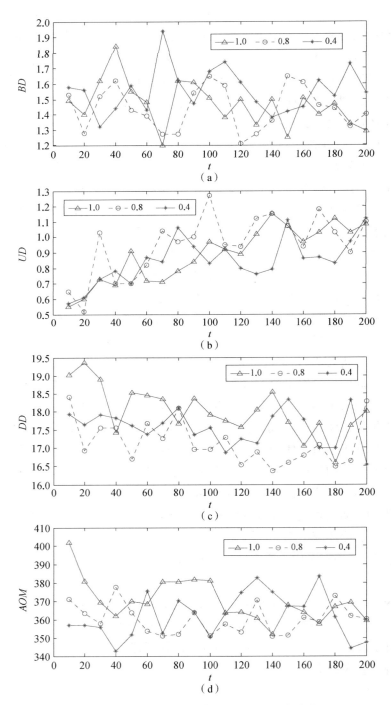

图 9-8　中央银行主体参与度与风险溢出效应

从图 9-8(a)、图 9-8(b)及图 9-8(c)中可以发现,引入中央银行主体流动性供给后,对于不同的市场参与程度 ν_c,银行部门、上游部门、下游部门破产主体数量变动趋势相互交织。而 Georg(2013)基于计算机仿真实验,也发现了类似的情况。其在研究中发现,中央银行主体的市场参与程度 ν_c 对于系统稳定性的影响呈现非线性,且存在一阈值,当系统在该阈值附近演化时,ν_c 较小的变化可以产生明显的市场稳定效果;而当远离该阈值时,即使 ν_c 发生较大的变化,市场稳定效果也没有明显提升。这种情况下,不同的市场参与程度对于银企主体间的风险溢出效应控制效果影响不大。图 9-8(d)则说明,引入中央银行主体流动性供给后,对于不同的市场参与程度,社会产出水平的变动趋势相互交织,不存在明显的变化趋势,这说明即使较小的市场参与程度也可以提升社会产出水平。以上表明中央银行主体的流动性供给对于减缓关联主体间的风险溢出效应有重要作用。当银行系统内出现流动性短缺的银行主体时,中央银行主体可根据该银行主体的资产状况给予一定的流动性供给以预防因其流动性短缺问题而引发的破产连锁在银企关联网络中的传播扩散。

9.5　本章小结

本章构建了信贷多网络交互下的风险溢出效应模型。基于所构建的模型,从存款准备金率、不同类型节点主体及中央银行主体流动性供给等方面对关联主体间的风险溢出效应进行了研究。

首先,分析了存款准备金制度的使用对风险溢出效应的影响。分析揭示了存款准备金率的调高对银行部门主体的流动性资金产生了影响,缩紧了其在风险投资及贷款投放等方面的资金运用。这在一定程度上使得银行部门破产主体数量变少,但削弱了银行系统的流动性供给能力,使得某些流动性短缺的资金需求主体无法获得足够的流动性以维持自身的正常运行,生产不能扩大,甚至出现违约破产。同时,存款准备金率的提升并未提升社会产量水平。为此,存款准备金率并不是控制银企关联主体间风险溢出效应的较好方式,存款准备金率的使用不仅应关注其对银行系统自身流动性的影响,同时也应关注其对资金需求主体及社会产出的影响。

其次,对由不同类型的银行部门主体的破产冲击所导致的关联主体间风险溢出效应进行了分析,研究表明,除个别时点外,具有最大资产净值的银行主体破产导致了相对高的银行部门及下游部门破产主体数量。而具有最大入度的银行主体破产则导致了相对高的上游部门破产主体数量。这表明对于银行部门主体的重点监控中,除资产较大的主体外,也应将度较大的银行部门主体纳入其中。与此同时,对二者兼有的银行部门主体应从严监管。可见,在风险溢出效应控制过程中,不能仅是基于资产负债表的监管,也应兼顾考虑关联主体间的网络结构特征。

最后,对中央银行主体的流动性供给对关联主体间的风险溢出效应的影响进行分析。研究表明,系统危机发生后,中央银行主体流动性的引入有利于减小关联主体间的风险溢出效应,同时提升了社会产出水平。而对于不同的市场参与度,中央银行主体的流动性供给对风险溢出效应的控制效果相差不大。

第 5 部分

异质性多网络交互下关联
主体间风险溢出效应研究

第 3 部分基于单网络视角研究了关联主体间的风险溢出问题。然而,某一主体的经济活动并不局限于单一市场,而会涉及多个市场。不同市场活动对应不同的市场网络,因此,立足于多网络交互视角来研究关联主体间的风险溢出效应十分必要。为此,第 4 部分构建了同质性信贷多网络交互模型,并通过所构建的模型研究了关联主体间的风险溢出效应。然而,现实中的关联主体间存在多种类型金融关联,进而形成多种异质性的主体关联网络。故而,本部分将立足于异质性多网络交互视角研究关联主体间的风险溢出效应。本部分共由 2 章组成:第 10 章为商业信贷与担保网络交互下关联主体间风险溢出效应研究。构建了嵌入担保机制的商业信贷网络模型,分析商业信贷网络与担保网络的度分布特征,并对模型涌现的企业主体规模分布特征进行研究。与此同时,基于计算实验研究商业信贷网络与担保网络交互下的关联主体间风险溢出效应。第 11 章为银企信贷与担保网络交互下关联主体间风险溢出效应研究。构建了融合银企主体间信贷网络与企业主体间担保网络的异质性多网络交互模型,使用 Ucinet 可视化不同担保因子下的企业主体间担保网络与银企主体间信贷网络,并对模型的宏观涌现特征进行研究。与此同时,基于所构建的异质性多网络交互模型,研究网络结构参数对关联主体间风险溢出效应的影响。

第10章　商业信贷与担保网络交互下关联主体间风险溢出效应研究

第9章基于银企主体间信贷关联、银行主体间同业拆借关联及企业主体间商业信贷关联构建了同质性信贷多网络交互模型,并通过所构建的多网络交互模型,对关联主体间的风险溢出效应进行了研究。本章及第11章将对现实经济中主体间的金融关联进行更进一步的刻画,考虑关联主体间的异质性关联交互。而本章则研究商业信贷与担保网络交互下关联主体间的风险溢出效应。

10.1　引　　言

信贷在现代经济中普遍存在,是较为重要的一种金融关联。银行系统内的拆借形成了银行主体间的信贷网络;上下游部门企业主体间通过商业信贷(信用)形成企业主体间商业信贷网络;企业主体向银行主体的借款行为形成银企主体间信贷网络。加之信贷数据的较易获得性,基于信贷网络的风险溢出效应研究日益增多。然而,由第1部分的研究基础可知,现有研究多基于单一信贷网络,并据此研究单一信贷网络上的风险溢出效应,没有考虑多关联网络的交互作用。以此作为出发点,不难发现,与信贷关联紧密相连的另一种金融关联,即担保关联被忽略了。实践中,出于风险防范考虑,银行主体在发放贷款时通常要求企业主体提供相应的担保。在我国,担保机制被广泛应用。由于中国的金融市场并不足够发达,仍有企业主体无法从资本市场获得所需要的资金。因此,向银行市场寻求流动性是一种重要的资金获取渠道。为解决信贷市场信息不对称问题,银行主体通常要求企业主体提供担保。在缺少抵押品的情况下,企业主体多可基于社会网络而向第三方寻求担保(Cao 和 Liu,2016)。当借款企业主体无法履行其债务时,为其提供担保的担保主体们将承担相应的责任。

实践中,由于缺乏优质的抵押品,中小企业主体通常会被要求第三方为其提供担保进而获得银行贷款(Leng 等,2017)。除此之外,中国上市企业主体也经常使用第三方的担保而获得贷款(Li 和 Wen,2017)。信贷担保网络是社会网络嵌入正式金融合约中的一种方式,且在企业主体融资中发挥着重要作用(Cao 和 Liu,2016)。然而,一旦担保主体无法承受其担保的企业主体的破产债务时,担保主体同样会违约。此外,以上过程不断被重复,违约风险被传播。实际上,在过去 10 年中,由信贷担保网络所引发的严重问题频繁出现。在中国,曾出现浙江担保圈危机、上海担保圈危机、山东担保圈危机及其他多地担保圈危机(Li 和 Wen,2017)。这导致了另一种风险溢出效应现象,即经由担保圈而引发的风险溢出效应。而第 9 章的研究也表明,担保网络的确为风险溢出效应提供了除信贷关联网络以外的另一传播渠道。考虑至此,本章以企业主体间商业信贷网络为出发点,引入担保机制,进而研究商业信贷网络与担保网络交互下的关联主体间风险溢出效应问题。

10.2　模型构建

在模型构建过程中,构建包含企业主体和一个特定的银行主体的人工系统。企业主体被划分为上游部门企业主体和下游部门企业主体,而系统中唯一特定的银行主体为企业主体提供流动性。为了便于更好地表述,仍用 i 表示下游部门企业主体,用 j 表示上游部门企业主体,用 z 表示银行主体,且 $x=i,j$ 代表企业主体,$x''=j,z$ 代表债权主体。

10.2.1　商业信贷网络的形成

网络由节点和边组成。因此,以下从两个方面来研究商业信贷网络的形成,即企业主体行为机制及信贷连接构建机制。

10.2.1.1　企业主体行为机制

6.1.1 中对上下游部门企业主体行为进行了刻画。此处的上下游部门企业主体行为与 6.1.1 中的企业主体行为机制类似,此处做简要概述。企业主体被划分为上下游部门企业主体。企业主体安排生产,当其具有资金需求时向银行主体寻求流动性。企业主体根据公式 $Y_{xt}^d = \hat{\varphi} A_{xt}^{\hat{\beta}}$ 测度其最大生产量,其中,$\hat{\varphi} > 1, 0 < \hat{\beta} < 1, A_{xt}$ 为净资产。对于下游部门企业主体,与其最大生产量相对应的中间投入数量为 $\hat{\gamma} Y_{it}^d (\hat{\gamma} > 0)$,下游部门企业主体据此向上游部门企业主体寻求产品,并依据 6.1.1 中的产品分配机制获得所需的中间投入。在某一时刻,主体 x 计算资金缺口,如式(10-1)所示:

$$FG_{xt} = \hat{w}N_{xt}^r + \sum_{s=1}^{\hat{n}-1} B_{xt-s}\hat{r} + B_{xt-(\hat{n}-1)} + I_{[x]}\hat{P}\Big(\sum_{s=1}^{\hat{m}-1}\sum_{j\in\Psi_{it-s}} Q_{jt-s}^i r_{jt-s}^i + $$

$$\sum_{j\in\Psi_{it-(\hat{m}-1)}} Q_{jt-(\hat{m}-1)}^i\Big) + I_{xt+1} - I_{[x]}\hat{\mu}_{xt}^e Y_{xt}^r - $$

$$(1-I_{[x]})\hat{P}\Big(\sum_{s=1}^{\hat{m}-1}\sum_{i\in\Phi_{jt-s}} Q_{jt-s}^i r_{jt-s}^i + \sum_{i\in\Phi_{jt-(\hat{m}-1)}} Q_{jt-(\hat{m}-1)}^i\Big) - $$

$$I_{xt-(\hat{\tau}_f-1)}(1+\hat{\rho}) - \tilde{L}_{xt} \tag{10-1}$$

其中,Φ_j 表示与主体 j 存在信贷连接的下游部门主体集合;Ψ_i 表示与主体 i 存在信贷连接的上游部门主体集合;$\hat{w}$ 是工资;Y_{xt}^r 代表主体 x 的实际产出,且若 $x=i$ 时,$Y_{it}^r = \sum_{j\in\Psi_{it}} Q_{jt}^i/\hat{\gamma}$,若 $x=j$ 时,$Y_{jt}^r = \sum_{i\in\Phi_{jt}} Q_{jt}^i$;$N_{xt}^r$ 为实际劳动力,当 $x=i$ 时,$N_{it}^r = \hat{\delta}_d Y_{it}^r$,当 $x=j$ 时,$N_{jt}^r = \hat{\delta}_u Y_{jt}^r$;$B_{xt}$ 为 t 时刻企业主体 x 的银行借款,且借款期限为 $\hat{n}$ 期;$\hat{r}$ 为银行借款利率;Q_{jt}^i 为下游部门企业主体 i 从上游部门企业主体 j 处所获的中间投入量;r_{jt}^i 为相应的商业信贷利率,且 $r_{jt}^i = \hat{a}A_{jt}^{-\hat{a}} + \hat{a}(l_{it})^{\hat{a}}$,$l_{it}$ 为杠杆率;I_{xt} 为企业主体 x 的投资,且 $I_{xt} = |\hat{V}_{xt} + \hat{\sigma}_1\eta_t|$,其中,$\hat{V}_{xt}\sim|N(\hat{\mu}_f,\hat{\sigma}_f^2)|$,$\eta_t\sim N(0,1)$;$\hat{\tau}_f$ 为企业主体的投资期限,且 $\hat{\tau}_f$ 期后获得随机收入 $\hat{\rho}_{xt+\hat{\tau}_f}[\hat{\rho}_{xt+\hat{\tau}_f}\sim N(\hat{\mu}_{fr},\hat{\sigma}_{fr}^2)]$;$\hat{P}$ 为主体 j 的产品销售价格;$\hat{\mu}_{xt}^e$ 为最终产品预期价格,等于该产品历史平均价格;$\hat{m}$ 为商业信贷期限;$I_{[\cdot]}$ 为示性函数,当 $x=i$ 时,$I_{[\cdot]}=1$,否则,$I_{[\cdot]}=0$。而 $\tilde{L}_{xt}$ 为企业主体 x 的期间现金可由式(10-2)表示,即:

$$\tilde{L}_{xt} = L_{xt-1} + I_{[x]}\hat{\mu}_{it-1}Y_{xt-1}^r + (1-I_{[x]})\hat{P}\Big(\sum_{i\in\Phi_{jt-\hat{m}}} Q_{jt-\hat{m}}^i + \sum_{s=1}^{\hat{m}}\sum_{i\in\Phi_{jt-s}} Q_{jt-s}^i r_{jt-s}^i\Big) - $$

$$I_{xt} - \sum_{s=1}^{\hat{n}} B_{xt-s}\hat{r} - B_{xt-\hat{n}} - I_{[x]}\hat{P}\Big(\sum_{s=1}^{\hat{m}}\sum_{j\in\Psi_{it-s}} Q_{jt-s}^i r_{jt-s}^i + \sum_{j\in\Psi_{it-\hat{m}}} Q_{jt-\hat{m}}^i\Big) + $$

$$I_{xt-\hat{\tau}_f}(1+\hat{\rho}_{xt-\hat{\tau}_f}) - \hat{w}N_{xt-1}^r \tag{10-2}$$

其中,L_{xt-1} 为上期现金,且 $L_{x0}=A_{x0}$;$\hat{\mu}_{it}$ 为最终产品价格,抽取于均匀分布 $(\hat{\mu}_{\min},\hat{\mu}_{\max})$。

如果 $FG_{xt}>0$,企业主体 x 向银行主体寻求银行借款(B_{xt}),且 $B_{xt}=FG_{xt}$。获取银行借款后,企业主体 x 的现金更新如式(10-3)所示:

$$L_{xt} = \tilde{L}_{xt} + B_{xt} \tag{10-3}$$

用 I_{xt}^{total}、AR_{xt}^{total}、AP_{xt}^{total}、B_{xt}^{total} 分别代表企业主体 x 的总投资、总应收商业信贷、总应付商业信贷、总银行借款,据此可得企业主体 x 的资产净值 A_{xt},如式(10-4)所示:

$$A_{xt} = I_{xt}^{total} + L_{xt} + (1 - I_{[x]}) \times AR_{xt}^{total} - I_{[x]} \times AP_{xt}^{total} - B_{xt}^{total}$$

$$(10-4)$$

其中,$I_{xt}^{total} = \sum_{s=0}^{\hat{\tau}_f - 1} I_{xt-s}$;$AR_{xt}^{total} = P \sum_{s=0}^{\hat{m}-1} Y_{xt-s}^r$;$AP_{xt}^{total} = P \sum_{s=0}^{\hat{m}-1} \sum_{j \in \Psi_{xt-s}} Q_{jt-s}^x$;

$B_{xt}^{total} = \sum_{s=0}^{\hat{n}-1} B_{xt-s}$。

计算实验仿真过程中,若触动如下条件,则该主体将被新企业主体替代:(1) $A_{xt} \leqslant 0$ 或(2) $A_{xt} > 0$,但主体 x 因银行主体流动性供给能力有限而不能通过借贷达到非负的流动性持有。为减少新主体对系统的影响,新主体的净资产随机抽取于区间 $[0, A_{x0}]$(Gatti 等,2010;Thurner 和 Poledna,2013;Riccetti 等,2013)。

10.2.1.2 信贷连接构建机制

如果一个下游部门企业主体从某个上游部门企业主体处以商业信贷形式获得中间投入,则二者间存在信贷连接。该信贷连接形成了商业信贷网络中的一条边。上下游部门企业主体间的商业信贷关联的建立机制如6.1.3 中所述的交易对手选择机制。即每一个商业信贷需求主体更偏好于向自己的旧交易对手寻求贷款,但当新的信贷供给主体(随机选择的总的潜在信贷供给主体数量的一定比例,设该比例为 $\hat{M}$)可提供更低商业信贷利率时,该信贷需求主体有一定的转移概率 $\hat{P}_s$ 与新的可提供更低利率的信贷供给主体进行交易,该交易对手转移概率为 $\hat{P}_s = 1 - e^{\hat{\lambda}(r_{new} - r_{old})/r_{new}}$($r_{new} < r_{old}$),其中,$r_{new}$、$r_{old}$ 表示信贷供给主体向信贷需求主体所收取的商业信贷利率,前者对应备选交易对手,后者对应旧交易对手。可见,本章中以一种内生方式建立商业信贷连接。

10.2.2 担保机制设定

如前文所述,出于风险控制目的,当企业主体向银行主体借款时,银行主体通常要求其提供相应数量的担保以覆盖银行主体对其的信贷暴露。企业主体担保有多种形式。为从网络视角来考察金融风险演化,本部分的担保定义为保证人和债权人约定,当债务人不履行债务时,保证人按照约定履行债务或者承担责任的行为。担保机制引入后,企业主体既可以向专业提供担保的金融企业主体寻求担保,也可以向与其存在某种关联的非金融企业主体寻求担保。考虑到本章重点聚焦于企业主体间的多金融关联的建立,本章采用后者,而这在现实世界中具有存在性(Leng 等,2017;Li 和 Wen,2017)。

10.2.2.1　基于商业信贷关联的担保机制嵌入

考虑到信息的非对称性,为其他企业主体提供信贷担保具有一定的风险性。为其他企业主体提供信贷担保对于企业主体而言是一个谨慎的决策。因此,某一企业主体为所有其他企业主体进行信贷担保并不现实。然而,其有可能为与其存在某种关联的企业主体提供信贷担保(如母公司与子公司、股权关联、业务联系等)。并且,如果某一企业主体为其他企业主体提供担保,当其也存在借款担保需求时,可要求其他企业主体为其进行银行借款担保。这是一个较为理性的策略。现实中,互保现象普遍存在。此外,Leng 等(2017)通过实证研究发现,一个由 13 个企业主体形成的担保网络中,有 5 个企业主体是上下游部门企业主体。由此可见,商业信贷关联的存在为担保关联的建立提供了现实基础。

在本章中,引入了上下游部门企业主体。上下游部门企业主体间的商业信贷关联(业务关联)为担保关联的建立提供了对手方。在这种情形下,具有资金缺口的主体 x 向其交易对手寻求担保,担保数额至少覆盖其资金缺口。如 8.2.1 中所述,为避免风险过于集中,担保主体仅能提供一定数量的担保额度,且与其自身的资产净值成正比。为此,具有资金缺口的企业主体仅从一个企业主体处并不一定能够获得所有的担保额度。在这种情形下,其按照如下的顺序依次向其他潜在的担保主体寻求担保直至其担保需求得到满足或者市场中不再有企业主体可提供额外的担保额度:① 在当期时刻,与其存在担保关联的企业主体;② 当期时刻,与其存在商业信贷关联的企业主体;③ 过去时刻,与其曾具有商业信贷关联的企业主体。在前两种情形中,当存在一个以上潜在担保主体时,与其存在最大历史业务交易额的企业主体将被优先选择;而在第三种情形中,在交易时间优先的情况下,与其存在最大历史业务交易额的企业主体将被优先选择。交易历史追溯期设置为 5 年。如果某担保主体具有足够多的担保额度,其将满足所有企业主体的担保需求;否则,其将根据上述顺序依次分配其有限担保额度给相应的企业主体。企业主体 $\bar{x}$ 能够提供的最大担保额度($C_{mt}^{\bar{x}}$)可由式(10-5)表述:

$$C_{mt}^{\bar{x}} = \bar{\omega} A_{\bar{x}t} - \sum_{s=1}^{\hat{n}-1} \sum_{x \in \widetilde{\Phi}_{\bar{x}t-s}^c} C_{x\bar{x}}^{B_{\bar{x}t-s}} \qquad (10-5)$$

其中,$\bar{\omega}$ 为担保因子;$\widetilde{\Phi}_{\bar{x}}^{c}$ 表示从企业主体 $\bar{x}$ 处获得担保的借款主体集合;$C_{\bar{x}\bar{x}}^{B_{xt}}$ 为企业主体 x 基于银行借款 B_{xt} 而从企业主体 $\bar{x}$ 处获得的担保额度。一般而言,企业主体 $\bar{x}$ 可提供的担保额度小于其净值时,其具有较好的履约能力。但向企业主体 $\bar{x}$ 寻求担保的企业主体不会全部违约。因此,主体 $\bar{x}$ 于 t 模拟时点的对外担保量 $C_{olat}^{\bar{x}}$ 可表示为:

$$C_{olat}^{\bar{x}} = \begin{cases} R_{\bar{x}t}^{eq} & \text{当} C_{mt}^{\bar{x}} > R_{\bar{x}t}^{eq} \\ C_{mt}^{\bar{x}} & \text{其他} \end{cases} \qquad (10-6)$$

其中,$R_{\bar{x}t}^{eq} = \sum_{x \in \hat{\Phi}_{\bar{x}t}^{c}} \bar{C}_{\bar{x}\bar{x}}^{B_{xt}}$,而 $\bar{C}_{\bar{x}\bar{x}}^{B_{xt}}$ 表示企业主体 x 基于银行借款 B_{xt} 向企业主体 $\bar{x}$ 发出的寻求担保申请。$\hat{\Phi}_{\bar{x}t}^{c}$ 为 t 时刻向企业主体 $\bar{x}$ 发出借款申请的企业主体集合。因此,在 t 时刻,企业主体 x 基于银行借款 B_{xt} 而从企业主体 $\bar{x}$ 处所获得的真实担保额度可由式(10-7)表示:

$$C_{\bar{x}\bar{x}}^{B_{xt}} = \begin{cases} \bar{C}_{\bar{x}\bar{x}}^{B_{xt}}, & \text{当} C_{olat}^{\bar{x}} = R_{eqt}^{\bar{x}} \\[2mm] \bar{C}_{\bar{x}\bar{x}}^{B_{xt}}, & \text{当} \sum_{\theta=1}^{\bar{n}_c} \bar{C}_{\hat{\theta}\bar{x}}^{B_{\hat{\theta}t}} \leqslant C_{olat}^{\bar{x}} < \sum_{\theta=1}^{\bar{n}_c+1} \bar{C}_{\hat{\theta}\bar{x}}^{B_{\hat{\theta}t}} \text{ 且 } \hat{\theta}(x) \leqslant \bar{n}_c \\[2mm] C_{mt}^{\bar{x}} - \sum_{\theta=1}^{\bar{n}_c} \bar{C}_{\hat{\theta}\bar{x}}^{B_{\hat{\theta}t}}, & \text{当} \sum_{\theta=1}^{\bar{n}_c} \bar{C}_{\hat{\theta}\bar{x}}^{B_{\hat{\theta}t}} \leqslant C_{olat}^{\bar{x}} < \sum_{\theta=1}^{\bar{n}_c+1} \bar{C}_{\hat{\theta}\bar{x}}^{B_{\hat{\theta}t}} \text{ 且 } \hat{\theta}(x) = \bar{n}_c + 1, \\ & \qquad\qquad\qquad\qquad\qquad \text{当} C_{olat}^{\bar{x}} = C_{mt}^{\bar{x}} \\[2mm] 0, & \text{当} \sum_{\theta=1}^{\bar{n}_c} \bar{C}_{\hat{\theta}\bar{x}}^{B_{\hat{\theta}t}} \leqslant C_{olat}^{\bar{x}} < \sum_{\theta=1}^{\bar{n}_c+1} \bar{C}_{\hat{\theta}\bar{x}}^{B_{\hat{\theta}t}} \text{ 且 } \hat{\theta}(x) > \bar{n}_c + 1 \\[2mm] 0, & \qquad\qquad\qquad\qquad\qquad\qquad\qquad \text{其他} \end{cases}$$
$$(10-7)$$

其中,$\bar{n}_c = 1,2,3\cdots$;θ 为向企业主体 $\bar{x}$ 发出担保申请的借款主体按照前述担保分配顺序排序后的第 θ 个借款主体;$\hat{\theta}$ 代表与 θ 相对应的主体原来的序号;$\hat{\theta}(x)$ 为主体 $\bar{x}$ 按照前述担保分配顺序对其担保申请主体进行排序后的担保申请主体 x 所对应的新序号。担保机制引入后,企业主体 x 的银行借款需满足一定的约束条件,即 $B_{xt} = \sum_{\bar{x} \in \Phi_{xt}^{c}} C_{\bar{x}\bar{x}}^{B_{xt}}$,其中,$\Phi_{x}^{c}$ 为向企业主体 x 提供担保的担保主体集合。由于市场额度有限,若企业主体不能获得足够的担保来覆盖其相应的银行借款,其将优先偿还债务并减少 t 时刻的投资。

10.2.2.2　基于担保关联的风险溢出过程分析

在银行主体授信担保机制下,具有资金需求的企业主体将向其他企业主体寻求担保以便从银行市场获得流动性。在这种情形下,当某一企业主体违约时,为其提供担保的企业主体将承担银行主体追索的责任;当其担保主体不能承受银行主体的债务追索时,其担保主体也将违约。与此同时,为该违约担保主体提供担保的企业主体也将受到银行主体的债务追索。以上过程一直持续,直至不再有新的企业主体违约。可见,引入银行主体授信担保机制后,某一企业主体违约所产生的负面效应不再局限于其自身,而易通过企业主体间的担保单网络对与其存在直接或间接担保关联的其他企业主体产生负面影响。

为了更清晰地对风险溢出过程进行分析,此处将风险溢出过程列示如图 10-1 所示。在图 10-1 中,以企业主体 a 违约为出发点。当企业主体 a 的资产净值小于 0 时,即当 $A_{at} < 0$ 时,企业主体 a 违约。在银行主体授信担保机制存在下,企业主体 a 违约后,银行主体将向企业主体 a 的担保主体们 $\hat{a}_1, \cdots, \hat{a}_n$ 进行债务追索。考虑到银行主体更关注企业主体 a 是否能够提供足够的担保额度,而并不关心担保主体 $\hat{a}_1, \cdots, \hat{a}_n$ 间如何分配担保责任的承担比率,为了简化,担保主体 $\hat{a}_1, \cdots, \hat{a}_n$ 将均分担保责任。当企业主体 a 的担保主体 $\hat{a}_1, \cdots, \hat{a}_n$ 受到银行主体的债务追索时,担保主体 $\hat{a}_1, \cdots, \hat{a}_n$ 的资产净值将受到侵蚀。在银行主体债务追偿过程中,当 $\hat{a}_1, \cdots, \hat{a}_n$ 中有担保主体无法承受银行主体的债务追索时,其将违约。设该违约企业主体为 $\hat{a}_n$,即此时 $A_{\hat{a}_n t} < 0$。一方面,该违约担保主体 $\hat{a}_n$ 未能承受的剩余的债务追偿部分,将由企业主体 a 的其他担保主体 $\hat{a}_1, \cdots, \hat{a}_{n-1}$ 继续承担;违约企业主体 a 的债务追偿过程一直进行,直至银行主体向其担保主体 $\hat{a}_1, \cdots, \hat{a}_{n-1}$ 追回所有债务或者担保主体 $\hat{a}_1, \cdots, \hat{a}_{n-1}$ 无能力再承受银行主体的债务追偿;另一方面,违约企业主体 a 的担保主体由于银行主体的债务追偿而有可能发生违约,则发生违约的担保主体的担保主体也将受到相应银行主体的债务追索,导致以上风险溢出过程继续发生,引发新一轮的风险溢出,导致新的企业主体破产。上述风险溢出过程持续进行,直至再无企业主体发生破产。

由上述可知,存在企业主体间担保关联网络的情况下,某一企业主体的违约所产生的负面影响不再局限于其自身,极易通过企业主体间的担保关联而对其他企业主体产生影响。毫无疑问,担保关联为信息不对称情况下的产物,并为资金需求主体的银行信贷获取提供了途径,尤其对于缺乏抵押

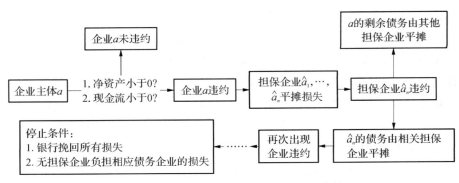

图 10-1 基于担保关联的主体间风险溢出简图

资产的中小型企业主体而言,极大地拓展了其资金获取性。所以,基于担保网络的融资模式在我国具有普遍存在性。然而,由上述分析过程可知,担保网络的存在为风险提供了传播渠道。某一企业主体的破产会通过企业主体间的担保关联而在担保网络中扩散,即担保网络为风险提供了传播渠道。近年来,各地区均出现了由于担保网络融资而引发的风险溢出效应,产生了不好的影响,例如,新疆担保圈、托普系、德隆系等担保事件。随着供给侧结构性改革的深化,由担保融资网络而引发的不良问题也将进一步显现。在担保融资问题逐渐暴露的背景下,明确企业主体间的风险溢出效应在企业主体间担保网络中的传播演化规律及其影响要素,能够为担保融资网络的风险管理、相关监督管理部门对担保融资市场的进一步规范提供重要参考。

10.2.3 违约处理机制

如果 $A_{xt} < 0$,企业主体 x 违约。在这种情形下,为了便于表述,用 z 代表银行主体,并令 $LD_{x''|xt}$ 表示主体 x 违约而引发的主体 $x''(x''=j, z)$ 的损失,表示如下:

$$LD_{x''|xt} = OLD_{x''t}^{x} \times LRD_{xt} \qquad (10-8)$$

其中,$OLD_{x''t}^{x}$ 为主体 x'' 对主体 x 的信贷暴露(即银行贷款或商业信贷);LRD_{xt} 为损失率,且 $LRD_{xt} = \min(-A_{xt}/TL_{xt}, 1)$;$TL_{xt}$ 为企业主体 x 的总负债。考虑至此,当 $x=i$ 且 $x''=j$ 时,式(10-2)中 $\tilde{L}_{x''t}$ 的计算需根据 $LD_{x''|xt}$ 的大小进行调整。

引入担保机制后,当 $x''=z$ 时,$LD_{x''|xt}$ 并不是银行主体 z 的真实损失,其将通过追偿收回部分或全部由企业主体 x 违约而造成的信贷损失。而银行主体的追偿或可能导致企业主体 x 的担保主体破产。一般而言,银行主

体 z 仅关注其信贷暴露是否可被借款主体所寻求的担保覆盖,而并不关心其担保主体们的实际担保责任的分配比例。因此,在本章中设定担保主体们对于银行主体追偿所产生的担保责任进行平均分配。如果某个担保主体无法承受这个平均责任,其将违约破产,而其未承担的剩余担保责任将由其他担保主体进行再次平均分配。以上债务追偿过程不断进行,直至银行主体收回所有的信贷损失或违约主体的担保主体们不再有能力承受银行主体 z 的债务追索。在这种情形下,式(10-2)中的 $\tilde{L}_{xt}$ 应再次进行调整,调整如式(10-9)所示:

$$\tilde{L}_{xt} \triangleq \tilde{L}_{xt} - \sum_{\hat{x} \in \tilde{\Phi}_{xt}^{cd}} \sum_{s=1}^{\hat{n}} C_{\hat{x}x}^{B_{\hat{x}t-s}} \tag{10-9}$$

其中,$\tilde{\Phi}_{x}^{cd}$ 为从企业主体 x 处获得担保的违约的借款主体集合;$C_{\hat{x}x}^{B_{\hat{x}t}}$ 为由于银行主体 z 基于企业主体 x 的担保责任,对违约的企业主体 $\hat{x}$ 的未完全偿付的银行借款 $B_{\hat{x}t}$ 进行追偿而导致的企业主体 x 的现金流出。

10.3　仿真分析

系统运行过程中,设置 100 个上游部门企业主体和 200 个下游部门企业主体。每次模拟含有 1 000 个时间步长。基于 Gatti 等(2010)的研究,设置计算实验参数如下:$A_{x0}=1, L_{x0}=1, \hat{\lambda}=1, \hat{\mu}_{\min}=0.6, \hat{\mu}_{\max}=1.4, \hat{m}=2,$ $\hat{n}=2, \hat{\tau}_f=4, \hat{w}=1.01, \bar{\omega}=2, \hat{\varphi}=2, \hat{\beta}=0.95, \hat{\delta}_u=1, \hat{P}=1.03, \hat{\delta}_d=0.5,$ $\hat{\mu}_f=0.01, \hat{\sigma}_f=0.05, \hat{\sigma}_1=0.1, \hat{\mu}_{fr}=0.15, \hat{\sigma}_{fr}=1, \hat{M}=0.1, \hat{\alpha}=0.005, \hat{\rho}=$ $0.15, \hat{r}=0.01$。

10.3.1　网络可视化与度分布

通过计算机仿真实验,可得到主体间的连接矩阵,进而通过 Ucinet 社会网络分析软件,可视化企业主体间商业信贷网络与担保网络,分别如图 10-2(a)与图 10-2(b)所示。图 10-2 为 $t=1\,000$ 时刻的网络可视化图。

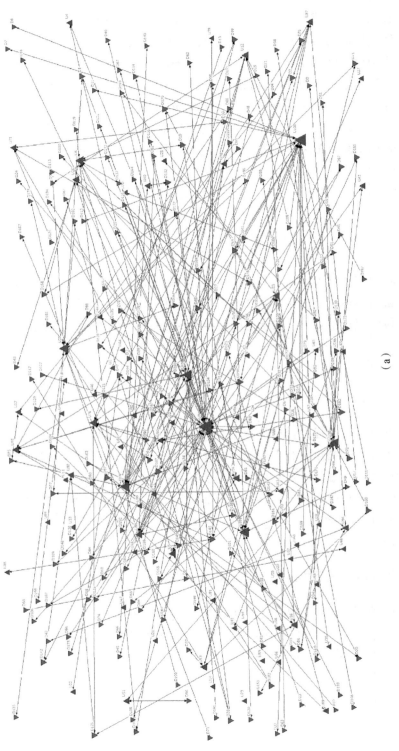

（a）

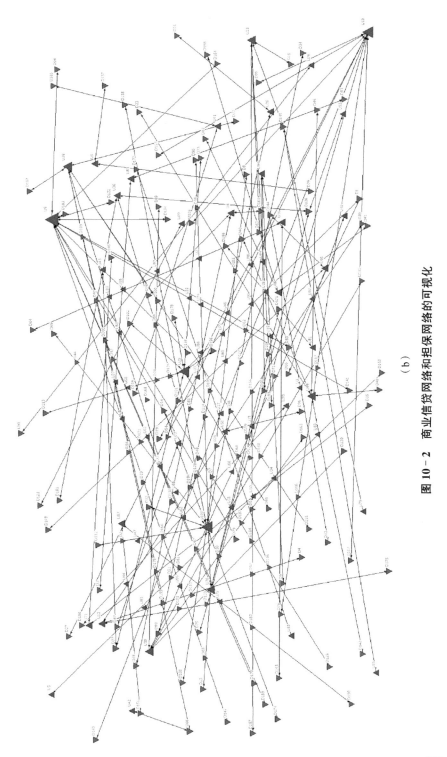

（b）

图 10-2　商业信贷网络和担保网络的可视化

上三角和下三角符号分别代表上游部门企业主体和下游部门企业主体,而网络节点的大小则代表相应节点主体度的大小。由图10-2可知,大多数的节点主体具有较少的连接。然而,存在一小部分节点主体具有较大的连接。图10-2揭示了节点主体度的异质性的存在。以下将从度分布视角来进行研究。

商业信贷网络和担保网络的度分布分别如图10-3(a)及图10-3(b)所示。由图10-3可知,商业信贷网络和担保网络的度分布近似呈现幂律分布。图10-3中的直线由普通最小二乘法拟合。图10-3(a)和图10-3(b)中的直线分别对应指数为1.4976和1.5889的幂律分布。图10-3中所揭示的度分布是基于模型基准值的情形。因而,有必要研究相关参数的变化对幂律分布特征的影响。考虑到本章重点研究担保机制引入后,担保网络与信贷网络的交互作用下的风险溢出效应,因此,下面将进一步研究担保因子对度分布的影响。

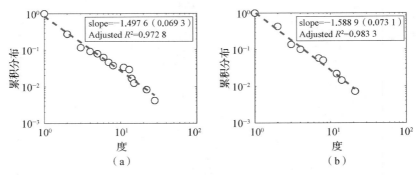

图10-3 商业信贷网络和担保网络的度分布①

图10-4表明当担保因子改变时,度分布特征没有发生变化。

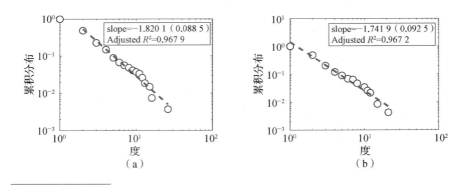

---

① (a)对应企业主体间商业信贷网络,(b)对应企业主体间担保网络。图中直线由普通最小二乘法拟合,并在图中给出了相应的斜率(括号中数字为标准差)和修正拟合优度R-squared。

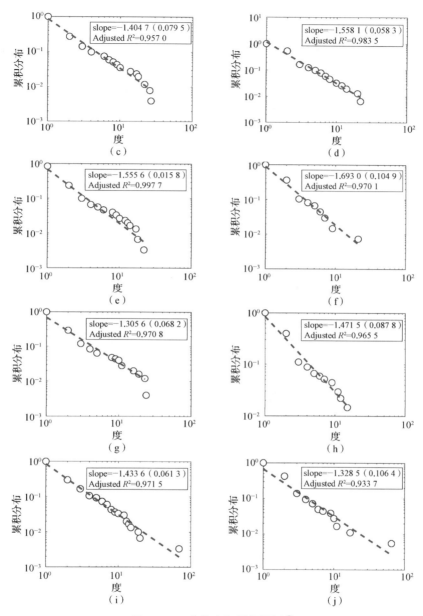

图 10-4　度分布与担保因子①

①　(a)、(c)、(e)、(g)和(i)分别对应 $\bar{\omega}=1.5$、$\bar{\omega}=2.5$、$\bar{\omega}=3.0$、$\bar{\omega}=3.5$、$\bar{\omega}=4.0$ 时的企业主体间商业信贷网络度分布;(b)、(d)、(f)、(h) 和(j)分别对应 $\bar{\omega}=1.5$、$\bar{\omega}=2.5$、$\bar{\omega}=3.0$、$\bar{\omega}=3.5$、$\bar{\omega}=4.0$ 时的企业主体间担保网络度分布;图 10-4 中的直线采用普通最小二乘法来拟合,并在图中给出了相应的斜率(括号中数字为标准差)和修正拟合优度 R-squared。

10.3.2　企业主体规模分布

借助仿真实验平台，可以分析 $t=1\,000$ 时的企业主体规模分布，如图 10-5 所示。研究过程中，企业主体规模分别用总资产、销售收入、雇员数（劳动）、产量来进行测度，并分析其分布特征。由图 10-5 可知，用总资产、销售收入和雇员数测度的企业主体规模呈现幂律尾部，即当企业主体规模超过某一阈值时，企业主体规模服从幂律分布。图 10-5 中的直线采用普通最小二乘法拟合而成。图 10-5(a) 至图 10-5(c) 中的直线分别对应指数为 $1.145\,3$，$1.139\,7$ 和 $0.980\,9$ 的幂律分布。而从现实主体规模数据来看，第 3 章对我国银企主体规模分布的幂律特征进行了研究，发现了幂律尾部特征的存在。本章所构建的模型涌现了该特征，且其幂指数波动范围内含于我国企业主体规模幂律分布指数范围。与此同时，对用产量进行测度的企业主体规模的分布进行研究也发现了上述特征，如图 10-5(d) 所示。图 10-5(d) 对应指数为 $1.139\,9$ 的幂律分布。可见，本章所构建的模型捕捉到了现实世界中普遍存在的幂律分布特征。

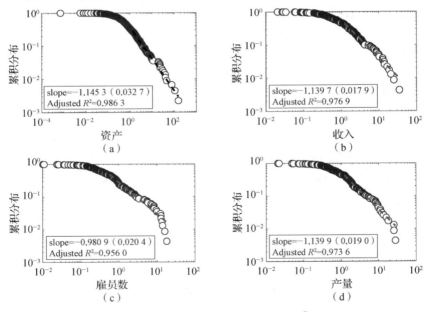

图 10-5　企业主体规模累积分布①

---

①　企业主体规模分别用总资产(a)、销售收入(b)、雇员数(c)和产量(d)来测度。图中直线采用普通最小二乘法进行拟合，并在图中给出了相应的斜率(括号中数字为标准差)和修正拟合优度 R-squared。

　　进一步地,本部分研究了担保因子的不同取值对企业主体规模分布的影响。从图 10 - 6 中可以发现,当担保因子改变时,幂律分布仍可以较好地拟合企业主体规模。图 10 - 6 揭示了现实世界中普遍存在的幂律现象。在人工系统演化过程中,根据交易对手选择机制及信贷利率决定公式,具有较大净资产水平的上游部门主体更有能力提供较小的利率,可吸引较多交易对手,进而获得更高的销售收入和更多的利润。这将导致该上游部门主体更高的资本积累和净资产水平,随之具有更强的较小利率的供给能力,进而更多的商业信贷关联建立,产生较大的度。前述情形的不断发生导致了不均匀的企业主体规模和度。微观主体间的优先连接在幂律分布特征的形成中发挥着重要的作用。

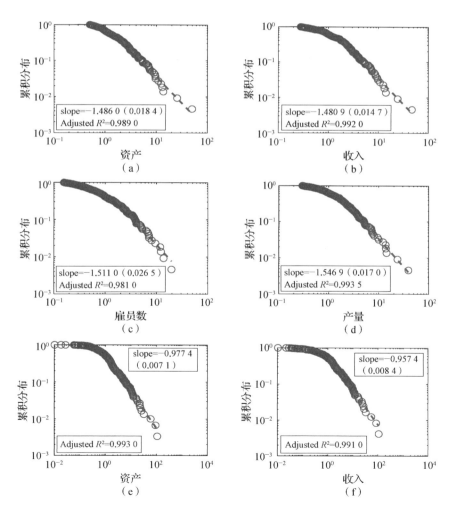

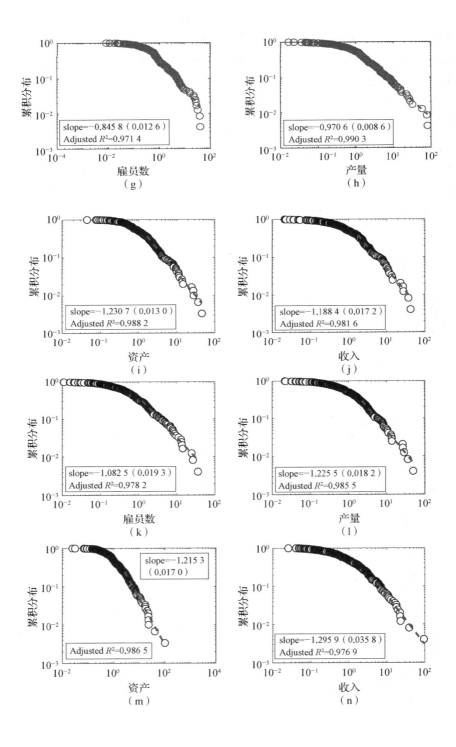

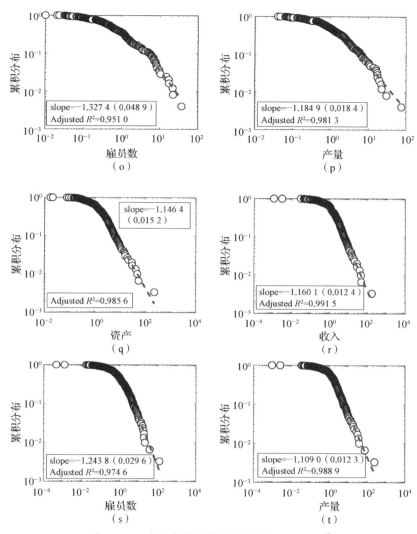

图 10 - 6　企业主体规模分布与担保因子($\bar{\omega}$)①

10.3.3　幂律分布特征的进一步检验

在 10.3.1 和 10.3.2 中，应用普通最小二乘法来对相应的仿真数据进

---

① 企业主体规模分别用总资产[（a）、（e）、（i）、（m）、（q）]、销售收入[（b）、（f）、（j）、（n）（r）]、雇员数[（c）、（g）、（k）、（o）、（s）]和产量[（d）、（h）、（l）、（p）、（t）]来测度。（a）～（d）、（e）～（h）、（i）～（l）、（m）～（p）、（q）～（t）分别对应 $\bar{\omega}=1.5$、$\bar{\omega}=2.5$、$\bar{\omega}=3.0$、$\bar{\omega}=3.5$、$\bar{\omega}=4.0$ 时的企业主体规模分布。图中直线采用普通最小二乘进行拟合，并在图中给出了相应的斜率（括号中数字为标准差）和修正拟合优度 R-squared。

行直线拟合。研究表明,仿真数据可由直线进行近似拟合。学者们将直线方法作为幂律分布特征检验的一个方法(Axtell,2010;Fujiwara,2004)。而Clauset等(2009)提出了幂律分布特征检验的另一种方法。Clauset等(2009)指出,对于幂律分布而言,直线行为是必要的,但并不足够。他们提出了幂律分布特征检验的另一种方法。该方法采用最大似然拟合方法,融合基于 Kolmogorov-Smirnov 统计量和似然率的拟合度测试。下面将使用Clauset等(2009)提出的方法,来对前述结果进行进一步验证。相应的结果如表 10-1 所示(括号中 TR 和 GU 分别代表商业信贷网络和担保网络)。

表 10-1 说明商业信贷网络的度分布通过了 Clauset等(2009)所提出的幂律分布检验(Clauset等,2009)。而用总资产、销售收入、雇员数和产量来测度的企业主体规模也同样通过了 Clauset等(2009)所提出的幂律分布检验。而对于担保网络的度分布,当 $\bar{\omega}=1.5(2.5$ 或 4.0)时,担保网络的度分布通过了 Clauset等(2009)所提出的幂律分布检验,而在其他情形中并未通过检验。担保因子 $\bar{\omega}$ 直接影响微观主体间担保关联的建立,进而影响担保网络的结构及其相应的幂律特征。

表 10-1 幂律分布:幂指数(括号中为相应的 P 值)

$\bar{\omega}$	Degrees (TR)	Degrees (GU)	Total Assets	Sales revenue	Employees	Output
$\bar{\omega}=1.5$	1.5700 (0.6570)	1.6800 (0.2320)	1.5335 (0.7320)	1.5055 (0.8820)	1.9660 (0.1770)	1.6722 (0.7420)
$\bar{\omega}=2.0$	1.4000 (0.2010)	1.8700 (0.0120)	1.1546 (0.9010)	1.1201 (0.2750)	0.9736 (0.5760)	1.1799 (0.3480)
$\bar{\omega}=2.5$	1.3500 (0.2720)	1.6500 (0.5640)	1.0220 (0.3320)	0.9176 (0.1810)	0.8373 (0.2500)	0.9397 (0.4010)
$\bar{\omega}=3.0$	1.4000 (0.2700)	1.3400 (0.0000)	1.2284 (0.5820)	1.1969 (0.2370)	1.0588 (0.4740)	1.2144 (0.3120)
$\bar{\omega}=3.5$	1.3800 (0.2070)	1.2400 (0.0000)	1.2363 (0.6900)	1.4027 (0.4780)	1.9273 (0.6520)	1.1297 (0.3270)
$\bar{\omega}=4.0$	1.2800 (0.6360)	1.2900 (0.4140)	1.3030 (0.9540)	1.2971 (0.9990)	1.3624 (0.5780)	1.2263 (0.9980)

10.3.4 担保机制与风险溢出效应

本部分研究了两种不同情形下的风险溢出效应情况,即引入担保机制(IGR)和未引入担保机制(NGR)。在研究过程中,相应的结果为 100 次模拟的平均值。对于每次模拟,前 200 期被用于模型初始化。企业主体破产数量为累积破产数除以研究期限(800)。

图 10 - 7 揭示了两种不同情形下的企业主体破产数的演化情况,图中实线对应 IGR 情形,而点划线对应 NGR 情形。由图 10 - 7 可知,在 IGR 情形中,企业主体破产数要高于 NGR 情形。研究结果再次表明,担保机制的引入虽可以在一定程度上减少银行主体的信贷损失,但加重了企业主体间的风险溢出效应。在网络视角下,商业信贷网络中的某个企业主体节点的违约将通过商业信贷网络提供的传播渠道,而将违约的负面影响传递给与其具有直接或间接金融关联的其他主体。与此同时,在 IGR 情形中,由于担保机制的存在,当借款主体违约不能偿还全部债务时,担保主体将履行相应的义务,偿付相应的债务。在这种情形下,担保主体可能由于无法承受来自银行主体的债务追索而破产。担保主体的破产可导致为该担保主体提供担保的担保主体们破产,使得破产的连锁反应经由担保关联而扩散至担保网络中。与此同时,破产连锁反应也可经由商业信贷连接而扩散至商业信贷网络中。此外,上述过程将被重复,直至破产冲击被网络所吸收,即系统中再无主体违约。正如 Leng 等(2017)的研究,担保网络为风险溢出效应提供了另一种传播渠道。两种传播渠道及二者间的相互作用引发了更严重的风险溢出效应,如图 10 - 7 所示。

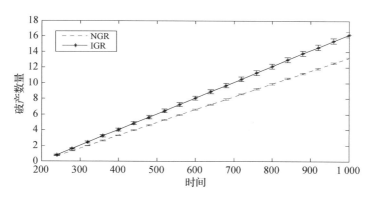

图 10 - 7　不同情形下的破产数量的演化

10.4　本章小结

本章构建了嵌入担保机制的商业信贷网络模型,分析了商业信贷网络与担保网络的度分布特征,并研究了企业主体规模的分布特征。与此同时,借助计算实验仿真平台,研究了商业信贷网络与担保网络交互下的风险溢出效应。研究表明:① 商业信贷网络的度分布与企业主体规模分布的上尾呈现出幂律分布特征;② 而对于担保网络的度分布,基于 Clauset 等(2009)的检验方法,当担保因子变化时,幂律分布特征的检验结果发生了变化;③ 担保机制的引入加重了企业主体间风险溢出效应强度。这表明对关联主体间风险溢出效应进行监控时,应综合考虑关联主体所处的网络环境,不能局限于单一金融关联网络,而应立足于多网络交互的全局视角,监控关联主体间风险溢出效应在单个网络中及网际间的立体式的传播扩散。

第 11 章　银企信贷与担保网络交互下关联主体间风险溢出效应研究

第 10 章基于商业信贷与担保网络的交互视角,研究了关联主体间的风险溢出效应。相关研究表明,担保网络为风险溢出效应提供了传播渠道,并加重了关联主体间的风险溢出效应强度。而本章将继续研究另一类异质性多网络的交互作用——银企信贷与担保网络的交互作用,并通过所构建的异质性多网络交互模型研究关联主体间的风险溢出效应。

11.1　银企信贷与担保网络交互模型构建

在人工银企系统构建中,设置 F 个企业主体和 B 个银行主体。为了便于表达,每个企业主体用 a、$\bar{a}$ 或 $a'(a, \bar{a}, a' = 1, 2, \cdots, F)$ 来代表,银行主体用 z 来代表$(z = 1, 2, \cdots, B)$。

11.1.1　银企主体间的信贷网络构建

在银企主体间信贷网络中,企业主体和银行主体是节点,而银企主体间的信贷连接对应网络的边。信贷连接源于企业主体对银行信贷的需求。为此,下面将从网络边和网络节点两个方面来阐述银企主体间信贷网络的构建。

11.1.1.1　信贷网络边

信贷网络的边反映的是企业主体和银行主体间的信贷关联。当银行主体节点和企业主体节点间存在边时,表明该银行主体向该企业主体发放了贷款。在任意时刻 t,企业主体 a 测度其资金缺口 FG_{at},若 $FG_{at} > 0$,并且 $A_{at} > 0$,则企业主体 a 具有资金需求,其将向银行主体寻求数量为 FG_{at} 的银行借款。在初始时刻$(t = 0)$,为了使系统能够初始运行,主体间信贷关联的建立方式是随机形成的;从 $t = 1$ 时刻起,银企主体间的信贷关联遵循

6.1.3中的信贷关联建立转移规则:企业主体a更倾向于与当期的交易对手进行交易,但当其他交易对手(可提供流动性的银行主体的一定比率M')可提供更低利率时,该企业主体具有一定的概率与其建立信贷连接,该交易对手转移概率表示为:$P'_s = 1 - e^{\lambda'(r_{new}-r_{old})/r_{new}}$ $(r_{new} < r_{old})$,其中$P'_s > 0$,r_{new}和r_{old}分别为新旧银行主体所提供的利率。当银行主体z无法满足企业主体a的全部现金流需求时,只要银行市场可以提供现金流,主体a可向其他净资产较大的主体z申请银行贷款,以满足自身对于现金流的需求。而对于主体z,其在发放银行贷款时,优先分配其贷款额度给具有较高净资产的信贷需求主体a,且在贷款发放时,企业主体将优于银行主体获得贷款。经过上述分配,具有资金需求的企业主体与银行主体间建立了信贷关联,而在相应的银企主体间的信贷网络中,两个节点主体间将存在一条边。

11.1.1.2 信贷网络节点

银企主体间信贷网络的节点主体有两类主体,即企业主体和银行主体。对信贷网络节点主体行为刻画,也是对企业主体和银行主体的行为机制进行刻画。首先计算企业主体a的产出(Y_{at})与投资(I_{at})。企业主体a的产出与投资同8.2.1中所述。企业主体a使用劳动(N_{at})作为唯一投入且生产函数采用里昂惕夫生产函数,可得产量$Y_{at} = \varphi' A^{\beta'}_{at}$,$N_{at} = \delta' Y_{at} = \delta' \varphi' A^{\beta'}_{at}$,其中,$A_{at}$为净资产,$\varphi' > 1, 0 < \beta' < 1, \delta' > 0$(Gatti等,2010)。在$t$时刻,企业主体$a$的投资$I_{at}$决定如下:$I_{at} = |V'_{at} + \sigma'_1 \eta_t|$,其中,$V'_{at} \sim |N(\mu'_f, \sigma'^2_f)|$,且$\eta_t \sim N(0,1)$(Iori等,2006)。投资持续$\tau'_f$期,且在$\tau'_f$期后将获得随机收入$\rho'_{at+\tau'_f}[\rho'_{at+\tau'_f} \sim N(\mu'_{fr}, \sigma'^2_{fr})]$。

当企业主体a具有资金需求时,其向银行主体寻求流动性。在每一个模拟时刻,企业主体a计算期间现金$(\widetilde{L}_{at})$及资产净值(A_{at}),并测算资金需求量(FG_{at}),可分别由式(11-1)、式(11-2)、式(11-3)来表示:

$$\widetilde{L}_{at} = L_{at-1} + \mu'_{at-1} Y_{at-1} + I_{at-\tau'_f}(1+\rho'_{at-\tau'_f}) - w' N_{at-1} -$$

$$I_{at} - \sum_{s=1}^{n'} \sum_{z \in \Psi_{at-s}} B^a_{zt-s} r^a_{zt-s} - \sum_{z \in \Psi_{at-n'}} B^a_{zt-n'} \tag{11-1}$$

$$A_{at} = \widetilde{L}_{at} + \sum_{s=0}^{\tau'_f - 1} I_{at-s} - \sum_{s=1}^{n'-1} \sum_{z \in \Psi_{at-s}} B^a_{zt-s} \tag{11-2}$$

$$FG_{at} = w' N_{at} + \sum_{s=1}^{n'-1} \sum_{z \in \Psi_{at-s}} B^a_{zt-s} r^a_{zt-s} + \sum_{z \in \Psi_{at-(n'-1)}} B^a_{zt-(n'-1)} +$$

$$I_{at+1} - \mu'^e_{at} Y_{at} - I_{at-(\tau'_f-1)}(1+\rho') - \widetilde{L}_{at} \tag{11-3}$$

其中,L_{at}为企业主体a在t时刻的期末现金,且设定$L_{a0} = A_{a0}$;n'为银行借款期限；μ'_{at} 是产品价格，随机抽取于均匀分布 (μ'_{min}, μ'_{max})；w' 是工资；B^a_{zt} 是企业主体 a 从银行主体 z 处获得的银行借款；ρ' 为投资预期收入；μ'^e_{at} 为产品预期销售价格，等于历史平均价格；Ψ_{at} 为企业主体 a 的银行债权主体；r^a_{zt} 为银行主体 z 向企业主体 a 提供的银行借款利率，表示为 $r^a_{zt} = \alpha' A^{-\alpha'}_{zt} + \alpha'(l_{at})^{\alpha'}$（Gatti 等，2010），且 $\alpha' > 0$，l_{at} 为企业主体 a 的杠杆率。

银行主体 z 的期间流动性（$\widetilde{L}_{zt}$）和净资产（A_{zt}）如式（11-4）和式（11-5）所示：

$$\widetilde{L}_{zt} = L_{zt-1} + \sum_{s=1}^{n'} \sum_{a \in \Phi'_{zt-s}} B^a_{zt-s} r^a_{zt-s} + \sum_{a \in \Phi'_{zt-n'}} B^a_{zt-n'} \qquad (11-4)$$

$$A_{zt} = \widetilde{L}_{zt} + \sum_{s=1}^{n'-1} \sum_{a \in \Phi'_{zt-s}} B^a_{zt-s} \qquad (11-5)$$

其中，L_{zt} 为银行主体 z 的期终流动性，且设定 $L_{z0} = A_{z0}$；Φ'_z 为从银行主体 z 处获取贷款的债务主体集合。

当人工银企系统经过资金匹配后，具有资金需求的企业主体 a 从银行主体 z 处获取流动性，其现金可表示为：

$$L_{at} = \widetilde{L}_{at} + \sum_{z \in \Psi_{at}} B^a_{zt} \qquad (11-6)$$

银行主体 z 向企业主体提供流动性后，其流动性如式（11-7）所示：

$$L_{zt} = \widetilde{L}_{zt} - \sum_{a \in \Phi'_{zt}} B^a_{zt} \qquad (11-7)$$

在计算实验过程中，某个企业主体（或银行主体）将被新的企业主体（或银行主体）所取代，当：（1）$A_{\widetilde{x}t} \leqslant 0$ 或者（2）企业主体 a 资产净值大于 0，但其因银行主体流动性供给能力有限而不能通过借贷达到非负的流动性持有（$\widetilde{x} = a, z$）。同前述章节，为减少新进主体对系统的影响，新主体的净资产随机抽取于区间 $[0, A_{\widetilde{x}0}]$。

11.1.2 企业主体间的担保网络构建

在担保网络中，企业主体对应节点，而企业主体间的担保关联对应担保网络的边。出于风险防范目的，企业主体向银行主体寻求流动性时，通常会被银行主体要求提供相应的担保。出于从网络视角来研究风险溢出效应，本章中对于担保的定义如前面章节所述，此处做简要概述。

担保网络的边反映的是企业主体间的担保关联。当两个企业主体节点间存在边时,表明二者间存在担保关联。企业主体 a 经测算而具有资金需求时,其会向银行主体寻求流动性,而银行主体授信要求企业主体提供担保。在寻求担保时,企业主体 a 首先向其已经提供担保的企业主体寻求担保。当存在两个及以上此类企业主体时,企业主体 a 按照其实际所提供的担保额度将此类企业主体由大到小进行排序,并依次寻求担保直至其担保需求得到满足或此类企业主体中无额外的担保额度可提供。如果企业主体 a 仍不能获得所需要的担保额度,其将从其他企业主体中随机选择一定比率(设定比率为 m')的企业主体作为潜在担保主体,并优先向资产净值较大的主体寻求担保直至其所需要的担保额度被满足,或市场中再无企业主体可提供额外的担保额度。而对于企业主体 $\bar{a}$,其在分配担保额度时,首先满足已为其提供较大担保额度的企业主体的担保申请,其次将剩余额度优先分配给资产净值较大的主体。

企业主体 $\bar{a}$ 的对外最大担保金额如式(11-8)所示:

$$\kappa_{\bar{a}t} = \bar{\omega} A_{\bar{a}t} - \sum_{s=1}^{n'-1} \sum_{a \in \widetilde{\Phi}_{\bar{a}t-s}^{c}} \kappa_{\bar{a}t-s}^{a} \qquad (11-8)$$

其中,$\bar{\omega}$ 为担保因子;$\widetilde{\Phi}_{\bar{a}t}^{c}$ 为 t 时刻从企业主体 $\bar{a}$ 处获得担保额度的所有企业主体集合;$\kappa_{\bar{a}t}^{a}$ 为 t 时刻企业主体 a 从企业主体 $\bar{a}$ 处获得的担保额度。

引入担保机制后,企业主体 a 的银行借款依赖于其从其他企业主体处所获得的担保额度,当其从企业主体间市场所获得的担保额度无法覆盖其所需资金缺口从而无法得到充足的流动性时,其将相应减少投资直至现金变为非负。

11.1.3 多网络交互作用下的风险溢出过程分析

当企业主体 a 具有资金需求时,其向银行主体寻求流动性。如果企业主体 a 从银行主体 z 处获得流动性,那么其将和银行主体 z 建立直接的信贷关联。与此同时,银行主体 z 也为其他企业主体提供流动性。所以,企业主体 a 又与银行主体 z 的借款主体建立了间接的信贷连接。担保机制加入后,企业主体 a 需要提供相应的担保方可向银行主体寻求流动性。如果企业主体 $\bar{a}$ 向企业主体 a 提供了所需要的担保,那么企业主体 a 与企业主体 $\bar{a}$ 间将存在直接的担保关联;同时,也有企业为企业主体 $\bar{a}$ 提供担保,则企业主体 a 与这些企业主体将存在间接的担保关联。

当企业主体 a 违约时,以下情形将发生:一方面,银行主体 z 的资产净值受到侵蚀乃至破产。根据信贷利率确定公式 $r_{zt}^{a} = \alpha' A_{zt}^{-\alpha'} + \alpha'(l_{at})^{\alpha'}$,银行主体 z 所设定的利率将提高。对于企业主体而言,较高的利率意味着较大的财务负担与金融脆弱性以及较高的破产概率,或将导致新一轮的企业连锁违约。此种情形为银企主体间信贷网络中的风险溢出效应。另一方面，担保机制的引入使得银行主体 z 对违约企业主体 a 的未偿贷款具有向其担保主体追偿的权利，从而导致违约企业主体 a 的担保主体们的资产净值遭到侵蚀。如果其担保主体无法承受银行主体 z 的债务追偿，其担保主体也将违约；此外，违约的担保主体的担保主体的资产净值将遭到侵蚀，以此类推。可见，某企业主体违约所造成的不良效应通过担保关联而使其他企业主体受到影响，此情形为基于担保网络的风险溢出效应。

除上述单网络内的风险溢出效应外，还存在网际间的风险溢出效应。如前所述，企业主体 a 违约可通过间接的信贷连接而导致银行主体 z 的借款主体违约；而银行主体 z 的借款主体的违约或将通过企业主体间的担保关联而进一步引发新一轮的企业破产连锁。这就是从银企主体间信贷网络到企业主体间担保网络的风险溢出效应。与此同时，由于银行主体追偿而违约的企业主体将进一步引发其债权银行主体的资产净值受到侵蚀乃至其债权银行主体破产。这就是从担保网络到信贷网络的风险传递。实际上，在一个如此复杂的系统中，很难鉴别以上所述风险溢出效应类型（基于银企主体间信贷网络的风险溢出效应、基于企业主体间担保网络的风险溢出效应、网络间的风险溢出效应）。以上各类的风险溢出效应彼此间相互作用直至违约破产的不良效应被银企系统网络所吸收。因此，十分有必要基于系统多网络模型来研究风险溢出效应。

11.1.4　违约处理机制

当 $A_{a't} < 0$ 时，企业主体 a' 违约。设定银行主体 z 为企业主体 a' 的债权银行并令 $\mathfrak{R}_{zt}^{a'}$ 代表由于企业主体 a' 违约而引发的银行主体 z 关于银行借款 $B_{zt}^{a'}$ 的坏账，如式（11-9）所示：

$$\mathfrak{R}_{zt}^{a'} = B_{zt}^{a'}(1 + r_{zt}^{a'}) \times \overline{\omega}_{a'} \tag{11-9}$$

其中，$\overline{\omega}_{a'} = \min(-A_{a't}/O_{a't}, 1)$ 为损失率；$O_{a't}$ 为 t 时点企业主体 a' 的债务。所以，银行主体 z 的坏账如式（11-10）所示：

$$\mathfrak{R}_{zt} = \sum_{a' \in \Psi_{zt}^{'bad}} \sum_{s=1}^{n'} \mathfrak{R}_{zt-s}^{a'} \tag{11-10}$$

其中，$\Psi_{zt}^{'bad}$ 表示银行主体 z 违约的借款主体集合。

引入银行主体授信担保制度后，银行主体 z 有权利向违约的企业主体 a' 的担保主体进行债务追索。出于简化目的，设定担保主体们均分担保责任。在银行主体的债务追偿过程中,若某个担保主体无法承受银行主体的债务追索,则其未承担部分将由其余担保主体继续平均分配直至银行主体追回所有的未偿债务或企业主体 a' 的担保者们再无力承担银行主体的债务追索。银行主体进行债务追偿后,应根据银行主体对坏账 $\Re_{zt}^{a'}$ 的追偿而导致的企业主体 a 的现金流出 $(\bar{C}_{a'a}^{\Re_{zt}^{a'}})$ 更新 $\widetilde{L}_{at}$,如式(11-11)所示:

$$\widetilde{L}_{at} \triangleq \widetilde{L}_{at} - \sum_{s=1}^{n'} \sum_{a' \in \widetilde{\Phi}_{at}^{cbad}} \sum_{z \in \Psi_{a't-s}} \bar{C}_{a'a}^{\Re_{zt-s}^{a'}} \qquad (11-11)$$

其中,$\widetilde{\Phi}_{a}^{cbad}$ 为从企业主体 a 处获得担保的企业主体中处于违约状态的主体集合。此外,银行主体 z 应依据 $\bar{C}_{a'a}^{\Re_{zt}^{a'}}$ 对 $\widetilde{L}_{zt}$ 和 A_{zt} 进行相应更新。

11.2　基于多网络交互模型的仿真分析

仿真过程中,设置 $B=30$ 个银行主体和 $F=500$ 个企业主体。每次模拟运行 1 000 期,且前 200 期被用于模型的初始化,取后 800 期作为研究结果,为了使系统初始运行,设定 $A_{x0}=1,A_{z0}=5$。参考前述章节设置参数如下:
$\varphi'=2.6,\beta'=0.95,\delta'=1,\mu'_f=0.01,\sigma'_f=0.05,\mu'_{fr}=0.15,\sigma'_{fr}=1,M'=0.1,\bar{\omega}=2,m'=0.1,\mu'_{min}=0.5,\mu'_{max}=1.5,n'=2,\rho'=0.15,w'=1,\tau'_f=4,\alpha'=0.01,\sigma'_1=0.1,\lambda'=2.5$。

11.2.1　网络可视化与系统涌现特征

下面将借助计算机仿真输出的 0-1 矩阵,使用 Ucinet 网络分析工具,可视化企业主体间担保关联网络及银企主体间信贷关联网络。在企业主体间担保网络中,企业主体为担保网络的节点,而企业主体间担保关联为担保网络的边。企业主体间担保网络及银企主体间信贷网络的可视化图分别如图 11-1 及图 11-2 所示。考虑到企业主体担保因子作为较重要的企业主体特征参数,影响着担保企业主体的对外担保额度及被担保企业主体担保额度的可获得性,从而对相关企业主体的或有债务及银行信贷的获得产生影响,进而影响企业主体间担保关联及银企主体间信贷关联的建立。为此,银企主体关联网络可视化过程中,考虑了不同担保因子下企业主体间的担保网络及银企主体间的信贷网络。其中,图 11-1(a) 至图 11-1(c) 分别对应担保因子为 1.5、2.0 及 2.5 时的企业主体间担保网络;图 11-2(a) 至图 11-2(c) 分别对应担保因子为

1.5、2.0 及 2.5 时的银企主体间信贷网络。从图 11-1 及图 11-2 中不难发现，当担保因子变大时，企业主体间担保网络及银企主体间信贷网络变得更加稠密。

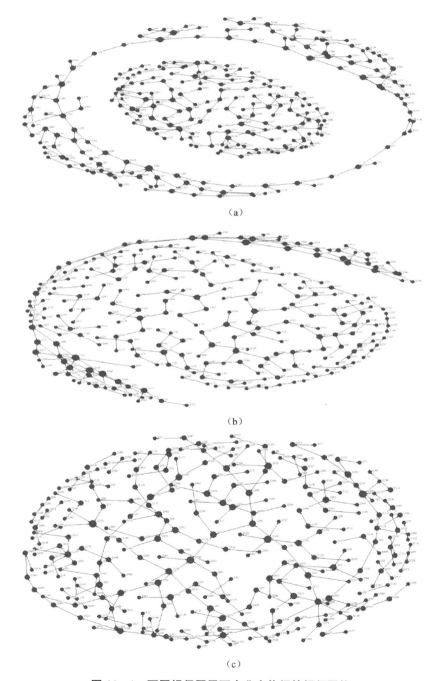

（a）

（b）

（c）

图 11-1　不同担保因子下企业主体间的担保网络

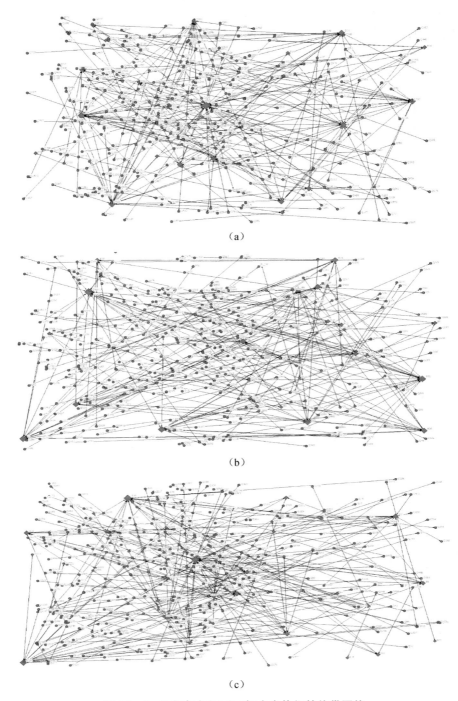

（a）

（b）

（c）

图 11 - 2　不同担保因子下银企主体间的信贷网络

随着担保因子的增大,担保企业主体的对外担保额度及被担保企业主体的担保额度的可获得性均会有所提升,进而银行信贷的可获得性也有所提升。在此种情形下,相比较小的担保因子,网络会变得稠密。

基于仿真分析,进一步研究银企主体在微观层面的相互作用而涌现出的宏观层面上的特征,如图 11-3、图 11-4 及图 11-5 所示。图 11-3 对应基准情形下的幂律特征涌现,而图 11-4 及图 11-5 则对应非基准情形下的幂律特征涌现,是对图 11-3 的进一步补充说明。图 11-3(a)至图 11-3(d)分别使用总资产、营业收入、雇员数及银行主体度来测度主体规模。图 11-3(a)、图 11-3(b)及图 11-3(c)表明使用总资产、销售收入和雇员数等多指标测度的企业主体规模分布呈现出幂律尾部,其幂指数分别为 0.953 5、0.996 9、1.020 4。而第 3 章对我国银企主体规模分布的幂律特征进行了研究,发现了幂律尾部特征的存在。所构建的模型涌现了该特征,且其幂指数波动范围内含于我国企业主体规模幂律分布指数范围。此外,Souma 等(2003)的实证研究表明,银企主体间信贷网络中的银行度分布呈现双幂律特征,即可由两条直线来拟合。与此同时,由第 4 章和第 5 章的实际网络结构特征可知,基于我国经济主体间关联数据而构建的实际关联网络均呈现出度分布的双幂律特性,而本章所构建的多网络交互模型也捕捉到了该特征,如图 11-3(d)所示。从图 11-3 中可发现,企业主体在微观层面的相互作用导致了广泛存在于现实世界中的幂律特征的涌现。

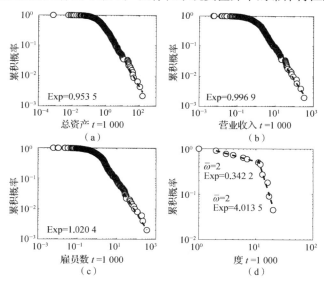

图 11-3　基准情况下的规模涌现①

---

①　(a)～(c)为双对数坐标系中企业主体规模分布,企业主体规模分别用总资产、营业收入、雇员数来测度;(d)为银企主体间信贷网络中的银行主体度分布。

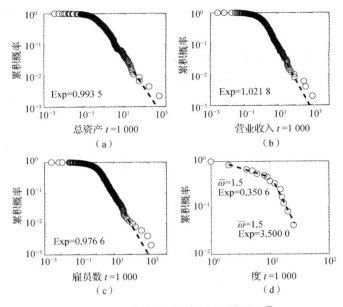

图 11 - 4 担保因子 1.5 与规模涌现①

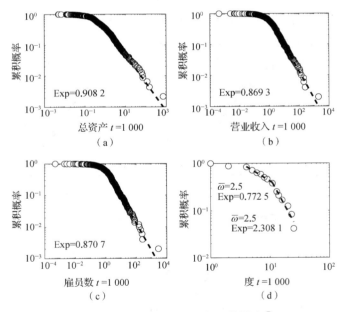

图 11 - 5 担保因子 2.5 与规模涌现②

① (a)～(c)为双对数坐标系中企业主体规模分布,企业主体规模分别用总资产、营业收入、雇员数来测度;(d)为银企主体间信贷网络中的银行主体度分布。

② (a)～(c)为双对数坐标系中企业主体规模分布,企业主体规模分别用总资产、营业收入、雇员数来测度;(d)为银企主体间信贷网络中的银行主体度分布。

鉴于前述分析,考虑到担保因子的重要性,下面将进一步研究不同担保因子下模型涌现的特征,如图 11-4 及图 11-5 所示。图 11-4 及图 11-5 分别对应担保因子为 1.5 及 2.5 时的模型的主体规模涌现特征。图 11-4 及图 11-5 表明,虽然担保因子发生了改变,但使用总资产、营业收入、雇员数及银行主体度来测度的相关主体规模仍涌现出幂律特征,表明本章所构建的模型具有一定的稳健性。

11.2.2　风险溢出效应的仿真分析

正如 Krause 和 Giansante(2012)的研究指出,网络结构对风险的传播有较大的影响。而在模型构建中可以发现,交易对手转移概率参数 λ'、担保主体选择参数 m'、担保因子 $\bar{\omega}$ 与关联网络结构相关。因此,本部分将研究以上网络结构相关参数(λ'、m'、$\bar{\omega}$)对风险溢出效应的影响。需要说明的是,担保因子 $\bar{\omega}$ 也是企业主体的行为参数,其为一个综合性参数。在仿真分析过程中,每次模拟重复 100 次并取 100 次的银行主体坏账的平均值作为统计结果。

图 11-6 揭示了交易对手转移概率参数 λ' 对风险溢出效应的影响。从图 11-6 中可知,随着 λ' 的增加,其对银行主体坏账的影响呈现出不同的变化趋势。当 λ' 处于较低水平时,随着 λ' 的不断增加,银行主体坏账呈现出下降趋势;而当 λ' 处于较高水平时,随着 λ' 的不断增加,银行主体坏账呈现出上升趋势。λ' 的变化对系统具有双重影响。一方面,较高的 λ' 意味着企业主体将以较高的概率与能够给其提供较低贷款利率的银行主体建立新的信贷连接。较低的利率意味着财务负担的下降,财务状况的改善,进而导致较高的利润和相应的资本积累。这增强了企业主体对冲击的吸收能力,进而导致了银行主体坏账的下降趋势。冲击或来源于商品市场中产品价格波动、信贷网络中较高的利率水平、由于担保网络存在而导致的银行主体债务追索等。另一方面,根据利率决定公式 $r_{zt}^a = \alpha' A_{zt}^{-a'} + \alpha' (l_{at})^{a'}$ 可知,如果一个银行主体具有较高的资产净值,其有能力提供较低的利率。加之前述 λ' 的影响,则具有较高资产净值的银行主体将与更多的企业主体建立连接。随着 λ' 进一步增大,企业主体向具有较大资产净值的银行主体转移的概率将进一步提高,导致了此类银行主体具有较多的连接从而具有较大的脆弱性,进而可能引发向上趋势的银行主体坏账。

此外,出于结果稳定性考虑,图 11-7 揭示了当生产参数 φ' 发生变动时,交易对手转移概率参数 λ' 对银行主体坏账的影响。图 11-7(a)和图 11-7(b)分别对应生产参数 φ' 取值为 2.55 和 2.65 时的情形。由图

11-7 可知,当生产参数 φ' 发生变动时,对于较小 λ' 值,坏账仍表现出下降趋势;而对于较大 λ' 值,坏账则呈现出上升趋势。可见,生产参数 φ' 值的变化并没有影响坏账随着交易对手转移概率参数 λ' 的变化而变化的趋势。

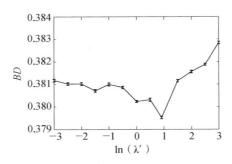

图 11-6　交易对手转移概率参数与风险溢出效应

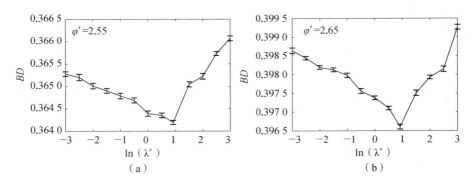

（a）　　　　　　　　　　　　　（b）

图 11-7　生产参数、交易对手转移概率参数与风险溢出效应

担保主体选择参数 m' 的变化对风险溢出效应的影响如图 11-8 所示。由图 11-8 可知,当 m' 逐渐变大时,银行坏账表现出先下降后上升的态势。m' 决定了企业主体可选择的潜在担保主体的数量。随着 m' 的变大,将增加企业主体向具有较大资产净值的企业主体寻求担保的概率。具有较大资产净值的企业主体对银行主体的债务追索有较强的承受能力。此种情形导致了当 m' 取值较小时银行坏账的下降趋势。然而,企业主体的资产净值越大,越有更多的企业主体向其寻求担保,与之建立担保连接。这意味着,随着 m' 的变大,具有较大资产净值的企业主体将会有更多的企业主体与之建立担保连接,进而造成其较大的金融脆弱性。此种情形导致了当 m' 取值较大时银行主体坏账的上升趋势。前述情形的综合作用产生了如图 11-8 所示的趋势。

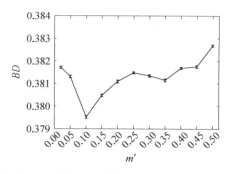

图 11 - 8　担保主体选择参数与风险溢出效应

此外,出于结果稳定性考虑,本部分也研究了当生产参数 φ' 发生变动时,担保主体选择参数对银行主体坏账的影响,如图 11 - 9 所示。图 11 - 9(a)和图 11 - 9(b)分别对应生产参数 φ' 取值为 2.55 和 2.65 时的情形。由图 11 - 9 可知,当生产参数 φ' 发生变动时,随着担保主体选择参数 m' 的不断增大,坏账仍呈现出先下降后上升的趋势。可见,生产参数 φ' 值的变化并没有影响坏账随着担保主体选择参数 m' 的变化而变化的趋势。

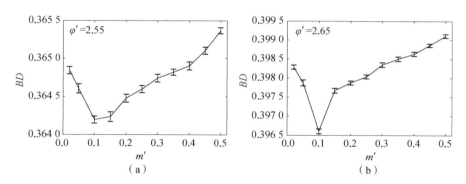

图 11 - 9　生产参数、担保主体选择参数与风险溢出效应

图 11 - 10 则揭示了担保因子 $\bar{\omega}$ 的影响。图 11 - 10 揭示了当 $\bar{\omega}$ 变大时,银行主体坏账表现出上升态势。此外,出于结果稳定性考虑,本部分也研究了当生产参数 φ' 发生变动时,担保因子 $\bar{\omega}$ 对银行主体坏账的影响,如图 11 - 11 所示。图 11 - 11(a)和图 11 - 11(b)分别对应生产参数 φ' 取值为 2.55 和 2.65 时的情形。由图 11 - 11 可知,当生产参数 φ' 发生变动时,随着担保因子 $\bar{\omega}$ 不断增大,坏账仍呈现出上升的趋势。可见,生产参数 φ' 值的变化并没有影响坏账随着担保因子 $\bar{\omega}$ 的变化而变化的趋势。根据式(11 - 8),$\bar{\omega}$ 决定着某个企业主体可对外提供的担保额度。较大的 $\bar{\omega}$ 使得企业主体可以向更多的具有资金需求的企业主体提供担保。这将导致企业主

体具有较大的或有负债以及较大的金融脆弱性。一旦借款主体破产,为其提供担保的担保主体将受到银行主体的债务追偿,这将造成担保主体自身资产净值受到侵蚀乃至破产,而这也将进一步引发新一轮的破产连锁。企业主体对外提供担保的企业主体越多,越容易受到银行主体的债务追偿,越容易导致以上情形的发生。这意味着银行主体应限制企业主体的对外担保额度,避免过于集中的担保关联的发生。

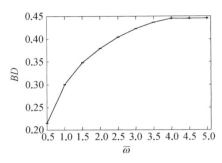

图 11 - 10　担保因子与风险溢出效应

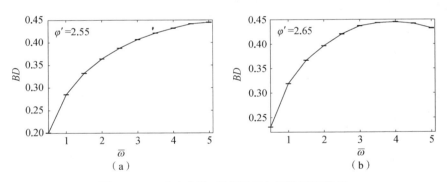

图 11 - 11　生产参数、担保因子与风险溢出效应

11.3　本章小结

在本章中,构建了融合银企主体间信贷网络与企业主体间担保网络的异质性多网络交互模型,使用 Ucinet 可视化了不同担保因子下的企业主体间担保网络与银企主体间信贷网络;同时,借助计算实验研究了模型的涌现特征,研究发现,通过关联主体在微观层面的交互作用导致了广泛存在于现实中的幂律现象的宏观涌现。基于所构建的异质性多网络交互模型,研究了网络结构参数对风险溢出效应的影响。相关研究发现,交易对手转移概

率参数 λ' 影响着转移至其他交易对手的概率,对系统有双重影响,坏账在 λ' 值较低时呈现出下降趋势,而其在较大取值时,呈现出上升趋势。对于担保主体选择参数 m',随着 m' 的不断增加,银行主体坏账呈现出先降后升的趋势。对于担保因子 $\bar{\omega}$,银行主体坏账随着 $\bar{\omega}$ 的增加呈现出上升趋势。这再次说明担保机制的引入加大了关联主体间的风险溢出效应。实际操作中,银行主体应对企业主体的对外担保情况建立预警,避免过于集中的担保关联的发生。本章基于异质性多网络交互模型的风险溢出效应研究表明,经济主体间的关联网络结构特征对风险溢出效应有较大的影响。因此,在监测与控制关联主体间的风险溢出效应时,除应注重关联主体自身的资产负债表外,还应充分挖掘关联主体间的关联关系,构建全视域下主体间的关联网络格局,并将监测主体纳入网络体系,考量关联网络的结构特征在风险溢出效应及控制中所发挥的角色,从而做到资产负债表与网络特征兼顾。

第 6 部分

多网络交互下关联主体间
风险溢出效应控制研究

第 5 部分基于异质性多网络交互视角，研究了关联主体间的风险溢出问题。而研究风险溢出效应的目的在于为风险溢出控制提供一定的指导。由第 1 部分的研究基础可知，基于网络视角的关联主体间风险溢出效应控制已展开一定的研究，但多基于信贷网络，未考虑其他金融关联网络的传播渠道，如担保网络的风险传播渠道作用等。因此，有必要从多关联网络交互视角来研究关联主体间的风险溢出效应控制。本部分在前述研究基础上，进一步研究多网络交互下关联主体间的风险溢出效应控制问题，提出多网络交互下的关联主体间风险溢出效应控制机制，从主体间的实时动态作用中来检验风险控制机制实施效果。

第12章　多网络交互下关联主体间风险溢出效应控制研究

前述章节从理论基础到模型推导与构建,从实际网络到仿真网络,从单网络到多网络,从同质性多网络再到异质性多网络交互,对关联主体间的风险溢出效应问题进行了研究。相比单一金融关联网络,由不同金融关联而形成的异质性多网络交互对于关联主体间的风险溢出效应影响更为复杂,但更能提升模型对现实的刻画能力。因此,本章将在前述章节研究的基础上,立足于多网络交互视角,对关联主体间的风险溢出效应控制进行研究。

12.1　引　　言

由前述章节研究发现,关联主体间的风险溢出效应既受关联主体自身资产负债情况的影响,也受与该关联主体具有金融关联的其他主体财务状况的影响。即在一个相互关联的经济体系中,对于风险溢出效应的考量必须融入关联主体间由于各类金融关联而形成的关联网络。因此,对关联主体间的风险溢出效应控制进行研究,也必须考虑经济主体的自身财务状况与其所处的关联网络。而由第1章的1.2.3可知,相比风险溢出效应研究而言,目前基于网络视角而对关联主体间的风险溢出效应进行控制的研究并不多。Maeno 等(2012)指出,2007 年的金融危机使得监管者及相关当局仅仅关注个别银行主体及经济基础,而忽略了隐藏于异质性银行主体信贷网络复杂性背后的风险,因此,仅仅夯实较大银行主体的措施并不能解决恢复银行主体信贷网络稳定性的问题。与之相呼应,Krause 和 Giansante (2012)指出,对银行系统的监管,主要依赖对资产负债表的监管并不足够,应将银行主体间的金融连接结构作为补充。Thurner 和 Poledna(2013)设计了基于银行主体的 DebtRank 值,依据 DebtRank 值设定借款主体与资金供给主体间的信贷关联的建立方式,该干预措施的实施可减少系统性风险。

但 Thurner 和 Poledna(2013)的研究并没有考虑经济主体关联关系建立的逐利特性,且网络基础仍为同质性信贷网络。Catullo 等(2015b)提出了基于信贷网络的方法,设计了减少经济系统脆弱性的宏观审慎政策。通过该政策的实施,干预具有较高风险的银行主体的授信行为,可减小经济系统性风险,但 Catullo 等(2015b)的研究并没有考虑银行主体间市场。

正如第 1 章中 1.2.3 所述,目前基于网络视角来研究关联主体间的风险溢出效应控制,多集中于由单一金融关联而形成的同质性单一网络。而在现实世界中,关联主体间的金融关联形式与结构较为复杂,可存在多种形式的金融关联,进而形成关联主体间的异质性多金融关联网络,正如第 10 章和第 11 章中所研究的内容。借鉴 Thurner 和 Poledna(2013)及 Catullo 等(2015b)的研究,本章将在前文研究的基础上,考虑关联主体的资产负债状况,立足于异质性多网络交互视角来研究关联主体间的风险溢出效应控制问题。

12.2　风险溢出效应控制人工系统搭建

第 11 章基于关联主体间的信贷关联和担保关联,构建了融合银企主体间信贷网络与企业主体间担保网络的异质性多网络交互模型,并在此基础上对关联主体间的风险溢出效应进行了研究。为了进一步对关联主体间的风险溢出效应控制进行研究,本节将在第 11 章的模型构建基础上,考虑关联主体间的担保关联与信贷关联,嵌入银行主体间市场,引入银行主体间市场网络,构建融合企业主体间担保网络、银企主体间信贷网络及银行主体间信贷网络的人工系统,并对银行主体行为进行更为细致的刻画。

对于企业主体的刻画,如第 11 章所述,此处做简要概述。根据第 11 章 11.1.2 中关于企业主体行为机制的设定,企业主体 a 使用劳动(N_{at})作为唯一投入且生产函数采用里昂惕夫生产函数,可得产量 $Y_{at} = \vec{\varphi} A_{at}^{\vec{\beta}}$,与产量相对应的劳动力 $N_{at} = \vec{\delta} Y_{at} = \vec{\delta} \vec{\varphi} A_{at}^{\vec{\beta}}$,其中,$A_{at}$ 为净资产,$\vec{\varphi} > 1, 0 < \vec{\beta} < 1$,$\vec{\delta} > 0$(Gatti 等,2010)。在 t 时刻,企业主体 a 进行新的投资 I_{at},且 $I_{at} = |\vec{V}_{at} + \vec{\sigma}_1 \eta_t|, \vec{V}_{at} \sim |N(\vec{\mu}_f, \vec{\sigma}_f^2)|, \eta_t \sim N(0,1)$。新的投资持续 $\vec{\tau}_f$ 期,且在 $\vec{\tau}_f$ 期后将获得随机收入 $\rho_{at+\vec{\tau}_f} [\rho_{at+\vec{\tau}_f} \sim N(\vec{\mu}_{fr}, \vec{\sigma}_{fr}^2)]$。企业主体 a 每期更新期间现金($\widetilde{L}_{at}$)及资产净值(A_{at}),并且计算其资金缺口(FG_{at}),分别如式(12-1)、(12-2)和(12-3)所示。

$$\widetilde{L}_{at} = L_{at-1} + \vec{\mu}_{at-1} Y_{at-1} + I_{at-\vec{\tau}_f}(1 + \rho_{at-\vec{\tau}_f}) - \vec{w} N_{at-1} -$$

$$I_{at} - \sum_{s=1}^{\vec{n}} \sum_{z \in \Psi_{at-s}} B_{zt-s}^a r_{zt-s}^a - \sum_{z \in \Psi_{at-\vec{n}}} B_{zt-\vec{n}}^a \qquad (12-1)$$

$$A_{at} = \widetilde{L}_{at} + \sum_{s=0}^{\vec{\tau}_f-1} I_{at-s} - \sum_{s=1}^{\vec{n}-1} \sum_{z \in \Psi_{at-s}} B_{zt-s}^a \qquad (12-2)$$

$$FG_{at} = \vec{w} N_{at} + \sum_{s=1}^{\vec{n}-1} \sum_{z \in \Psi_{at-s}} B_{zt-s}^a r_{zt-s}^a + \sum_{z \in \Psi_{at-(\vec{n}-1)}} B_{zt-(\vec{n}-1)}^a +$$

$$I_{at+1} - \vec{\mu}_{at}^e Y_{at} - I_{at-(\vec{\tau}_f-1)}(1 + \vec{\rho}) - \widetilde{L}_{at} \qquad (12-3)$$

其中，$\vec{n}$ 为银行借款期限；$\vec{\mu}_{at}$ 是产品价格，随机抽取于均匀分布（$\vec{\mu}_{\min}$，$\vec{\mu}_{\max}$）；$\vec{w}$ 是工资；B_{zt}^a 是企业主体 a 从银行主体 z 处获得的银行借款；$\vec{\rho}$ 为投资预期收入；$\vec{\mu}_{at}^e$ 为产品预期销售价格，等于历史平均价格；L_{at} 为企业主体 a 于 t 时刻的期末现金，且有 $L_{a0} = A_{a0}$；Ψ_{at} 为企业主体 a 的银行债权主体；r_{zt}^a 为银行主体 z 向企业主体 a 提供的银行借款利率，表示为 $r_{zt}^a = \vec{\alpha} A_{zt}^{\vec{\alpha}} + \vec{\alpha}(l_{at})^{\vec{\alpha}}$（Gatti 等，2010）；且 $\vec{\alpha} > 0$，l_{at} 为企业主体 a 的杠杆率。

当企业主体 a 具有资金缺口时，其向银行主体寻求流动性。在向银行主体寻求流动性的过程中，企业主体 a 更倾向于与当前的交易对手进行交易，但当其他交易对手（可提供流动性的银行主体的一定比率 $\vec{M}$）可提供更低利率时，其具有一定的概率与之建立信贷连接，该交易对手转移概率如 6.1.3 中所述，即 $\vec{P}_s = 1 - e^{\vec{\lambda}(r_{new} - r_{old})/r_{new}}$（$r_{new} < r_{old}$），其中，$\vec{\lambda} > 0$，$r_{new}$ 和 r_{old} 分别为新旧银行主体所提供的利率。当银行主体 z 无法满足企业主体 a 的全部现金流需求时，只要银行市场可以提供现金流，主体 a 可向其他净资产较大的主体 z 申请银行贷款，以满足自身对于现金流的需求。而对于主体 z，其在发放银行贷款时，优先分配其贷款额度给具有较高净资产的信贷需求主体 a，且在贷款发放时，企业主体将优于银行主体获得贷款。经过银行主体的现金流分配，企业主体 a 从银行主体 z 处获得银行贷款 B_{zt}^a，更新企业主体 a 的期末现金为 $L_{at} = \widetilde{L}_{at} + \sum_{z \in \Psi_{at}} B_{zt}^a$。

此处并没有引入担保机制。而在银行主体向企业主体发放贷款时，一般会要求企业主体提供相应的担保。正如第 11 章所述，出于风险防范目的，企业主体向银行市场寻求流动性时，通常会被银行主体要求提供相应的担保。即在 t 时刻，企业主体 a 为从银行主体 z 处获得贷款，需从其担保企

业主体 $\bar{a}$ 处寻求相应金额的担保。担保机制的设定如同 11.1.2 中所述,此处做简要概述。企业主体 a 寻求担保时,首先向从企业主体 a 处获得担保的企业主体寻求担保。如果企业主体 a 从上述企业主体处不能获得所需要的担保额度,其将从其他企业主体中随机选择一定比率(设定比率为 $\vec{m}$)的企业主体作为潜在担保主体,并优先向资产净值较大主体寻求担保,直至其所需要的担保额度被满足或市场中再无企业主体可提供额外的担保额度。而对于企业主体 $\bar{a}$,其在分配担保额度时,首先满足已为其提供较大担保额度的企业主体的担保申请,其次将剩余额度优先分配给资产净值较大主体。在担保机制中,企业主体 $\bar{a}$ 的对外最大担保额度为 $\vec{\kappa}_{\bar{a}t} = \vec{\omega} A_{\bar{a}t} - \sum\limits_{s=1}^{\vec{n}-1} \sum\limits_{a \in \widetilde{\Phi}_{\bar{a}t-s}^{c}} \kappa_{\bar{a}t-s}^{a}$。

其中,$\vec{\omega}$ 为担保因子,$\widetilde{\Phi}_{\bar{a}t}^{c}$ 为 t 时从企业主体 $\bar{a}$ 处获得担保额度的所有企业主体集合;$\kappa_{\bar{a}t}^{a}$ 为企业主体 a 在 t 时刻从企业主体 $\bar{a}$ 处获得的担保额度。引入担保机制后,企业主体 a 所能获得的银行借款依赖于其从其他企业主体处所获得的担保额度。如果企业主体 a 限于所获取的担保额度而不能从银行主体处获得足够的资金时,其将减少相应的投资直至现金变为非负。

对银行主体行为的刻画,使用下标 z 表示银行主体。在 t 时刻,银行主体 z 的总资产(TA_{zt})含流动性资产(L_{zt})、总投资、总银行间贷款、总企业贷款;银行主体 z 的总负债(TL_{zt})由净资产(A_{zt})、总银行间借款及银行存款(D_{zt})构成。为了使系统能够初始运行,银行主体 z 在初始时刻,有 $D_{z0} = \vec{\kappa} TA_{z,0}$,$A_{z0} = (1-\vec{\kappa}) TA_{z0}$,$L_{z0} = TA_{z0}$。本章考虑了银行主体的企业贷款发放、银行主体间的同业信贷拆借,以及银行主体的投资、存款、分红等行为。具体而言,在每一个模拟时刻 t,银行主体 z 都会从事诸如支付存款利息、分红、投资及与银企主体建立信贷连接,为其提供相应的贷款、更新现金及资产净值等活动。借鉴 Georg(2013)的研究,使用随机游走来描述银行主体 z 的储户存款波动,即 $D_{zt} = (1-\vartheta + 2\vartheta\vec{\vartheta}) D_{zt-1}$,其中,$\vec{\vartheta}$ 是随机变量,随机抽取于区间 $[0,1]$,$\vec{\vartheta} > 0$。用 $\widetilde{L}_{zt}$、$\hat{L}_{zt}$ 表示银行主体 z 的期间现金,令 L_{zt} 表示银行主体 z 的期末现金,$\widetilde{A}_{zt}$ 表示期间资产净值,A_{zt} 为期末资产净值。在每一个时间点 t,对银行主体 z 的现金基于上期现金 L_{zt-1} 进行如下更新,得出银行主体 z 的期间现金 $\widetilde{L}_{zt}$,如式(12-4)所示:

$$\widetilde{L}_{zt} = L_{zt-1} + \sum_{s=1}^{\vec{\tau}_b} I_{zt-s} \vec{\rho}_{zt-s} + I_{zt-\vec{\tau}_b} + \sum_{s=1}^{\vec{n}} \sum_{a \in \Phi'_{zt-s}} B_{zt-s}^{a} r_{zt-s}^{a} +$$

$$\sum_{s=1}^{\vec{q}} \sum_{z' \in \Phi'_{zt-s}} B_{zt-s}^{z'} r_{zt-s}^{z'} + \sum_{x \in \Phi'_{zt-\vec{n}}} B_{zt-\vec{n}}^{a} + \sum_{z' \in \Phi'_{zt-\vec{q}}} B_{zt-\vec{q}}^{z'} + D_{zt} -$$

$$D_{zt-1} - \sum_{s=1}^{\vec{q}} \sum_{z' \in \Psi'_{zt-s}} B_{z't-s}^z r_{z't-s}^z - \sum_{z' \in \Psi'_{zt-\vec{q}}} B_{z't-\vec{q}}^z \qquad (12-4)$$

其中，Φ'_z 表示银行主体 z 的借款主体的集合；I_{zt} 为投资，期限为 $\vec{\tau}_b$；$\vec{\rho}_{zt}$ 为投资回报，且 $\vec{\rho}_{zt}$ 服从正态分布 $N(\vec{\mu}_{br}, \vec{\sigma}_{br}^2)$；$B_{zt}^{z'}$ 为银行主体 z' 从贷款银行主体 z 处获得的贷款；$r_{zt}^{z'}$ 为第 z' 个银行主体向第 z 个银行主体申请贷款时所应支付的信贷利率，表示为 $r_{zt}^{z'} = \vec{\alpha} A_{zt}^{-\vec{\alpha}} + \vec{\alpha}(l_{z't})^{\vec{\alpha}}$，且 $l_{z't}$ 为杠杆率，$\vec{\alpha} > 0$；$\vec{q}$ 为银行主体间的信贷期限；Ψ'_z 为向银行主体 z 提供银行信贷的债权银行主体集合。

因此，得到银行主体 z 的期间资产净值为：

$$\widetilde{A}_{zt} = \widetilde{L}_{zt} + \sum_{s=1}^{\vec{\tau}_b-1} I_{zt-s} + \sum_{s=1}^{\vec{n}-1} \sum_{x \in \Phi'_{zt-s}} B_{zt-s}^a + \sum_{s=1}^{\vec{q}-1} \sum_{z' \in \Phi'_{zt-s}} B_{zt-s}^{z'} -$$
$$\sum_{s=1}^{\vec{q}-1} \sum_{z' \in \Psi_{zt-s}} B_{z't-s}^z - D_{zt} \qquad (12-5)$$

借鉴 Lux(2015) 的研究，银行主体 z 需要持有一定水平的流动性资产以防止其破产。令 $\vec{L}_{zt}$ 表示银行主体 z 的流动性资产下限，则有 $\vec{L}_{zt} = \vec{v} TA_{zt-1}$，其中，$A_{zt-1}$ 为 t 时刻期初总资产，也为上期期末总资产。因此，银行主体 z 可用于分红、新投资及为其他信贷需求主体提供贷款的流动性为 $\widetilde{L}_{zt} - \vec{L}_{zt}$。

当 $\widetilde{L}_{zt} - \vec{L}_{zt} > 0$ 且 $A_{zt}/D_{zt} > \vec{\chi}$ 时，银行主体 z 可在 t 时刻进行分红，分红数量为 DD_{zt}，且 $DD_{zt} = \max[0, \min(NetP_{zt} \times \vec{h}, \widetilde{L}_{zt} - \vec{L}_{zt}, A_{zt} - \vec{\chi} D_{zt})]$，其中，$\vec{h}$ 表示净利润分红比例，为 $[0,1]$ 上的随机数；$NetP_{zt}$ 代表贷款银行主体 z 的净利润。仅当银行主体 z 分红后仍存在剩余资金时，银行主体 z 方可进行新的投资 I_{zt}，且 $I_{zt} = \min[\vec{\omega}_{zt}, \max(0, \widetilde{L}_{zt} - \vec{L}_{zt} - DD_{zt})]$，其中，$\vec{\omega}_{zt}$ 为银行主体 z 的投资机会，$\vec{\omega}_{zt} = |\vec{V}_{zt} + \vec{\sigma}_2 \eta_t|$，且 $\vec{V}_{zt} \sim |N(\vec{\mu}_b, \vec{\sigma}_b^2)|$，$\eta_t \sim N(0,1)$（Iori 等，2006）。因此，银行主体 z 期间流动性资金更新如下：$\hat{L}_{zt} = \widetilde{L}_{zt} - DD_{zt} - I_{zt}$。

流动性更新完成后，可根据银行主体的流动性持有情况，将银行主体划分为两大类型，即具有充足流动性的银行主体（需覆盖最低流动性持有要求）与流动性短缺的银行主体。具有充足流动性的银行主体为潜在的银行信贷供给主体，流动性短缺的银行主体和具有资金缺口的企业主体为潜在的银行信贷需求主体。潜在的信贷需求主体基于6.1.3及9.2节中所述交易对手选择机制寻求银行信贷供给主体,并具有一定的概率$\vec{P}_s$与新的交易对手建立信贷关联,且$\vec{P}_s=1-e^{\vec{x}(r_{new}-r_{old})/r_{new}}$($r_{new}<r_{old}$)。若该银行信贷需求主体不能从第一个接触的银行信贷供给主体获得足够的流动性,其仍将按照同样的交易对手选择机制继续向其他潜在的银行信贷供给主体寻求流动性,直至其流动性需求得到满足或者银行系统内再无多余流动性可提供。因此,如果该信贷需求主体为企业主体,且仍不能获取足够的流动性,其将调整其投资水平,以实现非负的流动性持有。在银行信贷寻求过程中,仅当信贷需求主体获得足够的资金以实现非负的流动性持有时,信贷资金才会从银行信贷供给主体转移至银行信贷需求主体。经过上述更新后,银行主体z的期末现金L_{zt}和资产净值A_{zt}变为:

$$L_{zt}=\hat{L}_{zt}-\sum_{a\in\Phi'_{zt}}B^a_{zt}-\sum_{z'\in\Phi'_{zt}}B^{z'}_{zt}+\sum_{z'\in\Psi'_{zt}}B^z_{z't} \qquad (12-6)$$

$$A_{zt}=\tilde{A}_{zt}-DD_{zt} \qquad (12-7)$$

前述行为机制刻画没有考虑借款主体的违约行为。当借款主体$\tilde{x}$($\tilde{x}$代表企业主体或借款银行主体)违约时,银行主体z将会产生坏账,其资产净值会受到侵蚀。当银行主体z无法承受众多借款主体违约而产生的坏账时,其也将违约。违约机制及由借款主体$\tilde{x}$违约所引发的坏账处理过程如9.2.3中所述。但这里需将9.2.3中的x'替换为$\tilde{x}$($\tilde{x}$代表借款企业主体或借款银行主体),将x''替换为债权银行主体z,其余处理同9.2.3中所述。

前述违约处理并没有考虑到银行主体授信担保机制。对于引入银行主体授信担保机制,8.2节和11.1.4中论述了借款企业主体a'违约时的担保机制处理。考虑到担保机制,对于违约的借款企业主体$\tilde{x}$(当$\tilde{x}=a'$)的未偿贷款,债权银行主体z有权利向违约企业主体$\tilde{x}$(当$\tilde{x}=a'$)的担保主体们进行债务追索。出于简化目的,设定担保主体们平均承担担保责任。在银行主体债务追索过程中,若某个担保主体无法承受银行主体的追索,则其未承担部分将由其余担保主体们继续平均分配直至银行主体追回所有的未偿债务或企业主体$\tilde{x}$(当$\tilde{x}=a'$)的担保主体们再无力承担银行主体的债务追索。因此,违约借款企业主体$\tilde{x}$(当$\tilde{x}=a'$)的担保主体们应根据由于银行主体债务追偿而导致的现金流出调整各自的现金流量及资产净值,银行主体则应根据其债务追偿收回的金额调整其现金流量、资产净值及总资产等。

在仿真过程中,某个企业主体a(或银行主体z)将被新的企业主体(或银行主体)所取代,当(1)$A_{at}\leqslant0$(或$A_{zt}\leqslant0$)(2)$A_{at}>0$(或$A_{zt}>0$),但

借款主体因银行主体流动性供给能力有限而不能通过借贷达到非负的流动性持有。为减少新进入人工系统的经济主体对系统的影响,新企业主体的资产净值为 $[0, A_{a0}]$ 上的随机数;而新银行主体的资产净值为 $[0, A_{z0}]$ 上的随机数。

12.3　风险溢出效应控制机制嵌入

Thurner 和 Poledna(2013)构建了一个基于 Agent 的模型,银行 Agent 与企业 Agent 的数量相等,且每个银行 Agent 只能与一个企业 Agent 建立信贷连接,其设计了银行 Agent 的 DebtRank 计算方法。根据指标设定规则,某一银行主体的 DebtRank 值越大,其违约所引发的系统性风险越大。因此,其基于 DebtRank 值设定信贷需求主体与信贷供给主体间的信贷关联的建立方式,将信贷供给主体按照 DebtRank 值由小到大依次排序,要求信贷需求主体按照资金供给主体的 DebtRank 值排序依次进行借贷,仅当借款主体无法从具有较小 DebtRank 值的信贷供给主体处取得足够资金时,其方可向下一个具有较大 DebtRank 值的信贷供给主体处寻求流动性。借助计算机仿真实验,研究结果揭示了基于 DebtRank 的干预措施可减少系统性风险。但该项干预措施的建立基础为同质性信贷网络,未考虑异质性多网络交互作用的影响。与此同时,该干预措施要求信贷需求主体按照信贷供给主体的 DebtRank 值由大到小的顺序逆向借贷,该种信贷关联关系的确定未考虑信贷需求主体的逐利特性。

此外,Catullo 等(2015b)提出了基于信贷网络的方法,嵌入了异质性的银行主体和企业主体,设计了减少经济系统脆弱性的宏观审慎政策。通过该政策的实施,干预具有较高风险的银行主体的授信行为,可减小经济系统性风险。根据 Catullo 等(2015b)的设定,当某一银行主体被确定为被干预银行主体时,该银行主体不能向具有较高风险的企业主体进行授信。在研究过程中,确定被干预银行主体时,选取银行主体度和信贷的增长率作为判断标准。银行主体度和信贷的增长率超过某一阈值时,对该银行主体的干预措施开始启动,即该银行主体只能向非高风险的主体发放贷款。借助计算机仿真分析发现,当对所有银行主体实施该项干预机制时,该项干预机制的实施可以减少危机发生的概率,但也导致了人工经济系统中社会产量的降低;但当按照银行主体度和信贷的增长率作为判断标准来确定被干预银行主体并实施该项干预机制时,该项干预机制的实施也可以减少危机发生的概率,但人工经济系统中社会产量并没有发生明显的缩减。可见,Catullo 等(2015b)提出的风险溢出效应控制机制具有较好的控制效果,并对社会产量不产生显著的负面效应。Catullo 等(2015b)的模型以信贷单网络为基础,未考虑多网络的交互作用,且未引入银行主体间市场,因此,本节风险溢出效应控制机制的设计将考虑异质性多网络的交互作用。

不难发现,Thurner 和 Poledna(2013)及 Catullo 等(2015b)的一个共同的风险控制思路为限制具有较高风险的银行主体的授信行为。本节风险溢出效应的控制机制设计将借鉴 Thurner 和 Poledna(2013)及 Catullo 等(2015b)的研究思路,基于 12.2 节所搭建的嵌入银行主体间市场的人工经济系统,在企业主体间担保网络、银企主体间信贷网络、银行主体间信贷网络的异质性多网络交互作用下,对高风险银行主体及高风险企业主体的信贷行为设定干预机制。本节的风控机制设计主要包含两个内容,即银企主体的风控分类及银企主体信贷行为干预机制。总体思路为对于被纳入高风险层面的企业主体和银行主体,其信贷行为将受风险控制干预机制的影响。因此,12.3.1 中将对银企主体的风控分类进行研究,12.3.2 则在 12.3.1 分类的基础上,设定信贷行为干预机制。

12.3.1 银企主体的风控分类

12.2 节中所搭建的人工经济系统由 $\vec{N}$ 个企业主体和 $\vec{Z}$ 个银行主体构成。为设计风险控制机制,将 $\vec{N}$ 个企业主体划分为低风险企业主体与高风险企业主体,将 $\vec{Z}$ 个银行主体划分为低风险银行主体与高风险银行主体。具体而言,设定 $\bar{l}_a$ 为企业主体的杠杆率阈值,当企业主体 a 的杠杆率 $l_{at} \geqslant \bar{l}_a$ 时,该企业主体 a 将被认定为需要被约束的高风险企业主体,其银行信贷申请行为将受制于 12.3.2 中所述的干预机制;否则,应认定其为不需要被约束的低风险企业主体,其银行信贷申请行为将不受干预机制的影响。银行主体的干预指标记为 X_{zt},设定阈值为 $\bar{X}_z$,当银行主体 z 的干预指标 $X_{zt} \geqslant \bar{X}_z$ 时,该银行主体 z 将被设定为需要被约束的干预性银行主体,其授信行为将受制于 12.3.2 中所述的干预机制;否则,应认定其为不需要被约束的非干预性银行主体,其授信行为将不受干预机制的影响。因此,银行主体 z 的风险控制干预指标 X_{zt} 的确定至关重要。考虑到近年来的包商银行和锦州银行事件,可为本节银行主体 z 的风险控制干预指标的确定提供借鉴。

包商银行和锦州银行事件是近年来银行业发生的影响较大的事件,引发多方关注,产生了较大的社会影响。包商银行和锦州银行的危机事件都伴随着其近年不良贷款率不断攀升的现象。包商银行"暴雷"时，其大股东违规占用大量资金并难以偿还，贷款呈现较高的信用风险；锦州银行也出现多个客户爆发债务危机事件，贷款难以收回，坏账水平大幅上升。包商银行和锦州银行事件的结果为包商银行被接管而后破产、锦州银行被重组。从上述事件不难发现，商业银行的过度放贷导致不良坏账攀升，大量的不良贷款侵蚀了银行资本，加之其他因素叠加，引发包商银行与锦州银行信用危机与流动性危机。可见，对银行主体的放贷行为进行约束可为银企系统内的风险溢出效应控制提供一个思路。鉴于此，在风险控制干预机制设计时，使用银行主体 z 的贷款情况作为银行主体的干预指标。具体而言，对于银行主体 z 的风险控制干预指标，当银行主体 z 所发放的信贷相对于其他银行主体较大时，银行主体 z 呈现出较大的风险暴露，是值得被关注的银行主体。一旦该银行主体发生破产情形，该银行主体所引发的负面效应将对经济系统造成较大的影响。从另一个角度来看，由于银行主体 z 具有较大的风险暴露，会由于其信贷接受主体的违约而产生较多坏账，呈现出一定的金融脆弱性。考虑至此，银行主体 z 所发放的信贷相对于其他银行主体的水平，可作为一个干预预警指标，此时 $X_{zt} = X_{zt}^c$，干预指标阈值 $\bar{X}_z = \bar{X}_{zc}$；而银行主体 z 的度（指与银行主体 z 建立信贷关系的信贷需求主体的数量）可从另一个视角来衡量其所发放的信贷在市场中的比重，此时 $X_{zt} = X_{zt}^d$，干预指标阈值 $\bar{X}_z = \bar{X}_{zd}$。综上，对于银行主体 z，X_{zt} 选取银行主体 z 的信贷占比及银行主体 z 的度占比，其中银行主体 z 的信贷占比为银行主体 z 向其信贷需求主体所发放的贷款在所有银行主体的贷款之和中所占的比重；银行主体 z 的度占比为银行主体 z 的度在所有银行主体的度之和中所占的比重；在风险溢出效应控制机制中，将 $X_{zt} \geqslant \bar{X}_z$（$\bar{X}_z$ 为阈值，且 $\bar{X}_z = \bar{X}_{zc}$ 或 $\bar{X}_z = \bar{X}_{zd}$）的银行主体纳入监控目标之中，实施信贷干预政策。

12.3.2　银企主体信贷行为干预机制

由 12.3.1 可知，企业主体被划分为需要被约束的高风险企业主体和不需要被约束的低风险企业主体，银行主体被划分为需要被约束的干预性银行主体和不需要被约束的非干预性银行主体。需要被约束的高风险企业主体与需要被约束的干预性银行主体构成需要被重点监控的经济主体集合 Ω。集合 Ω 内的每一个经济主体的信贷行为将受风险控制干预机制的约束。集合 Ω 内经济主体的信贷行为干预机制设定如下：当企业主体 a 的杠杆率 $l_{at} \geqslant \bar{l}_a$ 时，企业主体 a 仅能向不需要被约束的非干预性银行主体（即满足 $X_{zt} < \bar{X}_z$ 的银行主体）发出借款申请；当人工经济系统中存在多个不

需要被约束的非干预性银行主体时,其将按照 12.2 节中的信贷关联建立方式确定交易对手,直至企业主体 a 的资金需求全部得到满足或人工经济系统中再无非干预性银行主体可提供多余的流动性给企业主体 a。该干预机制既考虑对企业主体的约束,又考虑对银行主体的监控;既引入了经济主体的资产负债状况,又嵌入了经济主体间的网络关联,实现了资产负债状况与网络结构特征的同时考量。

一方面,该项干预机制的实施可隔离或减少由于信贷需求主体破产而对被干预银行主体产生进一步的资产侵蚀,即进行来自外部的强制性的信贷风险隔离;由于干预机制的前述作用,减少了被干预银行主体的破产行为,从而降低了由被干预银行主体破产所引发的较大的系统性风险。该项干预措施的实施也限制了高风险企业主体的借款行为,其只能向低风险的银行主体发出借款申请。而此项设定可约束高风险企业主体的资金可获得来源,限制了其进行过度的信贷扩张,从而避免其陷入财务困境,在一定程度上减少了经济系统内的风险溢出效应。另一方面,相比低风险企业主体,高风险企业主体的破产概率更高,通过限制高风险企业主体向被干预银行主体申请信贷的行为,可有效减少该类高风险企业主体因破产违约而对风险水平较高的被干预银行主体的负面影响,避免该类银行主体因违约而引发较严重的风险溢出效应。以上对异质性多网络交互下的风险溢出效应控制干预机制进行了研究与设计,后续小节将借助计算仿真实验研究风险溢出效应控制效果。在以下研究中,根据银行主体 z 的风险控制干预指标的选取(信贷占比或度占比),将风险控制干预机制划分为基于银行主体信贷占比的风险控制机制及基于银行主体度占比的风险控制机制。与此同时,基于上述两种机制,12.4 节也研究了信息透明度对风险溢出效应控制效果的影响。

12.4　风险溢出效应控制效果分析

12.3 节对风险溢出效应的控制机制进行了研究,本节借助计算机仿真实验参数可控、可反复实验等特性,研究异质性多网络交互下的关联主体间风险溢出效应控制效果。人工经济系统由 $\vec{N}=300$ 个企业主体和 $\vec{Z}=200$ 个银行主体构成,且 $A_{a0}=1$,$A_{z0}=1.4$。每次模拟运行 1 000 期,前 200 期被用于模型的初始化,取后 800 期作为研究结果。参考前述章节及中国实际情形设置参数如下：$\vec{\mu}_b = 0.1, \vec{\sigma}_b = 0.5, \vec{\sigma}_2 = 0.2, \vec{\chi} = 0.2, \vec{\sigma}_{br} = 0.5, \vec{\mu}_{br} = 0.03,$ $\vec{n} = 12, \vec{q} = 9, \vec{\tau}_b = 10, \vec{\vartheta} = 0.02, \vec{\lambda} = 1, \vec{a} = 0.01, \vec{\mu}_{fr} = 0.1, \vec{\rho} = 0.1, \vec{\sigma}_{fr} = 1,$ $\vec{\varphi} = 2.6, \vec{\beta} = 0.95, \vec{\delta} = 1, \vec{\kappa} = 0.68, \vec{\nu} = 0.16, \vec{m} = 0.1, \vec{\omega} = 2, \vec{\mu}_f = 0.01, \vec{\sigma}_f =$ $0.02, \vec{\sigma}_1 = 0.01, \vec{\mu}_{min} = 0.5, \vec{\mu}_{max} = 1.5, \vec{w} = 1, \vec{\tau}_f = 10$。其中，$\vec{\kappa} = 0.68$ 为存款占比，取自我国上市银行主体存款占比近 10 年的平均值；$\nu = 0.16$ 为流动性占比，取自我国上市银行主体相关指标占比近 10 年的平均值。借助计算机仿真实验平台，对所构建的嵌入企业主体间担保市场、银企主体间信贷市场、银行主体间信贷市场的人工经济系统的运行所涌现的特征进行了研究，如图 12-1 所示。

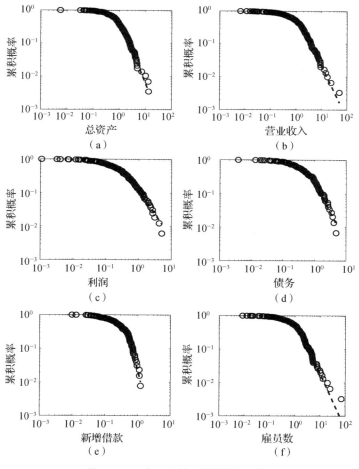

图 12-1　人工经济系统的涌现特征

图 12-1 揭示了人工经济系统运行时企业主体规模的分布特征。由图 12-1(a)至图 12-1(d)可知,用总资产、营业收入、利润、债务进行测度的企业主体规模呈现出幂律尾部。而第 4 章对我国银企主体规模分布的幂律特征进行了多指标测度研究,发现了幂律尾部特征的存在。可见,异质性多网络交互下的人工经济系统刻画了此特征。而图 12-1(e)则揭示了当企业主体规模用当期新增银行借款作为测度指标时,其上尾分布可用直线来进行拟合,呈现出幂律特性,这与第 5 章 5.1.1 中的研究结论相符合,模型对此进行了反映。

由图 12-1(f)可知,企业主体雇员数(即生产所使用的劳动)的分布同样呈现出幂律尾部,Fujiwara 等(2004)的研究也反映了此特征。在上述分析基础上,下面将借助计算机仿真实验,从基于信贷占比的控制效果、基于度占比的控制效果、基于信息透明度的控制效果等方面对异质性多网络交互下的风险溢出效应控制效果进行分析。

12.4.1 基于信贷占比的控制效果

基于 12.3 节中风险溢出效应控制干预机制,当企业主体 a 的杠杆率 $l_{at} \geqslant \bar{l}_a$ 时,该企业主体 a 将被认定为需要被约束的高风险企业主体,该企业主体 a 的银行信贷申请行为将受制于干预机制,仅能向不受授信行为干预机制影响的银行主体获取所需资金;而当银行主体 z 的信贷占比 X_{zt}(此时, $X_{zt} = X_{zt}^c$)高于所设定的风控阈值 $\bar{X}_z$ 时,即 $X_{zt}^c \geqslant \bar{X}_{zc}$,其对企业主体 a 的信贷授信行为将受到限制,即其只能向优质客户进行授信。在仿真分析过程中,企业主体风控阈值 $\bar{l}_a$ 的取值参考了我国上市企业主体净资产负债率情况。基于锐思数据库,我国上市企业主体近 10 年的净资产负债率的平均值为 1.74,而 95% 分位数所对应的净资产负债率的平均值为 4.82。因此,在计算实验过程中,企业主体风控阈值 $\bar{l}_a$ 的取值选取了 1.7、2.0 和 4.82 以及取值范围[1.7, 2.4]。基于国泰安数据库,我国银行主体近 10 年的贷款占比(单个银行主体贷款占全部银行主体总贷款的比值)的平均值为 0.003 6。因此,在计算实验中,银行主体 z 的信贷占比取值范围为[0.001, 0.008]。同时,为了研究较高银行主体信贷占比时的干预机制的风险控制效果,仿真分析过程中也研究了银行信贷占比取值范围为[0.01, 0.08]时的风控效果。在以上设定的基础上,借助计算机仿真实验,对基于异质性多网络交互下的风险溢出效应控制效果进行研究,如图 12-2 至图 12-4 所示。图中虚线代表银企系统中不实施风险控制干预机制时的坏账水平及社会产出水平。

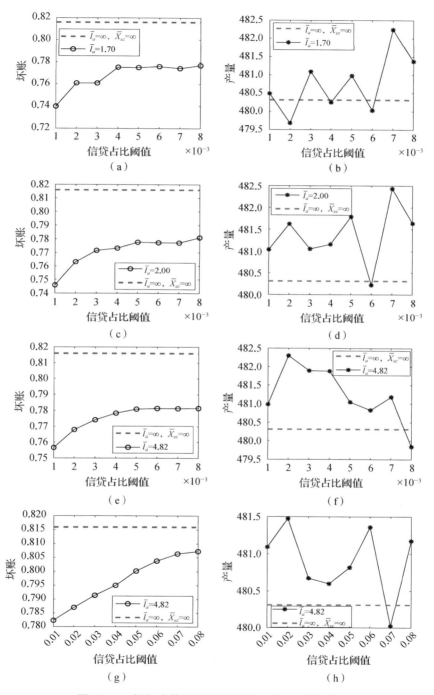

图 12－2　银行主体风控阈值(信贷占比)与风险控制

图 12-2 揭示了银行主体风控阈值（信贷占比）对风险控制效果的影响。12-2(a)和图 12-2(b)对应企业主体风险控制阈值 $\bar{l}_a=1.70$ 时的风险控制效果。在图 12-2(a) 中，虚线代表不实施 12.3 节中的风险控制干预机制时，银企系统所产生的坏账水平。由图 12-2(a) 可知，随着银行主体信贷占比阈值的不断增加，坏账水平呈现上升趋势，且低于银企系统中不实施风险控制干预机制时的坏账水平。不难发现，银行主体信贷占比阈值越大，越容易使得银企系统中产生发放信贷较大的银行主体，进而导致较大的风险敞口，引发较高的风险溢出效应。而图 12-2(b) 则揭示了当银企系统中实施 12.3 节中的风险控制干预机制时社会产量变动的对比情况，其中虚线代表银企系统中不实施风险控制干预机制时的社会产出水平。从图 12-2(b) 中可以发现，在银企系统中实施风险控制干预机制并没有发生社会产量大幅度缩减的现象。可见，12.3 节中的风险控制干预机制的实施减少了银企系统内的风险溢出效应，但没有对产出水平产生较大的负面效应。

为了考虑控制效果的稳健性，以及企业主体风控阈值为较高水平时的风险控制干预机制的实施效果，本部分也研究了企业主体风险控制阈值 $\bar{l}_a=2.00$ 及 $\bar{l}_a=4.82$ 时的风险控制效果，如图 12-2(c) 至图 12-2(f) 所示。图 12-2(c) 和图 12-2(d) 对应企业主体风险控制阈值 $\bar{l}_a=2.00$ 时的风险控制效果。图 12-2(e) 和图 12-2(f) 对应企业主体风险控制阈值 $\bar{l}_a=4.82$ 时的风险控制效果。由图 12-2(c) 至图 12-2(f) 可知，虽然企业主体风险控制阈值发生了变化，但坏账水平仍随着银行主体信贷占比阈值的提升而表现出上升态势，且一直低于银企系统不实施风险控制干预机制时的坏账水平，而社会产出同样没有出现较大幅度的负向波动。可见，该风险控制干预机制的实施具有一定的稳定效果，即使在企业主体风控阈值水平较高时，该干预机制的实施也起到了一定的风险控制效果。为了进一步研究银企主体较高风控阈值水平下的风险控制效果，图 12-2(g) 和图 12-2(h) 对此进行了揭示。图 12-2(g) 和图 12-2(h) 中，企业主体风控阈值水平 $\bar{l}_a=4.82$，对应我国上市企业主体净资产负债率 95% 的分位数，而银行主体风控阈值所处的较高水平波动范围为 $[0.01,0.08]$。由图 12-2(g) 和图 12-2(h) 可知，即使对于较高水平的银企主体风控阈值，干预机制的实施也起到了较好的风险溢出效应控制效果。

图 12-2 揭示了不同情形下的银行主体风控阈值与风险控制效果。为了综合比较银行主体风控阈值在不同水平时的风控效果，此处将上述情形综合至一个图形中进行分析，如图 12-3 所示。图 12-3 为单纵轴双横轴

图形。下端的横轴对应低水平取值的银行主体风控阈值,即信贷占比阈值,取值范围为$[0.001,0.008]$,对应企业主体风控阈值$\bar{l}_a=1.70$、2.00 及 4.82 时的曲线,分别使用三角号、菱形及正方形进行曲线标记;而上端的横轴对应高水平取值的银行主体信贷占比阈值,取值范围为$[0.01,0.08]$,对应企业主体风控阈值$\bar{l}_a=4.82$时的曲线,使用叉号进行曲线标记。图12-3中的虚线对应银企系统中不实施风险控制干预机制时的情形。由图12-3(a) 不难发现,从纵轴方向由上至下来分析,随着企业主体风控阈值的收紧,其所对应的坏账曲线也相应位于下方,即风险控制效果逐渐变好,且均小于银企系统中不实施风险控制干预机制时所对应的坏账。而从横轴的银行主体信贷占比阈值不同的取值范围来看,相对而言,较高的银行主体信贷占比阈值容易引发具有较大信贷风险敞口的银行主体出现,加大了系统内的风险溢出效应,削弱了风险控制干预机制的实施效果,但仍小于银企系统内不实施风险控制干预机制时的坏账水平,如图 12-3(a) 所示。而从图 12-3(b) 中则可更直观地揭示不同情形下的银行主体信贷占比阈值,社会产出相比于银企系统内不实施风险控制干预机制时没有呈现明显的负向波动。

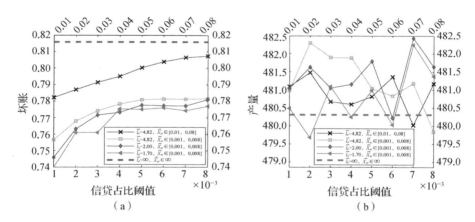

图 12-3　银行主体风控阈值(信贷占比)控制效果的综合对比

图 12-2 及图 12-3 重点揭示了银行主体信贷占比阈值对风险控制效果的影响,同时也说明了企业主体风控阈值的变化会对风险控制效果产生影响。为了聚焦研究企业主体风控阈值对风险控制效果的影响及风险控制干预机制实施效果的鲁棒性,图 12-4 则进一步分析了在银行主体风控阈值,即银行主体信贷占比阈值一定时,企业主体风控阈值的变化对风险控制干预机制实施效果的影响,图中虚线对应银企系统不实施风险控制干预机制时的情形。由图 12-4(a)可知,在银行主体信贷占比阈值一定时,企业主

体风控阈值的变化对风险溢出效应控制效果产生了影响,在较高水平时,坏账水平相对升高(如 $\bar{l}_a = 2.40$),但仍低于银企系统不实施风险控制干预机制时的坏账水平。这也说明,即使企业主体信贷阈值不断放开,仍可取得低于银企系统不实施风险控制干预机制时的坏账水平的控制效果。而图 12-4(b) 则说明,随着企业主体风控阈值的变化,社会产出水平相比银企系统不实施风险控制干预机制时的产量水平并没有发生明显的负向波动,银企系统中风险控制干预机制的实施并没有明显负向影响社会产出。

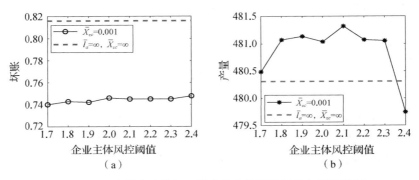

图 12-4 信贷占比指标下的企业主体风控阈值与风险控制

12.4.2 基于度占比的控制效果

12.4.1 研究了银行主体风控阈值为银行主体信贷占比阈值时的银企系统风险控制干预机制实施效果。而由 12.3 节中的分析可知,银行主体 z 的度(指与银行主体 z 建立信贷关系的信贷需求主体的数量)可从另一个视角来衡量其所发放的信贷在市场中的比重。当银行主体 z 的度占比 X_{zt}(此时,$X_{zt} = X_{zt}^d$)高于所设定的风控阈值 $\bar{X}_z$ 时,即 $X_{zt}^d \geqslant \bar{X}_{zd}$,其对企业主体 a 的信贷授信行为将受到限制,其只能向优质客户进行授信。因此,下面注重研究银行主体风控阈值为银行主体度占比阈值时的风险控制干预机制实施效果,如图 12-5 和图 12-6 所示。图中虚线对应银企系统中不实施风险控制干预机制时的情形。

图 12-5 揭示了企业主体的风控阈值水平在保持一定的情形下,银行主体度占比的变化对风险控制干预机制实施效果的影响。图 12-5(a) 和图 12-5(b) 对应企业主体风控阈值 $\bar{l}_a = 1.70$ 时的情形。由图 12-5(a) 可知,随着银行主体度占比阈值的不断增加,坏账水平表现出上升态势。这同前述银行主体风控阈值为银行主体信贷占比阈值时的情形类似。随着银行主体度占比阈值的不断增加,将容易引发具有较大度的银行主体的出现,进而

产生较大的信贷风险敞口,就更容易加剧银企系统内的风险溢出效应。相比低水平的银行主体度占比阈值而言,该现象削弱了风险控制干预机制的实施效果。但从图 12-5(a) 中也可以看出,虽然坏账水平随着银行主体度占比阈值的不断增大而提升,但仍低于银企系统内不实施风险控制干预机制时的坏账水平,控制效果具有一定的稳定性。同时,图 12-5(b) 也说明,相比系统内不实施风险控制干预机制,基于银行主体度占比阈值的风险控制干预机制的实施并没有导致社会产出水平较大的负向波动,且随着银行主体度占比阈值的不断变化,该种特征并没有发生改变,控制效果具有一定的稳定性。

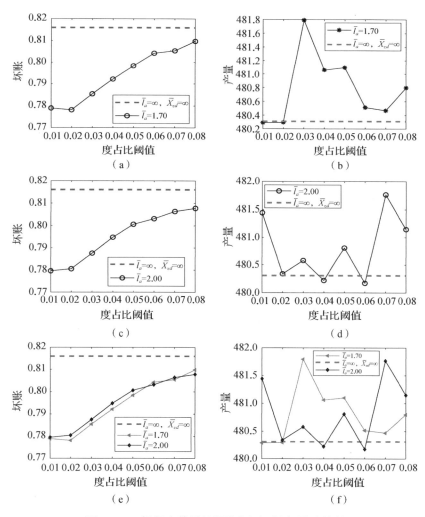

图 12-5　银行主体风控阈值(度占比)与风险控制

为进一步研究基于银行主体度占比阈值的风险控制干预机制实施效果的稳定性,此处也研究了企业主体风控阈值为 $\bar{l}_a = 2.00$ 时的银行主体度占比阈值对风险控制干预机制实施效果的影响,如图 12-5(c) 和图 12-5(d) 所示,其分别对应坏账水平与社会产出水平。图 12-5(c) 和图 12-5(d) 同样说明基于银行主体度占比阈值的风险控制干预机制的实施取得了较好效果,随着银行主体度占比阈值的不断收紧,风控效果逐渐提升,且随着银行主体度占比阈值的变动而呈现出一定的稳定性。图 12-5(e) 和图 12-5(f) 则将企业主体风控阈值为 $\bar{l}_a = 1.70$ 与 $\bar{l}_a = 2.00$ 时所对应的风控效果进行了综合对比。由图 12-5(e) 和图 12-5(f) 可知,在银行主体度阈值取值处于低位水平时,较高的企业主体风控阈值对应相对高的坏账水平,而对于社会产出水平,企业主体风控阈值并没有表现出明显的影响趋势。

以上重点分析了不同的银行主体度占比阈值对银企系统风险控制干预机制实施效果的影响,同时也揭示了企业主体风控阈值对基于银行主体度占比阈值的风险控制干预机制的实施效果有一定影响。因此,接下来将重点分析企业主体风控阈值的不断变化对银企系统内风险控制干预机制实施效果的影响,如图 12-6(a) 和图 12-6(b) 所示,其分别对应坏账水平和社会产出水平。对此进行研究,也可以呈现出风险控制干预机制实施效果的稳健性。图 12-6 中的虚线对应银企系统内不实施风险控制干预机制时的情形。研究中,银行主体风控阈值取值为 $\bar{X}_{zd} = 0.03$。由图 12-6(a) 和图 12-6(b) 可知,随着企业主体风控阈值的不断增加,基于银行主体度占比阈值的风险控制干预机制仍然呈现出低于银企系统内不实施风险控制干预机制时的坏账水平,体现了风控机制实施效果的稳健性。与此同时,系统内干预机制的实施并没有导致社会产出水平发生明显负向波动。

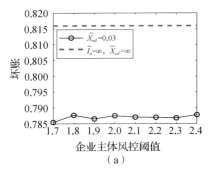
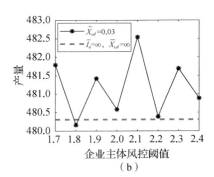

（a）　　　　　　　　　　（b）

图 12-6　度占比指标下的企业主体风控阈值与风险控制

12.4.3　基于信息透明度的控制效果

Thurner 和 Poledna(2013)基于所构建的银企主体间信贷网络,研究了信息透明度对风险控制的影响。其将信息透明度定义为风险控制监测指标 DebtRank 值对经济系统的更新速度。当银行主体 DebtRank 值在银企系统内更新后,信贷需求主体需按照银行主体 DebtRank 值由大到小逆序进行借贷,即优先向具有较小风险的银行主体进行贷款申请。借助计算机仿真分析发现,银行主体 DebtRank 值的更新速度影响风险控制干预机制的实施效果,且银行主体 DebtRank 值的更新速度对银企系统中的风险溢出效应控制效果有正向作用。银行主体的 DebtRank 值更新速度越快,风险溢出效应越小,风险控制效果就越好。鉴于 Thurner 和 Poledna(2013)的研究,本部分基于异质性多网络交互系统,进一步研究银企主体风控阈值更新速度对风险溢出效应控制效果的影响。银企主体风控阈值更新速度越快,代表信息透明度越高。本部分将在 12.4.1 及 12.4.2 中所实施的风险控制干预机制的基础上,引入信息透明度。因此,本部分基于信息透明的风险控制效果也从两个方面来进行研究,即银行主体信贷占比阈值(对应 12.4.1)及银行主体度占比阈值(对应 12.4.2),分别如图 12－7 及图 12－8 所示。

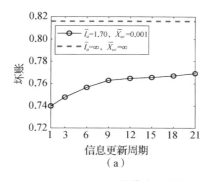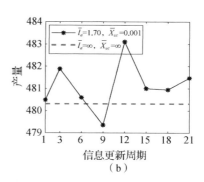

图 12－7　信贷占比指标下的风控阈值更新周期与风险控制

图 12－7 为银行主体信贷占比指标下的银企主体风控阈值更新速度对风险控制效果的影响。在图 12－7 中,银行主体风控阈值即信贷占比阈值取值为 $\bar{X}_{zc} = 0.001$,企业主体风控阈值取值为 $\bar{l}_a = 1.70$。图 12－7 中的虚线代表经济系统中不实施风险控制干预机制时的情形,横轴为银企主体风控阈值信息的更新周期,对应模拟步长。由图 12－7(a)可知,随着银企主体风控阈值信息更新周期的不断延长,银企系统内的坏账水平呈现出上升趋势,但低于银企系统内不实施风险控制干预机制时的坏账水平。同时由图 12－7(a)可以发

现,当银企主体风控阈值信息在每期进行更新时,坏账水平最低,风险控制干预机制的实施效果最好。图 12-7(b) 表明,相比银企系统内不实施风险控制干预机制的情形,风控阈值信息更新周期并没有导致社会产出发生明显的负向波动。因此,透明度的提升并没有以损耗银企系统内的社会产出水平为代价。

以上对信贷占比阈值指标下银行主体和企业主体的风控阈值更新周期对风险控制干预机制实施效果的影响进行了分析。接下来,将分析度占比阈值指标下银行主体和企业主体的风控阈值更新周期对风险控制干预机制实施效果的影响,如图 12-8 所示。

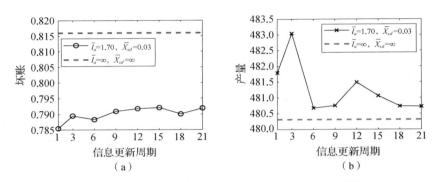

（a）　　　　　　　　　　　（b）

图 12-8　度占比指标下的风控阈值更新周期与风险控制

在图 12-8 中,银行主体风控阈值即度占比阈值取值为 $\bar{X}_{zd} = 0.03$,企业主体风控阈值取值为 $\bar{l}_a = 1.70$。图 12-8 中的虚线代表经济系统中不实施风险控制干预机制时的情形,横轴为银企主体风控阈值信息的更新周期,对应模拟步长。由图 12-8(a) 可知,银企系统内的坏账水平随着银企主体风控阈值信息更新速度的不断减小而在波动中表现出上升趋势,并且在银企主体风控阈值信息更新最快的条件下获得相对低的坏账水平,即在银企主体风控阈值信息更新周期为 1(即每期更新) 时,系统内的坏账水平最小,风险控制干预机制的实施效果达到最佳。与此同时,银企系统内的社会产出水平并没有因银企主体风控阈值信息更新速度的增加而产生较大的负向波动。因此,风控效果的取得并没有以牺牲社会产出为代价,如图 12-8(b) 所示。

12.5　本章小结

本章考虑了关联主体间的担保关联与信贷关联,嵌入银行主体间市场,引入银行主体间市场网络,构建融合企业主体间担保网络、银企主体间信贷网络及银行主体间信贷网络的人工系统;同时,对银行主体行为进行更为细致的刻画,并对异质性多网络交互下的风险溢出效应控制机制进行了研究与设计;此外利用计算实验参数可调、可反复实验等特性,研究风险溢出效应的控制效果。在风险控制研究中,提出了基于银企主体风控阈值的风险控制干预机制,同时考虑了银企主体的资产负债情况及经济主体间的网络关联信息。研究发现以下几个方面:

① 基于银行主体信贷占比阈值的风险控制干预机制,随着银行主体信贷占比阈值的不断增加,坏账水平呈现出上升趋势,但低于银企系统中不实施风险控制干预机制时的坏账水平,取得了一定的风险溢出效应控制效果,且风险溢出效应的减少并没有以牺牲社会产出水平为代价。与此同时,当企业主体风控阈值提升时,银行主体信贷阈值的坏账曲线也整体随之提升,风险控制干预机制的实施效果虽受到抑制,但仍低于系统内不实施风险控制干预机制时的坏账水平。而在银行主体信贷占比阈值一定时,企业主体风控阈值的变化对风险溢出效应控制效果产生了影响,在较高水平时,坏账水平相对升高,但仍低于银企系统不实施风险控制干预机制时的坏账水平。

② 基于银行主体度占比阈值的风险控制干预机制,银企系统内的坏账水平随着银行主体度占比阈值的提升而不断提高,但低于系统内不实施风险控制干预机制时的坏账水平,且风险控制效果的取得并没有引发社会产出水平较为明显的负向波动。而当变动企业主体风控阈值时,基于银行主体度占比阈值的坏账曲线的变化趋势并没有发生变化,且低于系统内不实施风险控制干预机制时的坏账水平,体现出一定的稳定性。当控制银行主体风控阈值不变时,企业主体风控阈值的变化并没有导致风险控制干预机制的失效,仍可以获得低于系统内无风险控制干预机制时的坏账水平,且社会产出未发生明显的负向波动。基于信贷占比的风险控制干预机制及基于度占比的风险控制干预机制说明,对于风险溢出效应的控制,既要控制信贷需求主体的负债水平,也要考虑信贷供给主体信贷授信的额度集中性及连接集中性,同时还要关注银企主体间关联关系的建立,严控高风险的信贷需求主体从具有较高风险的信贷供给主体处获得信贷。以上说明,对风险溢出效应的控制,不仅要考虑对银行主体的控制,也要考虑对企业主体的控制,同时需兼顾经济主体间的关联网络。

③ 基于信息透明度的风险控制干预机制,银企系统内的坏账水平随着银企主体风控阈值信息更新速度的加快而呈现出降低趋势,并在银企主体风控阈值信息在每个模拟时刻进行更新时取得最低的坏账水平。因此,银

企主体应积极履行相关信息披露义务,使信息为相关主体所及时获取。与此同时,相关监管部门应该为该政策的落地实施提供制度保证,可对不履行披露义务的相关主体进行惩戒,如进行通报、贷款额度限制、罚款等形式的惩戒,以此促进风险监控信息的及时披露。在现实实施中,更应加快信息系统与平台建设,使得银企主体风险信息能够得到及时披露并被需求主体及时获取。

第 7 部分

总结与展望

本书分为 7 个部分：第 1 部分是研究基础，为本书内容提供文献及理论基础；基于第 1 部分的研究基础，第 2 部分聚焦于关联主体间实际与仿真网络构建，并对其结构特征演化进行研究，为后续章节内容奠定网络基础；在第 2 部分网络构建的基础上，第 3 部分基于单网络视角研究关联主体间的风险溢出效应；第 4 部分则对第 3 部分关于单网络的研究进行深化，构建信贷多网络交互模型，研究同质性多网络交互下的关联主体间风险溢出问题；与第 4 部分的同质性多网络交互相呼应，第 5 部分立足于异质性多网络交互视角，分别研究商业信贷与担保网络交互下、银企信贷与担保网络交互下关联主体间的风险溢出效应；第 6 部分在前述部分基础上，对多网络交互下的关联主体间风险溢出效应控制问题进行了研究；第 7 部分则是前 6 个部分的总结，并对未来的研究方向进行展望。

第13章　总结与展望

13.1　研究总结

本书的研究内容共分为 7 个部分,合计 13 章。第 1 部分至第 6 部分是本书的重要内容,第 7 部分是全书总括。下面以 6 个主要部分为对象进行研究总结。

13.1.1　研究基础

1. 收入单一指标测度下银企主体规模分布幂律特征研究

首先,基于银企主体收入单一测度视角,运用 2015—2020 年银行主体及非银行上市企业主体收入数据,借助 OLS 回归法进行幂律特征检验,研究发现,银行主体和非银行企业主体收入分布呈现出幂律尾部特征,在双对数坐标系中呈现出直线;从直线的局部拟合效果来看,其对银行系统中的超大规模拟合效果不佳。从对比视角来看,相比于银行主体规模,直线对非银行企业主体规模上尾分布的拟合效果更好。其次,使用优先连接模型对银企主体规模幂律分布特征的呈现进行解释。作为经济网络中的节点,银企主体需要与网络中的其他节点主体发生各种各样的联系。新进入的节点主体会优先与已有的规模较大的节点主体进行连接,以借助该节点主体提供的资源、价格、信息等方面的优势。长久发展下去,节点主体规模差距愈发巨大,由此形成幂律分布。

2. 多维多指标测度下银企主体规模分布幂律特征研究

基于我国上市银企主体数据,分别从整体维度、板块维度、行业维度等多维度出发,使用营业收入、利润总额、资产总计及负债合计等多指标来测度银企主体规模,对银企主体规模幂律分布特征进行研究。对于不同维度,使用不同的指标进行主体规模测度,我国银企主体规模分布的幂律特性检验呈现出差异性。在整体维度上,除营业收入和利润总额指标外,主体规模分布于多指标测度下均可呈现出幂律尾部特征。在板块维度上,相比于创业板市场和新三板市场,主板市场主体规模多可呈现出幂律尾部特征。而创业板市场和新三板市场主体规模的幂律尾部特性在不同的指标测度下,在不同年度呈现出较大差异。在行业维度上,幂律特征的行业特性十分显著,不同行业主体规模分布的幂律特性差异较大。具体来看,可选消费行业、能源行业在营业收入、利润总额、资产总计、负债合计这四个指标下均通过了检验,幂律尾部特征明显,幂律特征的行业特性十分显著;信息技术行业主体规模分布的幂律特征相对较为明显,在营业收入、利润总额及资产总计指标测度下,全部年份均通过了检验;工业行业主体规模分布仅在营业收入指标测度下全部年份通过了检验;公用事业行业、原材料行业与主要消费行业主体规模仅在利润指标测度下全部年份通过了检验;相对而言,金融地产行业主体规模分布的幂律特征不太明显。

13.1.2 关联网络的实际与仿真构建

1. 实际关联网络构建

(1) 基于沪深 300 指数的关联主体间实际关联网络构建

首先,基于沪深 300 指数成分股间的股票收益率相关性,构建了关联主体间的股票关联网络,并对其进行可视化。时间维度的可视化网络表明,该网络的结构具有时变特性。其次,从时间维度和阈值维度双重视角,结合网络拓扑结构测度指标,分析了基于沪深 300 指数的股票关联网络结构的演变特征。最后,研究了关联主体间股票关联网络中的幂律现象。研究结果表明,该关联网络的度分布存在两个区域,均可用直线来进行拟合,即呈现出双幂律特征;此外,关联网络中的节点主体综合强度分布也呈现出幂律尾部。

(2) 基于银行相关数据的关联主体间实际关联网络构建

通过我国银行主体间的不同相关数据,分别构建了关联主体间联合贷款网络及股票关联网络,并对其网络结构特征进行了研究。首先,基于我国上市企业的银行贷款数据,构建了关联主体间的联合贷款网络。通过可视化近 10 年的联合贷款网络,发现联合贷款网络结构呈现出明显的核心—外围结构,而联合贷款网络度分布的时间演变揭示了分布的幂律尾部特征,具有一定的稳定性。网络节点主体的贷款规模分布同样呈现出类似特性。与此同时,对联合贷款网络结构测度指标的时间演化路径进行了研究,结果表明,联合贷款网络的平均度波动范围较大,而平均聚类系数和最短路径长度波动范围较小。

其次,分析了我国上市银行主体间的股票关联性,并基于股票关联性构建了关联主体间股票关联网络。基于网络拓扑结构视角,可视化了不同阈值下我国上市银行主体间股票关联网络及同一阈值下不同年份关联网络的演化情况,结果表明,阈值的选取对于银行主体间股票关联网络的结构影响较大,且该关联网络结构呈现出较强的时变特征。与此同时,从定量视角研究了我国上市银行主体间股票关联网络的结构特征演化,并对比分析了不同阈值下关联网络结构测度指标的时间演变路径,结果表明,平均聚类系数呈现出先降后升的演化趋势,且随着阈值的不断增大,相应的时间演化路径逐渐下降。平均度呈现出波动上升的趋势,且随着阈值的不断增大,相应的时间演化路径逐渐下降,而平均路径长度则呈现出先升后降的趋势,且随着阈值的不断增大,相应的时间演化路径逐渐上升。而无论是从时间维度(坐标横向)还是从阈值维度(坐标纵向)来看,演变路径均呈现出一定的稳定性。

2. 仿真关联网络构建

构建了同时考虑银企主体间市场和企业主体间市场的内生信贷网络模型,借助计算实验分析了内生模型的涌现特征,发现企业主体规模呈现出幂律尾部分布特征,这与第 3 章中我国银企主体规模幂律分布特征的研究结论相符。同时,通过计算机仿真模拟得到的银企主体间信贷关联网络的银行主体入度呈现出双幂律分布特征,这与第 4 章中基于我国银企主体相关数据所构建的关联主体间的实际关联网络所呈现出的幂律特征相符合,说明所构建的关联主体内生信贷网络模型较好地刻画了现实中的一些典型特征。

13.1.3　单网络视角下关联主体间风险溢出效应研究

1. 外生信贷单网络视角下关联主体间风险溢出效应研究

采用理论推导与仿真分析相结合的方式,研究了外生信贷单网络视角下关联主体间的风险溢出效应问题。分别在个体冲击和系统冲击情形下,推导了降低银行主体间风险溢出效应网络结构连通性的临界值。该临界值水平受冲击大小的影响,并随着冲击水平的增加而增加;但当冲击水平超过一定阈值时,该临界值开始保持稳定。同时,系统中的银行主体破产数量在临界值处达到最大值;而高于或低于临界值时的网络结构连通性,均可使银行主体破产数量显著降低。但当受到冲击的银行主体数量超过一定比率时,提升网络结构的连通性并不能有效抑制银行主体间的风险溢出效应。此种情形下,高水平的网络结构连通性甚至会加剧银行主体间的风险溢出效应,导致系统中银行主体破产数量的增加。此外,借助计算实验仿真分析,发现了提升银行系统稳定性的结论:首先,系统稳定性随着银行主体拆借比例的不断增加而呈现出先升后降的趋势;其次,银行主体核心资本充足率及投资收益均对系统稳定性有重要影响,且表现为单调特征。随着银行主体核心资本充足率及投资收益的不断增加,系统中银行主体破产数量呈现出下降趋势。仿真分析显示,可通过调整银行主体拆借比例、核心资本充足率以及投资收益来控制银行主体间的风险溢出效应,进而保持系统稳定性。为此,立足于监管主体的角度,为提升银行系统的稳定性,可以在保证银行主体基本需求的情况下,适当要求银行主体减少拆借比例,提升核心资本充足率,并要求银行主体投资应该更加安全。

2. 内生信贷单网络视角下关联主体间风险溢出效应研究

基于银行主体间的信贷关联,构建了内生银行主体间的信贷网络模型,并在所构建的单网络模型基础上,研究了银行主体行为和网络结构对关联主体间风险溢出效应的影响。相关研究表明,对于银行主体分红参数,随着资本—存款比率的增加,银行主体破产数不断下降;而对于分红比率下限参数,则发生相反的情形。随着该参数的增加,银行主体破产数量逐渐增加。对于投资行为参数,随着该参数的增加,银行主体破产呈现出上升趋势。对于网络结构参数,随着网络结构参数的增加,银行主体破产数量呈现出先降后升的趋势。以上研究表明,银行主体行为和网络结构均会对银行主体间的风险溢出效应产生影响。在风险溢出效应控制过程中,不仅应关注银行主体自身的财务状况,还应关注银行主体间的关联网络结构特征。

3. 关联主体间担保单网络模型构建

基于企业主体间的担保关联,构建了一个动态的担保单网络模型。基于所构建的模型,可视化了不同时刻的企业担保网络,研究了企业主体规模分布的涌现特征。同时,也研究了不同的担保因子、不同的生产相关参数下,基于多指标测度(企业主体总资产、收入及产量)的企业主体规模分布的涌现特征。相关研究表明,所构建的担保单网络模型能够涌现出现实世界中所存在的企业主体规模的幂律分布特征。而当改变相关参数时(如企业主体担保因子、企业主体生产相关参数等),使用总资产、收入、产量等多指标进行测度的企业主体规模仍呈现出幂律尾部特征,表明所构建的模型具有一定的稳健性。

4. 基于担保单网络模型的关联主体间风险溢出效应研究

基于计算实验,从担保机制及企业主体行为等方面对关联主体间的风险溢出效应进行了研究。对于担保机制,相比无担保机制引入的情形,担保机制的引入使得企业主体累积破产数量增加,加大了企业主体间风险溢出效应。同时,引入担保机制情形下的企业主体每期投资的时间演化路径明显低于未引入担保机制情形下的时间演化路径,而其他研究变量的时间演化在两种情形下并未表现出明显区别。相比无偏连接机制,在优先连接机制下,风险溢出效应更加严重,而其他研究变量并未表现出明显区别。对于企业主体生产行为,较高的相关参数取值会导致较为严重的风险传染;而对于企业主体担保行为,当担保因子变大时,企业主体累积破产数量呈现出上升趋势,企业信贷均值及投资水平也呈现出下降趋势。可见,不同的主体行为参数变化对风险溢出效应的影响不同。从上述研究中不难发现,担保机制的引入加剧了关联主体间的风险溢出效应,银行主体在授信实务中应充分挖掘企业主体的担保行为相关信息,收紧对具有较高对外担保额度的企业主体的授信,并严格限制企业主体的对外担保行为;对于企业主体,应限制其过度的生产扩张行为,避免因过度扩张所引发的信贷增加导致较高的金融脆弱性,同时应谨慎使用对外担保融资,关注自身在相应担保网络中的位置,时刻注意担保网络中可能发生的风险溢出,做好风险隔离预案。

13.1.4　同质性多网络交互下关联主体间风险溢出效应研究

考虑到关联主体多市场参与性,构建同时考虑银行主体间信贷网络、企业主体间信贷网络、银企主体间信贷网络的内生信贷多网络交互模型。基于所构建的内生信贷多网络交互模型,从存款准备金率、不同类型节点主体违约及中央银行主体流动性供给等方面对关联主体间的风险溢出效应进行研究。

首先,分析了存款准备金制度的使用对风险溢出效应的影响。分析揭示了存款准备金率的调高对银行部门主体的流动性资金产生的影响,缩紧了其在风险投资及贷款投放等方面的资金运用,从一定程度上使得银行部门破产主体数量变少,但削弱了银行系统的流动性供给能力,使得某些流动性短缺的资金需求主体无法获得足够的流动性以维持自身的正常运行,生产不能扩大,甚至导致违约破产。同时,存款准备金率的提升并未提升社会产量水平。为此,存款准备金率并不是控制银企关联主体间风险溢出效应的较好方式,存款准备金率的使用不仅应关注其对银行系统自身流动性的影响,同时也应关注其对资金需求主体及社会产出的影响。

其次,对由不同类型的银行部门主体的破产冲击所导致的关联主体间风险溢出效应进行了分析,研究表明,除个别时点外,具有最大资产净值的银行主体破产导致了相对高的银行部门及下游部门破产主体数量。而具有最大入度的银行主体破产则导致了相对高的上游部门破产主体数量。这表明在对银行部门主体的重点监控中,除资产较大的主体外,也应将度较大的银行部门主体纳入其中。与此同时,对二者兼有的银行部门主体应从严监管。可见,在风险溢出效应控制过程中,不能仅是基于资产负债表的监管,也应兼顾考虑关联主体间的网络结构特征。

最后,对中央银行主体的流动性供给对关联主体间的风险溢出效应的影响进行了分析。相关研究表明,系统危机发生后,中央银行主体流动性的引入有利于减小关联主体间的风险溢出效应,同时提升了社会产出水平。而对于不同的市场参与度,中央银行主体的流动性供给对风险溢出效应的控制效果相差不大。

13.1.5　异质性多网络交互下关联主体间风险溢出效应研究

1. 商业信贷与担保网络交互下关联主体间风险溢出效应研究

以企业主体间商业信贷网络为出发点,引入担保机制,构建了含企业主体间商业信贷与担保网络的异质性多网络交互模型。基于所构建的异质性多网络交互模型以及计算实验,研究了人工仿真系统中幂律特征的涌现,并对商业信贷网络与担保网络交互下的关联主体间的风险溢出效应进行了分析。相关研究结果表明,所构建的模型能够刻画现实中企业主体规模及实际网络中所表现出来的幂律特征,即商业信贷网络的度分布与企业主体规模分布的上尾呈现出幂律特征。进一步地,基于 Clauset 等(2009)的检验方法,使用总资产、营业收入、雇员数和产量来测度的企业主体规模及商业信贷网络的度分布,在不同的担保因子下均通过了检验;而对于担保网络的度分布,当担保因子变化时,幂律分布特征的检验结果发生了变化,并没有全部通过检验。担保因子直接影响微观主体间担保关联的建立,进而影响担保网络的结构及其相应的幂律特征。

对于风险溢出效应,研究了引入担保机制和未引入担保机制情形下的企业主体破产演化情况。其结果表明,担保机制的引入虽可在一定程度上减少银行主体的信贷损失,但加重了企业主体间的风险溢出效应。在网络视角下,商业信贷网络中的某个企业主体的违约会通过商业信贷网络提供的传播渠道,而将违约的负面影响传递给与其具有直接或间接金融关联的其他主体。进一步地,通过担保关联,该违约企业主体的担保主体将会承担由其违约而传递过来的负面效应,并通过主体间的担保关联而在担保网络中进行扩散。与此同时,该负面效应也可通过主体间的商业信贷连接而传播至商业信贷网络中。此外,上述过程将被重复直至冲击被网络所吸收。担保网络为风险溢出效应提供了另一个传播渠道。两个传播渠道及二者间的相互作用引发了更严重的风险溢出效应。这表明,对关联主体间风险溢出效应进行监控时,应综合考虑关联主体所处的网络环境,不能局限于单一金融关联网络,而应立足于多网络交互的全局视角,监控关联主体间风险溢出效应在单个网络中及网际间立体式的传播扩散。

2. 银企信贷与担保网络交互下关联主体间风险溢出效应研究

构建了融合银企主体间信贷网络与企业主体间担保网络的多网络交互模型,研究了模型的涌现特征,研究发现,通过关联主体在微观层面的交互作用导致了广泛存在于现实中的幂律现象的宏观涌现,且当担保因子发生变动时,人工仿真系统仍可以涌现出幂律现象。同时,基于所构建的异质性多网络交互模型,研究了交易对手转移概率参数、担保主体选择参数及担保因子对关联主体间风险溢出效应的影响。相关结果表明,交易对手转移概率参数影响着转移至其他交易对手的概率,对系统有双重影响,坏账在参数值较低时呈现出下降趋势,而在较大取值时呈现出上升趋势。可见,在风险溢出效应研究中,需要纳入网络结构特征。

而对于担保主体选择参数,随着该参数的不断增加,银行主体坏账呈现出先降后升的趋势。对于担保因子,银行主体坏账随着担保因子的增加呈现出上升趋势。可见,实际操作中,银行主体应限制企业主体的对外担保额度,并对企业主体的对外担保情况建立预警,避免企业主体过于集中的担保关联的发生。出于研究结果的稳健性考量,还研究了当生产参数变化时,交易对手转移概率参数、担保主体选择参数及担保因子对关联主体间风险溢出效应的影响。相关结果表明,生产参数取值的变化并没有影响坏账随着交易对手转移概率参数、担保主体选择参数及担保因子的变化而变化的趋势。基于异质性多网络交互模型的风险溢出效应研究表明,经济主体间的关联网络结构特征对风险溢出效应有较大的影响。因此,在监测与控制关联主体间的风险溢出效应时,应充分挖掘关联主体间的关联关系,构建全视域下的主体间关联网络格局,并将监测主体纳入网络体系,考量关联网络的结构特征在风险溢出效应及其控制中所发挥的角色,从而做到资产负债表与网络特征兼顾。

13.1.6　多网络交互下关联主体间风险溢出效应控制研究

考虑关联主体间的担保关联与信贷关联,嵌入银行主体间市场,引入银行主体间市场网络,构建融合企业主体间担保网络、银企主体间信贷网络及银行主体间信贷网络的人工系统。基于所搭建的人工银企系统,提出控制风险溢出效应的干预机制。在风险控制干预机制设计中,将银企主体进行风控分类,被纳入高风险层面的企业主体和银行主体被设定为风险控制监控对象,其信贷行为受风险控制干预机制约束,即被纳入监控范围的银企信贷需求主体仅能向不受风险控制干预机制约束的信贷供给主体寻求流动性。基于所搭建的人工银企系统,将风险控制干预机制借助计算实验进行实施,利用计算实验参数可控、情景可调、可反复实验等特性,从基于银行主体信贷占比阈值、银行主体度占比阈值及信息透明度等方面对风险溢出效应控制及其效果进行分析。

1. 基于银行主体信贷占比阈值的风险控制

基于银行主体信贷占比阈值的风险控制干预机制,随着银行主体信贷占比阈值的不断增加,坏账水平虽呈现出上升趋势,但低于银企系统中不实施风险控制干预机制时的坏账水平,取得了一定的风险溢出效应控制效果,且风险溢出效应的减少并没有以牺牲社会产出水平为代价。与此同时,当企业主体风控阈值提升时,银行主体信贷阈值的坏账曲线也整体随之提升,风险控制干预机制的实施效果虽受到抑制,但仍低于系统内不实施风控干预机制时的坏账水平。而在银行主体信贷占比阈值一定时,企业主体风控阈值的变化对风险溢出效应的控制效果产生了影响,在较高水平时,坏账水平相对升高,但仍低于银企系统不实施风险控制干预机制时的坏账水平。这表明,对银行主体的信贷风险敞口进行约束,可在一定程度上减小风险溢出效应。而在对银行信贷敞口进行约束的同时,对企业主体信贷行为的约束也使得银企主体间的关联构建方式发生了变化。该控制机制既考虑了经济主体自身特征,也考虑了其所处的网络结构。这说明,银企系统内的风险控制,既要考虑银行主体,也要约束企业主体,同时还要考虑经济主体所处的网络结构。

2. 基于银行主体度占比阈值的风险控制

基于银行主体度占比阈值的风险控制干预机制,银企系统内的坏账水平随着银行主体度占比阈值的提升而不断提高,但低于系统内不实施风险控制干预机制时的坏账水平,且风险控制效果的取得也没有引发社会产出水平较为明显的负向波动。而当变动企业主体风控阈值时,基于银行主体度占比阈值的坏账曲线的变化趋势并没有发生变化,且低于系统内不实施风险控制干预机制时的坏账水平,体现出一定的稳定性。进一步地,当控制银行主体风控阈值不变时,企业主体风控阈值的变化并没有导致风险控制干预机制的失效,仍可以获得低于系统内无风险控制干预机制时的坏账水平,且社会产出未发生明显负向波动。这表明,对银行主体在关联网络中的中心性程度进行约束,也可以在一定程度上减小风险溢出效应。在制定风险控制干预机制时,有必要考虑经济主体在网络中的位置,将其网络特征纳入考量范围。

综上,对风险溢出效应的控制,既要控制信贷需求主体的负债水平,也要考虑信贷供给主体授信额度的集中性及连接集中性,同时还要关注主体间关联关系的建立,严控高风险的信贷需求主体从具有较高风险的信贷供给主体处获得信贷。以上说明,对风险溢出效应的控制,不仅要考虑对银行主体的控制,也要考虑对企业主体的控制,同时需兼顾经济主体间的关联网络。

3. 基于信息透明度的风险控制

基于信息透明度的风险控制干预机制,银企系统内的坏账水平随着银企主体风控阈值信息更新速度的加快而呈现出降低趋势,并在银企主体风控阈值信息在每个模拟时刻进行更新时,取得最低的坏账水平。因此,银企主体应积极履行相关信息披露义务,使信息为相关主体所及时获取。与此同时,相关监管部门应该为该政策的落地实施提供制度保证,可对不履行披露义务的相关主体进行惩戒,如进行通报、贷款额度限制、罚款等形式的惩戒,以此促进风险监控信息的及时披露。在现实实施中,更应加快信息系统与平台建设,使得关联主体风险信息能够得到及时披露并被需求主体快速获取。

13.2　研究展望

本书的研究从理论基础到模型推导、从单网到多网、从同质性金融关联网络再到异质性金融关联网络交互,通过 Multi-Agent 建模与网络融合,借助计算机搭建仿真平台,利用计算实验情景可控、参数可调及可反复实验等特点,对关联主体间的风险溢出效应进行了研究,但仍存在不足之处。关联主体间的风险溢出效应研究是一个较为复杂的系统性问题,因此还有多方面有待进一步深入研究,可从以下(但不局限于)几个方面来对目前的研究进行拓展,这也是未来的研究方向。

1. 关联网络节点——主体类型多元化与行为精细化

① 政府主体、非银行金融机构主体等是现实中较为重要的经济主体,后续深入研究时有必要引入上述主体。此外,近年来,随着金融科技的不断兴起与发展,其对银行主体及企业主体的影响越来越大。一些大的互联网集团凭借自身的平台和技术优势,实现了金融科技业务的完美闭环,对银行主体的业务形成了竞争压力,而银行主体自身金融科技的运用也促使银行主体行为决策发生改变。金融科技的运用及金融科技企业主体所提供的服务,正不断地促使银行主体改变传统的信贷思维,影响和改变着信贷市场参与主体及其相关决策,日益深刻地对金融市场及金融服务业的供给产生影响。然而,从现有研究来看,对金融科技企业进行微观主体建模研究的文献不足,而多是关于更为宏观层面的与"金融科技"相关的文献研究(如金融科技的概念、金融科技的运用、金融科技与银行授信、金融科技与中小企业融资约束等)。因此,有必要对金融科技企业主体进行微观主体建模,将其纳入关联主体范畴,考虑其对传统银企关系的影响,这对于现有文献研究是一个较好的补充,同时可创新关联主体的界定。因此,有必要在后续工作中对此进行研究。

② 存货管理。存货管理是企业主体较为重要的经营行为,为更好地拟合现实情形,企业主体的存货管理行为需要被考虑。

③ 差异化的债务期限。现实中的企业主体和银行主体可根据自身的实际情况选择不同的债务期限,并根据自身运营情况可提前偿还相应债务。因此,不同的债务偿还期限及债务的提前偿还需要被考虑。

④ 中央银行主体是银行系统的重要组成部分,其相机抉择对于维系金融系统的稳定性具有重要的作用。但现实中的中央银行主体行为较为复杂,需考虑多方面因素而抉择,对中央银行主体行为更为复杂且贴近现实的刻画十分必要。

2. 关联网络边——连接关系异质性与构建内生性

信贷关联、担保关联是关联主体间常见的金融关联,也是建模中重点考虑的两种异质性金融关联。而现实中的担保机制较为复杂且形式多样,可考虑不同类型的担保机制所引发的风险溢出效应。此外，关联主体间也存在交叉持股关联、信息溢出关联、股票相关性关联、联合贷款关联、企业间投资关联、基于其他机制而构建的关联等，这些是可继续拓展的研究方向。多样性关联的引入依赖于关联主体间关联关系构建的决策机制，该决策驱动机制的内生化研究，如纳入利润驱动、社会责任驱动等，可提升模型对现实经济主体的刻画能力；同时也可以引入机器学习、行为金融等，优化相应决策驱动机制。

3. 关联网络交互——系统网络多样化与交互融合

在本书所构建的人工关联主体系统之外，存在着其他能够对所构建的系统产生重要影响的系统。基于经济全球化的考量，十分有必要立足于整体交互视角，构建融合更多系统（市场、区域或国家）的关联系统网络模型，研究风险在不同系统内部网络及系统网络间的风险溢出机制。如股票市场、银行间市场、保险市场、衍生品市场、互联网金融市场、区域间市场、国内与国际市场等系统内部网络与网络间的交互。

4. 计算实验与实证分析的融合

实证分析方法在社科领域研究中有着极为重要的作用，但其并不擅长揭示微观经济主体间的实时动态交互作用，不能较好地反映某项新政策实施后微观经济主体的应对策略，也不能准确预判政策实施后的效果。而基于计算机仿真平台的计算实验提供了较好的研究方法。相比于自然科学可以通过实验来进行研究，社会科学通过引入计算实验使其研究方法进一步丰富、多样。但计算实验方法需要对现实中经济主体行为进行刻画，并在计算实验中赋予其人工"智能"，设定其行为机制，同时需要给定计算实验相关变量初始值。用于刻画经济主体的行为机制的变量来源于对现实的抽象，可能在现实中不存在或者取值较难获取，也造成了计算实验对现实的偏离，引发了模型的解释效果一定程度的下降。而将实证分析方法融入计算实验，寻求二者最大程度的结合，无疑对模型的刻画能力有较好改善。本书进行了一定程度的实证分析与计算实验的融合，但仍不够深入，实证分析的深层次融入有待进一步研究。

参考文献

［1］Acemoglu D，Carvalho V M，Ozdaglar A，et al. The network origins of aggregate fluctuations［J］. Econometrica，2012，80（5）：1977－2016.

［2］Acemoglu D，Ozdaglar A，Tahbaz-Salehi A. Systemic risk and stability in financial networks［J］. The American economic review，2015，105（2）：564－608.

［3］Aldasoro I，Alves I. Multiplex interbank networks and systemic importance：An application to Europeandata［J］. Journal of Financial Stability，2018（35）：17－37.

［4］Aldasoro I，Gatti D D，Faia E. Bank networks：Contagion，systemic risk and prudential policy［J］. Journal of Economic Behavior & Organization，2017（42）：164－188.

［5］Allen F，Gale D. Financial contagion［J］. Journal of political economy，2000，108（1）：1－33.

［6］Aoyama H. Systemic Risk in Japanese Credit Network［M］. Springer International Publishing，2014.

［7］Asanuma D. Lending attitude as a financial accelerator in a credit network economy［J］. Journal of Economic Interaction and Coordination，2013，8（2）：231－247.

［8］Asgharian H，Nossman M. Risk contagion among international stock markets［J］. Journal of International Money and Finance，2011，30（1）：22－38.

［9］Avakian A J. Dynamic modeling of systemic risk in financial networks［D］. Boston University，2017.

［10］Axtell R L. Zipf distribution of US firm sizes［J］. Science，2001，293（5536）：1818－1820.

[11] Aymanns C, Georg C P. Contagious synchronization and endogenous network formation in financial networks[J]. Journal of Banking & Finance, 2015(50): 273 – 285.

[12] Barabási A L, Albert R. Emergence of scaling in random networks [J]. Science, 1999, 286(5439): 509 – 512.

[13] Bargigli L, Iasio G D, Infante L, et al. Interbank markets and multiplex networks: centrality measures and statistical null models [M]. Springer International Publishing, 2016.

[14] Bargigli L, Di Iasio G, Infante L, et al. The multiplex structure of interbank networks[J]. Quantitative Finance, 2015, 15(4): 673 – 691.

[15] Barro D, Basso A. Credit contagion in a network of firms with spatial interaction [J]. European Journal of Operational Research, 2010, 205(2): 459 – 468.

[16] Basole R C, Bellamy M A. Supply network structure, visibility, and risk diffusion: A computational approach[J]. Decision Sciences, 2014, 45(4): 753 – 789.

[17] Battiston S, Gatti D D, Gallegati M, et al. Credit chains and bankruptcy propagation in production networks [J]. Journal of Economic Dynamics and Control, 2007, 31(6): 2061 – 2084.

[18] Battiston S, Gatti D D, Gallegati M, et al. Default cascades: When does risk diversification increase stability? [J]. Journal of Financial Stability, 2012a, 8(3): 139 – 149.

[19] Battiston S, Gatti D D, Gallegati M, et al. Liaisons dangereuses: Increasing connectivity, risk sharing, and systemic risk[J]. Journal of Economic Dynamics and Control, 2012b, 36(8): 1121 – 1141.

[20] Battiston S, Puliga M, Kaushik R, et al. Debtrank: Too central to fail? financial networks, the fed and systemic risk[J]. Scientific reports, 2012c, 2(1): 1 – 6.

[21] Bluhm M, Faia E, Krahnen J P. Endogenous banks' networks, cascades and systemic risk[R]. Working Paper, 2014a.

[22] Bluhm M, Faia E, Krahnen J P. Monetary policy implementation in an interbank network: Effects on systemic risk[R]. Working Paper, 2014b.

[23] Bluhm M, Krahnen J. Systemic risk in an interconnected banking system with endogenous asset markets[J]. Journal of Financial Stability, 2014(13): 75 - 94.

[24] Boissay F. Credit chains and the propagation of financial distress [R]. Working Paper, 2006.

[25] Boss M, Elsinger H, Summer M, et al. An empirical analysis of the network structure of the Austrian interbank market [J]. Oesterreichesche Nationalbank's Financial Stability Report, 2004 (7): 78 - 87.

[26] Bremus F, Buch C, Russ K, et al. Big banks and macroeconomic outcomes: Theory and cross-country evidence of granularity[R]. National Bureau of Economic Research, 2013.

[27] Caccioli F, Catanach T A, Farmer J D. Heterogeneity, correlations and financial contagion[J]. Advances in Complex Systems, 2012, 15 (2): 1 - 15.

[28] Cai M, Wang W, Cui Y, et al. Multiplex network analysis of employee performance and employee social relationships[J]. Physica A: Statistical Mechanics and its Applications, 2018(490): 1 - 12.

[29] Cajueiro D O, Tabak B M. The role of banks in the Brazilian Interbank Market: Does bank type matter? [J]. Physica A: Statistical Mechanics and its Applications, 2008, 387(27): 6825 - 6836.

[30] Cao Y, Liu H. The flip side of guarantee network: Transmission channel and institutional causes[J]. Journal of Financial Research, 2016 (1): 145 - 159.

[31] Catullo E, Gallegati M, Palestrini A. Towards a credit network based early warning indicator for crises[J]. Journal of Economic Dynamics and Control, 2015a (50): 79 - 97.

[32] Catullo E, Gallegati M, Palestrini A. Systemic risk and macro-prudential policies: A credit network-based approach[R]. Working Paper, 2015b.

[33] Catullo E, Palestrini A, Grilli R, et al. Early warning indicators and macro-prudential policies: A credit network agent based model[J]. Journal of Economic Interaction and Coordination, 2018, 13(1): 81 - 115.

[34] Chasman D, Siahpirani A F, Roy S. Network-based approaches for

analysis of complex biological systems [J]. Current opinion in biotechnology, 2016(39): 158 - 166.

[35] Chen T, He J, Li X. An evolving network model of credit risk contagion in the financial market [J]. Technological and Economic Development of Economy, 2017, 23(1): 22 - 37.

[36] Chen T, He J. A network model of credit risk contagion [J]. Discrete Dynamics in Nature and Society, 2012(12):1 - 13.

[37] Chen T, Li X, Wang J. Spatial interaction model of credit risk contagion in the CRT market [J]. Computational Economics, 2015, 46(4): 510 - 537.

[38] Cheng D, Niu Z, Yan J, et al. Visual analytics for loan guarantee network risk management [R]. Working paper, 2017.

[39] Clauset A, Shalizi C R, Newman M E J. Power-law distributions in empirical data [J]. SIAM review, 2009, 51(4): 661 - 703.

[40] Concha A, Martinez-Jaramillo S, Carmona C. Multiplex financial networks: Revealing the level of interconnectedness in the banking system [C]. International Workshop on Complex Networks and their Applications, 2017.

[41] Dastkhan H. Network-based early warning system to predict financial crisis [R]. Working paper, 2019.

[42] Elliott M, Golub B, Jackson M O. Financial networks and contagion [J]. The American economic review, 2014, 104(10): 3115 - 3153.

[43] Flatnes J E, Carter M R. A little skin in the microfinance game: reducing moral hazard in joint liability group lending through a mandatory collateral requirement [R]. Agricultural and Applied Economics Association, 2016.

[44] Freixas X, Parigi B M, Rochet J C. Systemic risk, interbank relations, and liquidity provision by the central bank [J]. Journal of money, credit and banking, 2000, 32(3): 61 - 63.

[45] Fricke D, Lux T. On the distribution of links in the Interbank network: evidence from the e-MID overnight money market [R]. Working Paper, 2013.

[46] Fu X, Dong M, Liu S, et al. Trust based decisions in supply chains with an agent [J]. Decision Support Systems, 2016(82):35 - 46.

[47] Fujiwara Y, Di Guilmi C, Aoyama H, et al. Do Pareto-Zipf and Gibrat laws hold true? An analysis with European firms[J]. Physica A: Statistical Mechanics and its Applications, 2004, 335 (2): 198 - 216.

[48] Fujiwara Y. Chain of Firms' Bankruptcy: A macroscopic study of link effect in a production network [J]. Advances in Complex Systems, 2008, 11(5): 703 - 717.

[49] Gai P, Haldane A, Kapadia S. Complexity, concentration and contagion[J]. Journal of Monetary Economics, 2011, 58 (5): 453 - 470.

[50] Gallegati M. A wavelet-based approach to test for financial market contagion[J]. Computational Statistics & Data Analysis, 2012, 56 (11): 3491 - 3497.

[51] Gao J. Business networks, firm connectivity, and firm policies[R]. Working Paper, 2014.

[52] Gasparetto G. Too Big to Fail[R]. Working Paper, 2015.

[53] Gatti D D, Gallegati M, Greenwald B, et al. Business fluctuations in a credit-network economy[J]. Physica A: Statistical Mechanics and its Applications, 2006, 370(1): 69 - 74.

[54] Gatti D D, Gallegati M, Greenwald B C, et al. Business fluctuations and bankruptcy avalanches in an evolving network economy [J]. Journal of Economic Interaction and Coordination, 2009, 4 (2): 195 - 212.

[55] Gatti D D, Gallegati M, Greenwald B, et al. The financial accelerator in an evolving credit network[J]. Journal of Economic Dynamics and Control, 2010, 34(9):1628 - 1650.

[56] Gauthier C, Lehar A, Souissi M. Macroprudential capital requirements and systemic risk [J]. journal of Financial Intermediation, 2012, 21(4): 594 - 618.

[57] Georg C P. The effect of the interbank network structure on contagion and common shocks[J]. Journal of Banking & Finance, 2013, 37(7): 2216 - 2228.

[58] Glasserman P, Young H P. How likely is contagion in financial networks? [J]. Journal of Banking & Finance, 2015(50): 383 - 399.

［59］ Goddard J，Liu H，Mckillop D，et al. The size distribution of US banks and credit unions［J］. International Journal of the Economics of Business，2014，21(1)：139 – 156.

［60］ Goldstein M，Véron N. Too big to fail：the transatlantic debate［R］. Peterson Institute for International Economics Working Paper，2011.

［61］ Golo N，Kelman G，Bree D S，et al. Many-to-one contagion of economic growth rate across trade credit network of firms［R］. Working Paper，2015.

［62］ González J C，de Quadros V H，Iglesias J R. Network topology and interbank credit risk［J］. Chaos，Solitons & Fractals，2016(88)：235 – 243.

［63］ Gotoda H，Kinugawa H，Tsujimoto R，et al. Characterization of combustion dynamics，detection，and prevention of an unstable combustion state based on a complex-network theory［J］. Physical Review Applied，2017，7(4)：1 – 7.

［64］ Grilli R，Tedeschi G，Gallegati M. Markets connectivity and financial contagion［J］. Journal of Economic Interaction and Coordination，2015，10(2)：287 – 304.

［65］ Grilli R，Tedeschi G，Gallegati M. Network approach for detecting macroeconomic instability［C］. Tenth International Conference on Signal-Image Technology and Internet-Based Systems，2014.

［66］ Guleva V Y，Amuda A，Bochenina K. The impact of network topology on banking system. dynamics［M］. Springer International Publishing，2016.

［67］ Halaj G，Kok C. Assessing interbank contagion using simulated networks［J］. Computational Management Science，2013，10(2)：158 – 186.

［68］ Hałaj G，Kok C. Modelling the emergence of the interbank networks［J］. Quantitative Finance，2015，15(4)：653 – 671.

［69］ Han Y，Gong P，Zhou X. Correlations and risk contagion between mixed assets and mixed-asset portfolio VaR measurements in a dynamic view：An application based on time varying copula models［J］. Physica A：Statistical Mechanics and its Applications，2016(444)：940 – 953.

[70] He J, Sui X, Li S. An endogenous model of the credit network[J]. Physica A: Statistical Mechanics and its Applications, 2016(441): 1 - 14.

[71] Heinrich T, Dai S. Diversity of firm sizes, complexity, and industry structure in the Chinese economy [J]. Structural Change and Economic Dynamics, 2016(37): 90 - 106.

[72] Hertzel M G, Li Z, Officer M S, et al. Inter-firm linkages and the wealth effects of financial distress along the supply chain[J]. Journal of Financial Economics, 2008, 87(2): 374 - 387.

[73] Hou Y, Xiong Y, Wang X, et al. The effects of a trust mechanism on a dynamic supply chain network [J]. Expert Systems with Applications, 2014, 41(6): 3060 - 3068.

[74] Hsu W T. Central place theory and city size distribution[J]. The Economic Journal, 2012, 122(563): 903 - 932.

[75] Iori G, De Masi G, Precup O V, et al. A network analysis of the Italian overnight money market[J]. Journal of Economic Dynamics and Control, 2008, 32(1): 259 - 278.

[76] Iori G, Jafarey S, Padilla F G. Systemic risk on the interbank market[J]. Journal of Economic Behavior & Organization, 2006, 61 (4): 525 - 542.

[77] Kaldasch J. Evolutionary model of the bank size distribution[J]. Economics, 2014(10): 1 - 16.

[78] Kaltwasser P R, Spelta A. Identifying systemically important financial institutions: a network approach [J]. Computational Management Science, 2019(16): 155 - 185.

[79] Kauê Dal'Maso Peron T, da Fontoura Costa L, Rodrigues F A. The structure and resilience of financial market networks[J]. Chaos: An Interdisciplinary Journal of Nonlinear Science, 2012, 22(1): 1 - 6.

[80] Keiserman B. Contagion and regulation in endogenous bank networks[R]. Working Paper, 2014.

[81] Kobayashi T, Hasui K. Efficient immunization strategies to prevent financial contagion[J]. Scientific reports, 2014(4):1 - 7.

[82] Krause, S. Giansante, Interbank lending and the spread of bank failures: A network model of systemic risk[J]. Journal of Economic

Behavior & Organization,2012，83（3）：583－608.

［83］ Ladley D. Contagion and risk-sharing on the inter-bank market[J]. Journal of Economic Dynamics and Control，2013，37（7）：1384－1400.

［84］ Leng A，Xing G，Fan W. Credit risk transfer in SME loan guarantee networks[J]. Journal of Systems Science and Complexity，2017，30（5）：1084－1096.

［85］ Lenzu S，Tedeschi G. Systemic risk on different interbank network topologies［J］. Physica A：Statistical Mechanics and its Applications，2012，391(18)：4331－4341.

［86］ Li S，Sui X. Contagion risk in endogenous financial networks[J]. Chaos，Solitons & Fractals，2016(91)：591－597.

［87］ Li S，Wen S. Multiplex Networks of the Guarantee Market：Evidence from China[J]. Complexity，2017(7)：1－7.

［88］ Li S. Contagion risk in an evolving network model of banking systems［J］. Advances in Complex Systems，2011，14（05）：673－690.

［89］ Liu A，Paddrik M，Yang S Y，et al. Interbank contagion：An agent-based model approach to endogenously formed networks[J]. Journal of Banking & Finance，2017(112)：1－45.

［90］ Liu C，Arunkumar N. Risk prediction and evaluation of transnational transmission of financial crisis based on complex network［J］. Cluster Computing，2019，22(2)：4307－4313.

［91］ Liu L X，Zhang X. Risk contagion along loan guarantee chain：Evidence from court enforcement in China［R］. Working paper，2017.

［92］ Lux T. A model of the topology of the bank-firm credit network and its role as channel of contagion[J]. Journal of Economic Dynamics and Control，2016(66)：36－53.

［93］ Lux T. Emergence of a core-periphery structure in a simple dynamic model of the interbank market[J]. Journal of Economic Dynamics and Control,2015(52)：11－23.

［94］ Maeno Y，Morinaga S，Matsushima H，et al. Transmission of distress in a bank credit network[R]. Working paper，2012.

［95］ Marwan N, Kurths J. Complex network based techniques to identify extreme events and (sudden) transitions in spatio-temporal systems［J］. Chaos: An Interdisciplinary Journal of Nonlinear Science, 2015, 25(9): 1 - 9.

［96］ Masi G D, Fujiwara Y, Gallegati M, et al. An analysis of the Japanese credit network ［J］. Evolutionary and Institutional Economics Review, 2011, 7(2): 209 - 232.

［97］ Masi G D, Iori G, Caldarelli G. Fitness model for the Italian interbank money market［J］. Physical Review E, 2006, 74(6): 1 - 5.

［98］ Mastromatteo I, Zarinelli E, Marsili M. Reconstruction of financial networks for robust estimation of systemic risk［J］. Journal of Statistical Mechanics: Theory and Experiment, 2012, 2012(3): 1 - 15.

［99］ May R M, Arinaminpathy N. Systemic risk: the dynamics of model banking systems［J］. Journal of the Royal Society Interface, 2010, 7(46): 823 - 838.

［100］ McCord R, Prescott E S. The financial crisis, the collapse of bank entry, and changes in the size distribution of banks［J］. FRB Richmond Economic Quarterly, 2014, 100(1): 23 - 50.

［101］ Milgo M C, FINANCE I N. Effect of joint liability lending models on loan repayments among microfinance institutions in Kenya［R］. Working paper, 2013.

［102］ Miranda R, Tabak B. Contagion Risk within Firm-Bank Bivariate Networks［R］. Central Bank of Brazil, Research Department, 2013.

［103］ Mok K Y, Shen G Q, Yang R J, et al. Investigating key challenges in major public engineering projects by a network-theory based analysis of stakeholder concerns: A case study［J］. International Journal of Project Management, 2017, 35(1): 79 - 94.

［104］ Montagna M, Lux T. Contagion risk in the interbank market: A probabilistic approach to cope with incomplete structural information［J］. Quantitative Finance, 2017, 17(1): 101 - 120.

［105］ Na J, Lee J, Baek C. Is the service sector different in size heterogeneity？［J］. Journal of Economic Interaction and Coordination，2017，12(1)：95 – 120.

[106] Newman M E J，Watts D J. Renormalization group analysis of the small-world network model［J］. Physics Letters A，1999，263(4)：341 – 346.

[107] Newman M E J. Power laws，Pareto distributions and Zipf's law ［J］. Contemporary physics，2005，46(5)：323 – 351.

[108] Nier E，Yang J，Yorulmazer T，et al. Network models and financial stability［J］. Journal of Economic Dynamics and Control，2007，31(6)：2033 – 2060.

[109] Oberfield E. Business networks，production chains，and productivity：A theory of input-output architecture［R］. Working Paper，2012.

[110] Okuyama K，Takayasu M，Takayasu H. Zipf's law in income distribution of companies［J］. Physica A：Statistical Mechanics and its Applications，1999，269(1)：125 – 131.

[111] Pais A，Stork P A. Contagion risk in the Australian banking and property sectors［J］. Journal of Banking & Finance，2011，35(3)：681 – 697.

[112] Peron T K D M，da Fontoura Costa L，Rodrigues F A. The structure and resilience of financial market networks［J］. Chaos：An Interdisciplinary Journal of Nonlinear Science，2012，22(1)：1 – 6.

[113] Poledna S，Molina-Borboa J L，Martínez-Jaramillo S，et al. The multi-layer network nature of systemic risk and its implications for the costs of financial crises［J］. Journal of Financial Stability，2015 (20)：70 – 81.

[114] Ranta M. Contagion among major world markets：a wavelet approach［J］. International Journal of Managerial Finance，2013，9 (2)：133 – 149.

[115] Riccetti L，Russo A，Gallegati M. Leveraged network-based financial accelerator ［J］. Journal of Economic Dynamics and Control，2013，37(8)：1626 – 1640.

[116] Rodriguez J C. Measuring financial contagion：A copula approach

[J]. Journal of empirical finance, 2007, 14(3): 401 - 423.

[117] Sachs A. Completeness, interconnectedness and distribution of interbank exposures—a parameterized analysis of the stability of financial networks[J]. Quantitative Finance, 2014, 14(9): 1678 - 1692.

[118] Santos E, Cont R. The Brazilian interbank network structure and systemic risk[R]. Working Paper, 2010.

[119] Sergueiva A, Chinthalapati V L R, Verousis T, et al. Multichannel contagion and systemic stabilisation strategies in interconnected financial markets[J]. Quantitative Finance, 2017, 17(12): 1885 - 1904.

[120] Silva T C, de Souza S R S, Tabak B M. Structure and dynamics of the global financial network[J]. Chaos, Solitons & Fractals, 2016 (88): 219 - 234.

[121] Silva T C, da Silva M A, Tabak B M. Bank lending and systemic risk: A financial-real sector network approach with feedback[J]. Journal of Financial Stability, 2018(38): 98 - 118.

[122] Silva T C, da Silva M A, Tabak B M. Systemic risk in financial systems: A feedback approach[J]. Journal of Economic Behavior & Organization, 2017, 144: 97 - 120.

[123] Smerlak M, Stoll B, Gupta A, et al. Mapping systemic risk: critical degree and failures distribution in financial networks[J]. PloS one, 2015, 10(7): 1 - 15.

[124] Soramäki K, Bech M L, Arnold J, et al. The topology of interbank payment flows [J]. Physica A: Statistical Mechanics and its Applications, 2007, 379(1): 318 - 333.

[125] Souma W, Fujiwara Y, Aoyama H. Complex networks and economics[J]. Physica A: Statistical Mechanics and its [125] Applications, 2003, 324(1): 396 - 401.

[126] Stern G H, Feldman R J. Too big to fail: The hazards of bank bailouts[M]. Brookings Institution Press, 2004.

[127] Stiglitz J, Greenwald B. Towards a new paradigm in monetary economics[M]. Cambridge University Press, 2003.

[128] Stumpf M P, Porter M A. Critical truths about power laws[J].

Science，2012，335(6069)：665 – 666.

[129] Sui X，Li L. Guarantee network model and risk contagion[J]. Chaos，Solitons and Fractals，2018a，106(1)：323 – 329.

[130] Sui X，Li L. Trade credit network with a gurarntee mechanism and risk contagion [J]. Advances in Complex Systems，2018b，21(8)：1 – 22.

[131] Sui X，Li L，Chen X. Risk contagion caused by interactions between credit and guarantee networks[J]. Physica A：Statistical Mechanics and Its Applications，2020(539)：1 – 10.

[132] Syllignakis M N，Kouretas G P. Dynamic correlation analysis of financial contagion：Evidence from the Central and Eastern European markets [J]. International Review of Economics & Finance，2011，20(4)：718 – 732.

[133] Thurner S，Poledna S. DebtRank-transparency：Controlling systemic risk in financial networks[J]. Scientific reports，2013(3)：11 – 17.

[134] Upper C. Simulation methods to assess the danger of contagion in interbank markets[J]. Journal of Financial Stability，2011，7(3)：110 – 125.

[135] Virkar Y，Clauset A. Power-law distributions in binned empirical data[J]. The Annals of Applied Statistics，2014，8(1)：89 – 119.

[136] Vitali S，Battiston S，Gallegati M. Financial fragility and distress propagation in a network of regions [J]. Journal of Economic Dynamics and Control，2016(62)：56 – 75.

[137] Wang Y，Zhang Q，Yang X. Evolution of the Chinese guarantee network and its implication for risk management：Impacts from financial crisis and stimulus program[R]. Working paper，2018.

[138] Watts D J. A simple model of global cascades on random networks [J]. Proceedings of the National Academy of Sciences，2002，99(9)：5766 – 5771.

[139] Weisbuch G，Battiston S. From production networks to geographical economics [J]. Journal of Economic Behavior & Organization，2007，64(3)：449 – 469.

[140] Wen X，Wei Y，Huang D. Measuring contagion between energy

market and stock market during financial crisis：A copula approach [J]. Energy Economics，2012，34(5)：1435 - 1446.

[141] Wooldridge M，Jennings N R. Intelligent agents：Theory and practice[J]. The knowledge engineering review，1995，10(2)：115 - 152.

[142] Xu C，Zhou Z E. The evolutionary game simulation on credit behavior of SMEs' guaranteed loans[J]. Journal of Systems Engineering，2014，29(4)：478 - 486.

[143] Zhang M，He J，Li S. Interbank lending，network structure and default risk contagion[J]. Physica A：Statistical Mechanics and its Applications，2018(493)：203 - 209.

[144] Zhang Z，Li P，Guo J. The infection mechanism of the guarantee chain crisis[J]. Systems Engineering，2012，30(4)：25 - 31.

[145] Zhu Y，Yang F，Ye W. Financial contagion behavior analysis based on complex network approach[J]. Annals of Operations Research，2018，268(2)：93 - 111.

[146] Zhulyaeva A. Contagion in interacting financial networks[D]. University of Leicester，2017.

[147] 鲍勤，孙艳霞. 网络视角下的金融结构与金融风险传染[J]. 系统工程理论与实践，2014，34(9)：2202 - 2211.

[148] 陈永旺，童辉，狄增如. 随机因素和企业规模的幂律分布[J]. 全国复杂系统研究论坛论文集，2005，10(2)：45 - 57.

[149] 陈月萍，陈庆华. 连续型幂律分布的参数估计[J]. 四川教育学报，2012，28(3)：114 - 116.

[150] 邓超，陈学军. 基于复杂网络的金融传染风险模型研究[J]. 中国管理科学，2014，22(11)：10 - 18.

[151] 邓晶，曹诗男，潘焕学，等. 基于银行间市场网络的系统性风险传染研究[J]. 复杂系统与复杂性科学，2013，10(4)：76 - 85.

[152] 范宏. 动态银行网络系统中系统性风险定量计算方法研究[J]. 物理学报，2014，63(3)：1 - 8.

[153] 方美琪. 社会经济系统的复杂性——概念，根源及对策[J]. 首都师范大学学报(社会科学版)，2003 (1)：101 - 105.

[154] 方明月，聂辉华. 中国企业规模分布的特征事实：齐夫定律的视角 [J]. 产业经济评论，2010，9(2)：1 - 17.

[155] 冯超，王银. 我国商业银行系统性风险处置研究——基于银行间市场网络模型[J]. 金融研究，2015(1)：166－176.

[156] 高谦，何蓉. 中国存款准备金率理论上限测算及应用研究——基于货币政策使用空间的视角[J]. 经济研究，2012(10)：54－68.

[157] 胡海波，王林. 幂律分布研究简史[J]. 物理，2005(12)：889－896.

[158] 黄晓，胡汉辉，于斌斌等. 产业集群式转移的网络结构演化与变迁研究[J]. 大连理工大学学报(社会科学版)，2015，36(4)：79－85.

[159] 吉艳冰，王伟，赵亚伟. 基于复杂网络理论的担保网络研究[J]. 复杂系统与复杂性科学，2014，11(2):17－23.

[160] 李亮. 网络视角下嵌入担保机制的银企间风险溢出效应研究[D]. 东南大学，2019.

[161] 李守伟，何建敏. 不同网络结构下银行间传染风险研究[J]. 管理工程学报，2012，26(4)：71－76.

[162] 李永奎，周一懋，周宗放. 基于不完全免疫情境下企业间关联信用风险传染及其仿真[J]. 中国管理科学，2017，25(1)：58－64.

[163] 李友平. 修正的极大似然法拟合幂律频数分布[J]. 天文学报，2014，55(5)：438－443.

[164] 刘大有，杨鲲，陈建中. Agent 研究现状与发展趋势[J]. 软件学报，2000，11(3)：315－321.

[165] 刘海明，曹廷求. 基于微观主体内生互动视角的货币政策效应研究——来自上市公司保圈的证据[J]. 经济研究，2016，51(5)：159－171.

[166] 刘海明，王哲伟，曹廷求. 担保网络传染效应的实证研究[J]. 管理世界，2016(4)：81－96.

[167] 倪建军. 复杂系统多 Agent 建模与控制的理论及应用[M]. 北京:电子工业出版社，2011.

[168] 欧阳红兵，刘晓东. 基于网络分析的金融机构系统重要性研究[J]. 管理世界，2014，8：171－172.

[169] 齐一名. 基于多 Agent 的磨矿过程智能控制系统研究[D]. 吉林大学，2014.

[170] 钱学森，于景元，戴汝为. 一个科学新领域——开放的复杂巨系统及其方法论[J]. 自然杂志，1990(1)：3－10.

[171] 盛昭瀚，李静，陈国华. 社会科学计算实验基本教程[M]. 上海:上海三联书店，2010.

[172] 盛昭瀚，张军，刘慧敏. 社会科学计算实验案例分析[M]. 上海：上海三联书店，2011.

[173] 盛昭瀚，张维. 管理科学研究中的计算实验方法[J]. 管理科学学报，2011(5)：1-10.

[174] 施兵超. 存款准备金政策与货币供给[J]. 上海金融，2008（5）：43-45.

[175] 石建中. 中国企业规模分布的形态及特征分析[J]. 华东经济管理，2010，24(12)：51-55.

[176] 宋学锋. 复杂性科学研究现状与展望[J]. 复杂系统与复杂性科学，2005，2(1)：10-17.

[177] 隋聪，迟国泰，王宗尧. 网络结构与银行系统性风险[J]. 管理科学学报，2014，17(4)：58-70.

[178] 隋聪，邓爽玲，王宗尧. 银行资产负债结构对金融风险传染的影响[J]. 系统工程理论与实践，2017，37(8)：1973-1981.

[179] 隋聪，谭照林，王宗尧. 基于网络视角的银行系统性风险度量方法[J]. 中国管理科学，2016，24(5)：54-64.

[180] 隋新，何建敏，李亮. 银企多金融关联网络模型构建与仿真分析[J]. 系统科学与数学，2020，40(12)：2370-2380.

[181] 隋新，何建敏，李守伟. 嵌入银企间和企业间市场的内生信贷网络模型构建[J]. 北京理工大学学报：社会科学版，2017（3）：99-107.

[182] 隋新. 基于多重信贷网络的银企间风险传染与控制研究[D]. 东南大学，2016.

[183] 谭智佳，张启路，朱武祥，等. 从金融向实体：流动性风险的微观传染机制与防范手段——基于中小企业融资担保行业的多案例研究[J]. 管理世界，2022，38(3)：35-59.

[184] 万阳松. 银行间市场风险传染机制与免疫策略研究[D]. 上海交通大学，2007.

[185] 汪小帆，李翔，陈关荣. 复杂网络理论及其应用[M]. 北京：清华大学出版社有限公司，2006.

[186] 汪小帆，李翔，陈关荣. 网络科学导论[M]. 北京：高等教育出版社，2012.

[187] 王超，李亮，何建敏等. 银行网络结构连通性临界值与风险传染[J]. 大连理工大学学报（社会科学版），2019（1）：81-87.

[188] 王磊，李守伟，陈庭强，等. 基于企业行为偏好的企业间信用担保网

络与风险传染研究[J]. 中国管理科学，2022，30(2)：80‐93.

[189] 王晓枫，廖凯亮，徐金池. 复杂网络视角下银行同业间市场风险传染效应研究[J]. 经济学动态，2015(3)：71‐81.

[190] 王彦超，陈思琪. 关联担保的债务风险转移[J]. 中国工业经济，2017(8)：121‐138.

[191] 王宗尧，隋聪. 银行间网络模型与系统风险的分布式预警策略[J]. 系统工程学报，2016，31(6)：840‐849.

[192] 徐攀，于雪. 中小企业集群互助担保融资风险传染模型应用研究[J]. 会计研究，2018 (1)：82‐88.

[193] 徐子慧. 担保网络与企业行为——影响机制及经济后果研究[D]. 暨南大学，2018.

[194] 许博，刘鲁. 银行间市场体系的相继违约风险分析与建模[J]. 系统工程，2011，29(6)：42‐46.

[195] 张大勇，张莲英，姜振寰. 社会经济系统复杂性理论研究[J]. 学术交流，2006 (1)：65‐67.

[196] 张晓玫，宋卓霖. 保证担保、抵押担保与贷款风险缓释机制探究——来自非上市中小微企业的证据[J]. 金融研究，2016(1)：83‐98.

[197] 张英奎，马茜，姚水洪. 基于复杂网络的银行系统风险传染与防范[J]. 统计与决策，2013(10)：149‐153.

[198] 赵业清. 基于多 Agent 的钢铁生产复杂物流系统建模与仿真研究[D]. 昆明理工大学，2011.

附　　录

1. 第 3 章附图

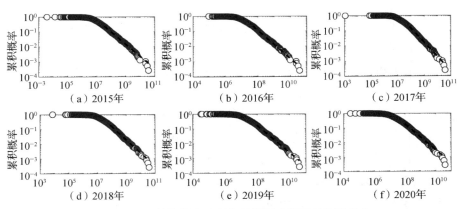

附图 3-1　整体维度下利润总额测度指标的规模分布

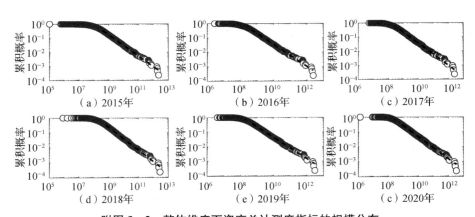

附图 3-2　整体维度下资产总计测度指标的规模分布

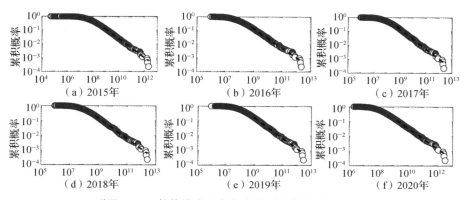

附图 3 - 3　整体维度下负债合计测度指标的规模分布

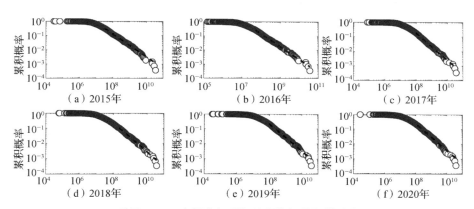

附图 3 - 4　主板市场利润总额指标的规模分布

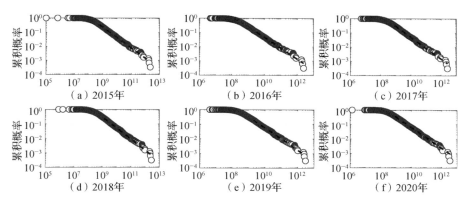

附图 3 - 5　主板市场资产总计指标的规模分布

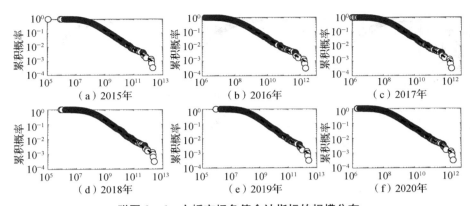

附图 3-6　主板市场负债合计指标的规模分布

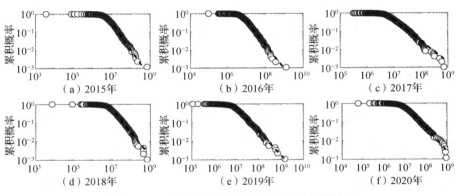

附图 3-7　创业板市场利润总额指标的规模分布

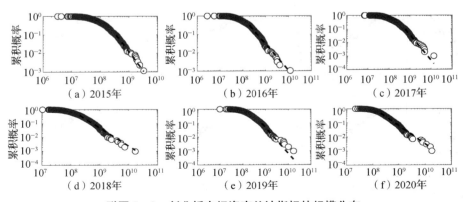

附图 3-8　创业板市场资产总计指标的规模分布

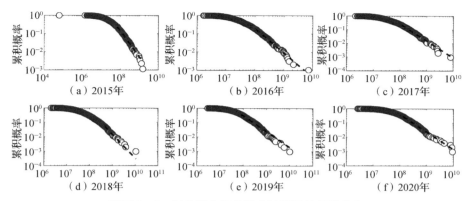

附图 3 - 9　创业板市场负债合计指标的规模分布

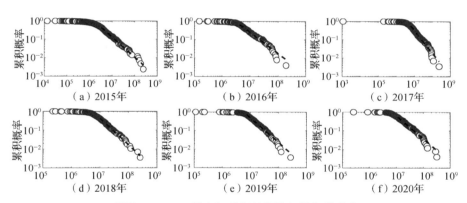

附图 3 - 10　三板市场利润总额指标的规模分布

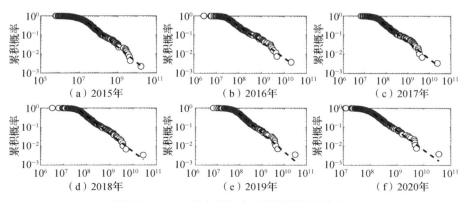

附图 3 - 11　三板市场资产总计指标的规模分布

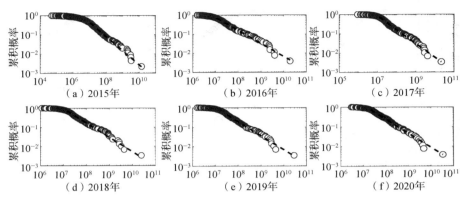

附图 3－12　三板市场负债合计指标的规模分布

2. 第3章附表

附表 3－1　整体维度下利润总额指标的幂律分布参数与检验

指　标	年　份	$\hat{\beta}-1$	$\hat{x}_{\min}$	P 值
利润总额	2015	0.818 1	3.24×10^8	0.013 0
利润总额	2016	0.925 4	4.66×10^8	0.464 0
利润总额	2017	0.935 5	7.60×10^8	0.849 0
利润总额	2018	0.894 3	7.75×10^8	0.204 0
利润总额	2019	0.916 0	9.28×10^8	0.060 0
利润总额	2020	0.893 6	9.54×10^8	0.265 0

附表 3－2　整体维度下资产总计指标的幂律分布参数与检验

指　标	年　份	$\hat{\beta}-1$	$\hat{x}_{\min}$	P 值
资产总计	2015	0.750 9	3.96×10^9	0.983 0
资产总计	2016	0.758 7	4.43×10^9	0.467 0
资产总计	2017	0.781 0	6.07×10^9	0.476 0
资产总计	2018	0.769 8	6.39×10^9	0.749 0
资产总计	2019	0.736 9	5.14×10^9	0.466 0
资产总计	2020	0.746 6	7.98×10^9	0.961 0

附表 3 - 3　整体维度下负债合计指标的幂律分布参数与检验

指　标	年　份	$\hat{\beta}-1$	$\hat{x}_{\min}$	P 值
负债合计	2015	0.682 6	7.04×10^{9}	0.837 0
负债合计	2016	0.690 5	6.51×10^{9}	0.514 0
负债合计	2017	0.703 0	5.46×10^{9}	0.916 0
负债合计	2018	0.703 0	5.59×10^{9}	0.679 0
负债合计	2019	0.693 4	8.41×10^{9}	0.553 0
负债合计	2020	0.695 6	1.47×10^{10}	0.224 0

附表 3 - 4　利润总额指标下主板市场的幂律分布参数与检验

分　类	年　份	指　标	$\hat{\beta}-1$	$\hat{x}_{\min}$	P 值
主板	2015	利润总额	0.796 2	3.29×10^{8}	0.059 0
主板	2016	利润总额	0.909 2	5.16×10^{8}	0.649 0
主板	2017	利润总额	0.930 1	9.48×10^{8}	0.944 0
主板	2018	利润总额	0.947 1	2.21×10^{9}	0.473 0
主板	2019	利润总额	0.901 3	9.71×10^{8}	0.427 0
主板	2020	利润总额	0.894 1	1.29×10^{9}	0.202 0

附表 3 - 5　资产总计指标下主板市场的幂律分布参数与检验

分　类	年　份	指　标	$\hat{\beta}-1$	$\hat{x}_{\min}$	P 值
主板	2015	资产总计	0.740 0	6.18×10^{9}	0.972 0
主板	2016	资产总计	0.762 6	3.12×10^{10}	0.808 0
主板	2017	资产总计	0.763 1	8.58×10^{9}	0.215 0
主板	2018	资产总计	0.767 6	1.43×10^{10}	0.597 0
主板	2019	资产总计	0.759 8	2.00×10^{10}	0.764 0
主板	2020	资产总计	0.721 4	8.65×10^{9}	0.305 0

附表 3−6　负债合计指标下主板市场的幂律分布参数与检验

分　类	年　份	指　标	$\hat{\beta}-1$	$\hat{x}_{\min}$	P 值
主板	2015	负债合计	0.673 6	7.11×10^{9}	0.722 0
主板	2016	负债合计	0.679 4	6.51×10^{9}	0.698 0
主板	2017	负债合计	0.685 6	5.92×10^{9}	0.831 0
主板	2018	负债合计	0.688 2	7.38×10^{9}	0.422 0
主板	2019	负债合计	0.688 3	1.19×10^{10}	0.655 0
主板	2020	负债合计	0.683 2	1.49×10^{10}	0.654 0

附表 3−7　利润总额指标下创业板市场的幂律分布参数与检验

分　类	年　份	指　标	$\hat{\beta}-1$	$\hat{x}_{\min}$	P 值
创业板	2015	利润总额	1.543 8	1.3×10^{8}	0.384 0
创业板	2016	利润总额	1.325 5	1.04×10^{8}	0.349 0
创业板	2017	利润总额	1.158 3	8.37×10^{7}	0.012 0
创业板	2018	利润总额	1.268 0	1.42×10^{8}	0.147 0
创业板	2019	利润总额	1.261 6	1.39×10^{8}	0.044 0
创业板	2020	利润总额	1.216 5	2.53×10^{8}	0.931 0

附表 3−8　资产总计指标下创业板市场的幂律分布参数与检验

分　类	年　份	指　标	$\hat{\beta}-1$	$\hat{x}_{\min}$	P 值
创业板	2015	资产总计	2.068 1	3.67×10^{9}	0.940 0
创业板	2016	资产总计	1.440 3	2.00×10^{9}	0.050 0
创业板	2017	资产总计	1.890 2	5.98×10^{9}	0.628 0
创业板	2018	资产总计	1.307 6	2.06×10^{9}	0.000 0
创业板	2019	资产总计	1.847 3	6.90×10^{9}	0.377 0
创业板	2020	资产总计	1.293 8	2.04×10^{9}	0.008 0

附表 3 - 9　负债合计指标下创业板市场的幂律分布参数与检验

分　类	年　份	指　标	$\hat{\beta}-1$	$\hat{x}_{\min}$	P 值
创业板	2015	负债合计	1.423 7	6.86×10^8	0.221 0
创业板	2016	负债合计	1.331 5	1.08×10^9	0.596 0
创业板	2017	负债合计	1.232 5	1.14×10^9	0.102 0
创业板	2018	负债合计	1.644 0	4.61×10^9	0.532 0
创业板	2019	负债合计	1.091 7	8.13×10^8	0.050 0
创业板	2020	负债合计	1.216 0	1.28×10^9	0.156 0

附表 3 - 10　利润总额指标下三板市场的幂律分布参数与检验

分　类	年　份	指　标	$\hat{\beta}-1$	$\hat{x}_{\min}$	P 值
三板	2015	利润总额	1.099 4	3.36×10^7	0.638 0
三板	2016	利润总额	1.140 0	4.20×10^7	0.476 0
三板	2017	利润总额	1.216 8	6.10×10^7	0.744 0
三板	2018	利润总额	1.402 1	1.00×10^8	0.555 0
三板	2019	利润总额	1.315 2	7.33×10^7	0.161 0
三板	2020	利润总额	1.216 2	1.10×10^8	0.043 0

附表 3 - 11　资产总计指标下三板市场的幂律分布的参数与检验

分　类	年　份	指　标	$\hat{\beta}-1$	$\hat{x}_{\min}$	P 值
三板	2015	资产总计	0.830 7	2.87×10^8	0.251 0
三板	2016	资产总计	0.826 6	2.99×10^8	0.531 0
三板	2017	资产总计	0.868 6	6.26×10^8	0.468 0
三板	2018	资产总计	0.941 7	5.15×10^8	0.817 0
三板	2019	资产总计	0.994 6	9.05×10^8	0.860 0
三板	2020	资产总计	1.026 2	1.31×10^9	0.812 0

附表 3－12　负债合计指标下三板市场的幂律分布参数与检验

分　类	年　份	指　标	$\hat{\beta}-1$	$\hat{x}_{min}$	P 值
三板	2015	负债合计	0.739 6	1.12×10^{8}	0.792 0
三板	2016	负债合计	0.686 0	1.18×10^{8}	0.320 0
三板	2017	负债合计	0.716 3	1.24×10^{8}	0.040 0
三板	2018	负债合计	0.753 5	1.50×10^{8}	0.344 0
三板	2019	负债合计	0.717 6	3.36×10^{8}	0.853 0
三板	2020	负债合计	0.714 3	2.18×10^{8}	0.359 0

附表 3－13　利润总额指标下工业行业的幂律分布参数与检验

行　业	年　份	指　标	$\hat{\beta}-1$	$\hat{x}_{min}$	P 值
工业	2015	利润总额	1.007 9	1.26×10^{9}	0.564 0
工业	2016	利润总额	0.958 8	9.87×10^{8}	0.514 0
工业	2017	利润总额	0.946 7	9.96×10^{8}	0.387 0
工业	2018	利润总额	0.809 0	4.78×10^{8}	0.278 0
工业	2019	利润总额	0.934 2	9.38×10^{8}	0.501 0
工业	2020	利润总额	0.763 5	4.41×10^{8}	0.076 0

附表 3－14　资产总计指标下工业行业的幂律分布参数与检验

行　业	年　份	指　标	$\hat{\beta}-1$	$\hat{x}_{min}$	P 值
工业	2015	资产总计	0.689 5	4.46×10^{9}	0.014 0
工业	2016	资产总计	0.715 8	6.38×10^{9}	0.010 0
工业	2017	资产总计	0.746 5	8.45×10^{9}	0.050 0
工业	2018	资产总计	0.812 2	1.43×10^{10}	0.477 0
工业	2019	资产总计	0.782 6	1.57×10^{10}	0.155 0
工业	2020	资产总计	0.753 7	1.57×10^{10}	0.053 0

附表 3－15　负债合计指标下工业行业的幂律分布参数与检验

行　业	年　份	指　标	$\hat{\beta}-1$	$\hat{x}_{\min}$	P 值
工业	2015	负债合计	0.637 5	2.66×10^{9}	0.068 0
工业	2016	负债合计	0.834 4	1.67×10^{10}	0.378 0
工业	2017	负债合计	0.734 1	6.08×10^{9}	0.775 0
工业	2018	负债合计	0.774 9	1.04×10^{10}	0.368 0
工业	2019	负债合计	0.738 3	1.08×10^{10}	0.255 0
工业	2020	负债合计	0.678 7	7.38×10^{9}	0.094 0

附表 3－16　利润总额指标下公用事业行业的幂律分布参数与检验

行　业	年　份	指　标	$\hat{\beta}-1$	$\hat{x}_{\min}$	P 值
公用事业	2015	利润总额	0.575 8	2.80×10^{8}	0.203 0
公用事业	2016	利润总额	0.570 0	1.40×10^{8}	0.305 0
公用事业	2017	利润总额	1.533 3	2.86×10^{9}	0.853 0
公用事业	2018	利润总额	1.582 6	2.79×10^{9}	0.728 0
公用事业	2019	利润总额	0.941 2	1.06×10^{9}	0.275 0
公用事业	2020	利润总额	2.350 5	7.04×10^{9}	0.949 0

附表 3－17　资产总计指标下公用事业行业的幂律分布参数与检验

行　业	年　份	指　标	$\hat{\beta}-1$	$\hat{x}_{\min}$	P 值
公用事业	2015	资产总计	0.752 2	1.24×10^{10}	0.083 0
公用事业	2016	资产总计	0.750 2	1.33×10^{10}	0.007 0
公用事业	2017	资产总计	0.727 6	1.16×10^{10}	0.002 0
公用事业	2018	资产总计	0.730 9	1.29×10^{10}	0.120 0
公用事业	2019	资产总计	0.777 2	1.56×10^{10}	0.157 0
公用事业	2020	资产总计	0.766 3	1.40×10^{10}	0.432 0

附表 3－18　负债合计指标下公用事业行业的幂律分布参数与检验

行　业	年　份	指　标	$\hat{\beta}-1$	$\hat{x}_{\min}$	P 值
公用事业	2015	负债合计	0.608 3	3.15×10^{9}	0.099 0
公用事业	2016	负债合计	0.616 2	3.5×10^{9}	0.034 0
公用事业	2017	负债合计	0.670 1	7.22×10^{9}	0.144 0
公用事业	2018	负债合计	0.652 0	5.80×10^{9}	0.055 0
公用事业	2019	负债合计	0.767 4	9.43×10^{9}	0.139 0
公用事业	2020	负债合计	0.779 6	9.01×10^{9}	0.356 0

附表 3－19　利润总额指标下金融地产行业的幂律分布参数与检验

行　业	年　份	指　标	$\hat{\beta}-1$	$\hat{x}_{\min}$	P 值
金融地产	2015	利润总额	0.375 1	2.55×10^{8}	0.001 0
金融地产	2016	利润总额	0.604 2	3.98×10^{9}	0.042 0
金融地产	2017	利润总额	0.448 42	5.5×10^{8}	0.046 0
金融地产	2018	利润总额	0.439 4	5.07×10^{8}	0.012 0
金融地产	2019	利润总额	0.416 8	4.34×10^{8}	0.038 0
金融地产	2020	利润总额	0.788 1	1.35×10^{10}	0.311 0

附表 3－20　资产总计指标下金融地产行业的幂律分布参数与检验

行　业	年　份	指　标	$\hat{\beta}-1$	$\hat{x}_{\min}$	P 值
金融地产	2015	资产总计	0.365 7	8.81×10^{9}	0.167 0
金融地产	2016	资产总计	0.406 6	4.04×10^{10}	0.069 0
金融地产	2017	资产总计	0.367 5	1.04×10^{10}	0.049 0
金融地产	2018	资产总计	0.394 75	1.97×10^{10}	0.095 0
金融地产	2019	资产总计	0.399 25	2.32×10^{10}	0.169 0
金融地产	2020	资产总计	0.373 8	1.78×10^{10}	0.117 0

附表 3 - 21　负债合计指标下金融地产行业的幂律分布参数与检验

行　业	年　份	指　标	$\hat{\beta}-1$	$\hat{x}_{\min}$	P 值
金融地产	2015	负债合计	0.357 1	9.83×10^9	0.128 0
金融地产	2016	负债合计	0.407 0	3.91×10^{10}	0.055 0
金融地产	2017	负债合计	0.385 4	3.50×10^{10}	0.082 0
金融地产	2018	负债合计	0.362 6	1.24×10^{10}	0.016 0
金融地产	2019	负债合计	0.372 1	1.60×10^{10}	0.050 0
金融地产	2020	负债合计	0.345 1	1.05×10^{10}	0.129 0

附表 3 - 22　利润总额指标下可选消费行业的幂律分布参数与检验

行　业	年　份	指　标	$\hat{\beta}-1$	$\hat{x}_{\min}$	P 值
可选消费	2015	利润总额	1.040 0	4.90×10^8	0.556 0
可选消费	2016	利润总额	1.043 6	4.88×10^8	0.305 0
可选消费	2017	利润总额	1.131 9	5.98×10^8	0.280
可选消费	2018	利润总额	1.027 6	6.53×10^8	0.858 0
可选消费	2019	利润总额	0.966 6	4.56×10^8	0.141 0
可选消费	2020	利润总额	0.960 0	4.94×10^8	0.732 0

附表 3 - 23　资产总计指标下可选消费行业的幂律分布参数与检验

行　业	年　份	指　标	$\hat{\beta}-1$	$\hat{x}_{\min}$	P 值
可选消费	2015	资产总计	1.136 1	8.37×10^9	0.442 0
可选消费	2016	资产总计	1.166 4	1.51×10^{10}	0.644 0
可选消费	2017	资产总计	1.053 2	1.07×10^{10}	0.367 0
可选消费	2018	资产总计	1.238 5	1.95×10^{10}	0.828 0
可选消费	2019	资产总计	1.232 1	1.42×10^{10}	0.966 0
可选消费	2020	资产总计	1.181 1	1.73×10^{10}	0.748 0

附表 3 - 24　负债合计指标下可选消费行业的幂律分布参数与检验

行　业	年　份	指　标	$\hat{\beta}-1$	$\hat{x}_{\min}$	P 值
可选消费	2015	负债合计	1.077 9	5.81×10^9	0.351 0
可选消费	2016	负债合计	1.011 8	6.91×10^9	0.355 0
可选消费	2017	负债合计	0.914 2	3.67×10^9	0.383 0
可选消费	2018	负债合计	0.942 0	4.76×10^9	0.471 0
可选消费	2019	负债合计	1.085 4	7.35×10^9	0.663 0
可选消费	2020	负债合计	1.089 1	6.71×10^9	0.913 0

附表 3 - 25　利润总额指标下能源行业的幂律分布参数与检验

行　业	年　份	指　标	$\hat{\beta}-1$	$\hat{x}_{\min}$	P 值
能源	2015	利润总额	0.380 6	4.75×10^7	0.616 0
能源	2016	利润总额	0.577 1	4.77×10^8	0.765 0
能源	2017	利润总额	0.573 1	4.27×10^8	0.645 0
能源	2018	利润总额	0.605 0	4.26×10^8	0.769 0
能源	2019	利润总额	0.709 7	1.38×10^9	0.339 0
能源	2020	利润总额	0.646 3	9.20×10^8	0.218 0

附表 3 - 26　资产总计指标下能源行业的幂律分布参数与检验

行　业	年　份	指　标	$\hat{\beta}-1$	$\hat{x}_{\min}$	P 值
能源	2015	资产总计	0.663 7	7.9×10^9	0.844 0
能源	2016	资产总计	0.679 3	1.07×10^{10}	0.860 0
能源	2017	资产总计	0.665 4	9.86×10^9	0.775 0
能源	2018	资产总计	0.718 6	1.30×10^{10}	0.544 0
能源	2019	资产总计	0.716 7	1.35×10^{10}	0.646 0
能源	2020	资产总计	0.720 9	1.42×10^{10}	0.657 0

附表 3-27　负债合计指标下能源行业的幂律分布参数与检验

行　业	年　份	指　标	$\hat{\beta}-1$	$\hat{x}_{\min}$	P 值
能源	2015	负债合计	0.865 9	2.55×10^{10}	0.883 0
能源	2016	负债合计	0.885 0	2.67×10^{10}	0.895 0
能源	2017	负债合计	0.873 2	2.52×10^{10}	0.929 0
能源	2018	负债合计	0.642 9	5.20×10^{9}	0.489 0
能源	2019	负债合计	0.648 7	5.87×10^{9}	0.514 0
能源	2020	负债合计	0.662 7	6.38×10^{9}	0.301 0

附表 3-28　利润总额指标下信息技术行业的幂律分布参数与检验

行　业	年　份	指　标	$\hat{\beta}-1$	$\hat{x}_{\min}$	P 值
信息技术	2015	利润总额	1.667 8	4.01×10^{8}	0.439 0
信息技术	2016	利润总额	1.255 5	2.31×10^{8}	0.612 0
信息技术	2017	利润总额	1.472 2	3.31×10^{8}	0.873 0
信息技术	2018	利润总额	1.259 4	2.56×10^{8}	0.423 0
信息技术	2019	利润总额	0.887 7	1.77×10^{8}	0.148 0
信息技术	2020	利润总额	1.071 4	2.51×10^{8}	0.774 0

附表 3-29　资产总计指标下信息技术行业的幂律分布参数与检验

行　业	年　份	指　标	$\hat{\beta}-1$	$\hat{x}_{\min}$	P 值
信息技术	2015	资产总计	2.517 0	8.86×10^{9}	0.814 0
信息技术	2016	资产总计	2.349 2	9.53×10^{9}	0.950 0
信息技术	2017	资产总计	2.286 0	1.11×10^{10}	0.840 0
信息技术	2018	资产总计	1.873 8	1.01×10^{10}	0.579 0
信息技术	2019	资产总计	1.465 4	5.24×10^{9}	0.642 0
信息技术	2020	资产总计	1.317 3	4.26×10^{9}	0.572 0

附表 3-30 负债合计指标下信息技术行业的幂律分布参数与检验

行　业	年　份	指　标	$\hat{\beta}-1$	$\hat{x}_{min}$	P 值
信息技术	2015	负债合计	2.244 8	3.70×10^9	0.981 0
信息技术	2016	负债合计	2.636 0	5.77×10^9	0.738 0
信息技术	2017	负债合计	0.687 0	4.49×10^8	0.003 0
信息技术	2018	负债合计	1.398 8	2.80×10^9	0.533 0
信息技术	2019	负债合计	1.269 7	2.58×10^9	0.846 0
信息技术	2020	负债合计	1.021 4	1.58×10^9	0.071 0

附表 3-31 利润总额指标下医药卫生行业的幂律分布参数与检验

行　业	年　份	指　标	$\hat{\beta}-1$	$\hat{x}_{min}$	P 值
医药卫生	2015	利润总额	1.232 0	4.19×10^8	0.550 0
医药卫生	2016	利润总额	1.205 9	3.7×10^8	0.357 0
医药卫生	2017	利润总额	0.771 3	1.74×10^8	0.023 0
医药卫生	2018	利润总额	1.093 3	4.17×10^8	0.018 0
医药卫生	2019	利润总额	1.171 0	5.37×10^8	0.057 0
医药卫生	2020	利润总额	0.859 5	2.60×10^8	0.020 0

附表 3-32 资产总计指标下医药卫生行业的幂律分布参数与检验

行　业	年　份	指　标	$\hat{\beta}-1$	$\hat{x}_{min}$	P 值
医药卫生	2015	资产总计	4.817 8	1.38×10^{10}	0.826 0
医药卫生	2016	资产总计	3.258 9	1.43×10^{10}	0.945 0
医药卫生	2017	资产总计	1.212 1	4.75×10^9	0.114 0
医药卫生	2018	资产总计	2.481 9	1.83×10^{10}	0.570 0
医药卫生	2019	资产总计	0.961 1	3.29×10^9	0.006 0
医药卫生	2020	资产总计	1.584 9	9.28×10^9	0.154 0

附表 3-33　负债合计指标下医药卫生行业的幂律分布参数与检验

行　业	年　份	指　标	$\hat{\beta}-1$	$\hat{x}_{min}$	P 值
医药卫生	2015	负债合计	0.835 7	7.08×10^8	0.025 0
医药卫生	2016	负债合计	0.856 7	8.69×10^8	0.053 0
医药卫生	2017	负债合计	0.826 2	9.42×10^8	0.190 0
医药卫生	2018	负债合计	0.864 6	1.31×10^9	0.041 0
医药卫生	2019	负债合计	1.457 8	4.92×10^9	0.503 0
医药卫生	2020	负债合计	1.747 5	6.10×10^9	0.716 0

附表 3-34　利润总额指标下原材料行业的幂律分布参数与检验

行　业	年　份	指　标	$\hat{\beta}-1$	$\hat{x}_{min}$	P 值
原材料	2015	利润总额	0.784 3	9.98×10^7	0.100 0
原材料	2016	利润总额	1.613 3	1.37×10^9	0.710 0
原材料	2017	利润总额	1.726 2	2.21×10^9	0.471 0
原材料	2018	利润总额	1.357 4	2.39×10^9	0.743 0
原材料	2019	利润总额	1.128 2	1.22×10^9	0.887 0
原材料	2020	利润总额	1.214 9	2.10×10^9	0.509 0

附表 3-35　资产总计指标下原材料行业的幂律分布参数与检验

行　业	年　份	指　标	$\hat{\beta}-1$	$\hat{x}_{min}$	P 值
原材料	2015	资产总计	1.361 1	2.03×10^{10}	0.661 0
原材料	2016	资产总计	0.767 9	4.43×10^9	0.013 0
原材料	2017	资产总计	0.779 5	5.23×10^9	0.000 0
原材料	2018	资产总计	1.373 7	3.32×10^{10}	0.284 0
原材料	2019	资产总计	1.286 1	3.36×10^{10}	0.215 0
原材料	2020	资产总计	0.737 3	6.98×10^9	0.001 0

附表 3-36　负债合计指标下的原材料行业的幂律分布参数估计与检验

行　业	年　份	指　标	$\hat{\beta}-1$	$\hat{x}_{min}$	P 值
原材料	2015	负债合计	0.766 9	2.99×10^9	0.008 0
原材料	2016	负债合计	1.658 9	2.75×10^{10}	0.784 0
原材料	2017	负债合计	1.720 9	3.02×10^{10}	0.931 0
原材料	2018	负债合计	1.514 9	2.82×10^{10}	0.584 0
原材料	2019	负债合计	0.581 59	1.88×10^9	0.000 0
原材料	2020	负债合计	0.574 0	1.41×10^9	0.000 0

附表 3-37　利润总额指标下主要消费行业的幂律分布参数与检验

行　业	年　份	指　标	$\hat{\beta}-1$	$\hat{x}_{min}$	P 值
主要消费	2015	利润总额	0.799 4	1.59×10^8	0.513 0
主要消费	2016	利润总额	1.090 9	6.46×10^8	0.832 0
主要消费	2017	利润总额	1.274 6	1.39×10^9	0.887 0
主要消费	2018	利润总额	1.035 5	4.76×10^8	0.529 0
主要消费	2019	利润总额	1.194 0	1.78×10^9	0.730 0
主要消费	2020	利润总额	0.970 3	8.01×10^8	0.822 0

附表 3-38　资产总计指标下主要消费行业的幂律分布参数与检验

行　业	年　份	指　标	$\hat{\beta}-1$	$\hat{x}_{min}$	P 值
主要消费	2015	资产总计	0.981 0	3.53×10^9	0.250 0
主要消费	2016	资产总计	0.704 0	1.68×10^9	0.272 0
主要消费	2017	资产总计	0.719 7	1.78×10^9	0.023 0
主要消费	2018	资产总计	1.797 3	3.41×10^{10}	0.695 0
主要消费	2019	资产总计	0.979 1	7.85×10^9	0.065 0
主要消费	2020	资产总计	0.864 7	6.00×10^9	0.444 0

附表 3-39　负债合计指标下主要消费行业的幂律分布参数与检验

行　业	年　份	指　标	$\hat{\beta}-1$	$\hat{x}_{\min}$	P 值
主要消费	2015	负债合计	0.735 6	1.02×10^{9}	0.003 0
主要消费	2016	负债合计	0.678 7	1.03×10^{9}	0.006 0
主要消费	2017	负债合计	0.632 4	9.48×10^{8}	0.050 0
主要消费	2018	负债合计	0.732 7	2.00×10^{9}	0.066 0
主要消费	2019	负债合计	2.781 0	2.87×10^{10}	0.526 0
主要消费	2020	负债合计	3.191 9	3.27×10^{10}	0.628 0

3. 第 8 章附图

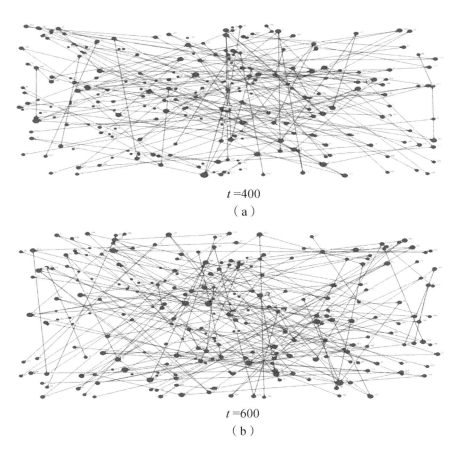

$t=400$

（a）

$t=600$

（b）

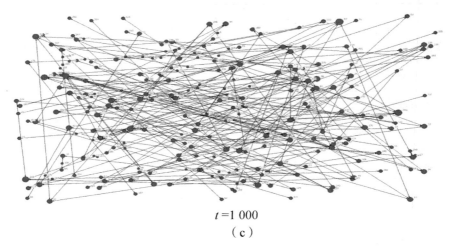

$$t = 1\ 000$$

（c）

附图 8-1　担保网络可视化